区块链通识

关于区块链的111个问题

陈永伟 主编

格致出版社 上海人民出版社

名家推荐

通识者，通透之知识也。《区块链通识》从技术、应用、理论、政策四个方面，全景式阐述了区块链的发展演变和未来前景，对任何想要了解区块链相关知识的读者来说，都值得一读。

——姚前，中国证监会科技监管局局长

经过数年探索，区块链已从一种流行于极客群体的“黑科技”逐步发展成具有广泛应用价值的新技术，正在对多个产业产生深刻影响。《区块链通识》一书不仅介绍了区块链的基本知识，还给出了很多应用实例，这对于我们洞悉技术发展方向，在不确定的环境中寻找新的商业机会很有帮助。

——司晓，腾讯集团副总裁、腾讯研究院院长

无论你是对区块链的基本知识，还是对相关的应用感兴趣，你都能从这本书中找到有用的东西。

——方晋，中国发展研究基金会秘书长，
国务院发展研究中心研究员

快节奏的生活、碎片化的信息，如何用最优雅的姿势正确打开充满挑战的区块链世界？《区块链通识》用最简洁的语言回答了这个问题。作为一本入门级读物，本书用问答的形式深入浅出地从技术、

应用、理论和政策四个角度向大众揭开了区块链神秘的面纱，这不仅有利于提高读者的阅读兴趣，更能促进区块链知识的普及。

——袁煜明，火链科技 CEO、火链科技研究院院长

因此，学懂区块链将是数字社会的生存法则，区块链思维则是未来经济的财富密码，让我们从阅读《区块链通识》开始，拥抱数字时代的真正机遇。

——于佳宁，火币大学校长、中国通信工业协会
区块链专委会轮值主席

这是一本关于区块链的包罗万象的通识手册，作者从事数字经济方面研究多年，从技术、应用到理论、政策，选择了 111 个有意思的重要问题，综合已有研究成果和文献进行了细致的解答。这种形式很适合读者查阅，迅速找到权威解释，希望感兴趣的读者都能开卷有益。

——郑磊，国际新经济研究院数字经济研究中心主任、
宝新金融首席经济学家

《区块链通识》是一本不需要太多专业知识也能读懂的专业书籍。本书将有关区块链的知识巧妙地归结为 111 个与我们的生活息息相关的问题，深入浅出地从技术、应用、理论、政策多个维度对区块链进行了系统且深刻的讨论。如果你想快速全面了解区块链，这绝对是一本重要的学习手册。

——吕琳媛，电子科技大学教授、阿里巴巴
复杂科学研究中心执行主任

编者序

今年初，我和国家工业信息安全发展研究中心的黄蕴华老师在一个学术会议间隙聊起了区块链的相关问题。交谈之中，我们都深感现在关于区块链的著作虽然很多，但这些书要么过于艰深复杂，让一般读者难以阅读；要么为求简洁而刻意删减内容，让读者很难从中获得有用信息。感叹之余，我们萌生了一个念头：是不是可以一起编写一本书，以简要问答的形式来讨论区块链的相关问题？这样，有需要的读者就可以各取所需，从书中找到自己感兴趣的话题，找到他们需要的知识。

说干就干。有了这个想法之后，我们马上组建了编写团队，着手准备编写工作。我初拟了 80 个问题，然后黄老师又将问题扩展到了 100 个。敲定问题后，写作团队的人员立刻分头开始收集资料，进行编写。到了 4 月底，100 个问答已经初步完成。遗憾的是，这个时候，黄老师由于工作原因，不得不退出了本书的编写工作，而我由于工作繁忙，也没有时间进行统稿和修订，因此本书的编写就一度陷入了停滞。

到了 7 月，我终于腾出了时间，可以重新回到本书的修订。但这个时候，我发现这个工作的难度远远超出了我的想象。区块链这个领域的发展实在是太快了。4 月底完成的稿件，所涉及的内容基本是截至去年年底的。而在半年多的时间里，情况却发生了很多变化：不少关于区块链的新技术出现了；一些基于区块链的新商业模式被开发了出来；很多有关区块链的新政策出台了——总而言之，那份我们辛苦完成的书稿在它还没有出版时已经过时了！

面对这个情况，我放弃了原来只修订文字和表述问题的打算，选择了对书稿进行比较彻底的修改。一方面，我根据形势的发展，加入了一些新的问题，使原来的100问一下子扩展到了111个。另一方面，我也根据最新的信息，对原稿的表述进行了全面的更新。这样，很多最新出现的信息就得以被加入到了书中来。

根据计划，本书分为四篇：技术篇、应用篇、理论篇和政策篇。理论篇包括34个问题，主要介绍区块链的技术基础和重要概念。应用篇包括43个问题，主要介绍区块链技术究竟是如何在现实当中应用的。理论篇包括9个问题，主要讨论区块链的兴起究竟对各个学科提出了哪些新问题，产生了哪些重要的理论挑战。政策篇包括25个问题，分别介绍了中国各地、世界各国对于区块链和数字货币的基本态度以及相关的重要政策。

和市面上其他的区块链著作相比，本书有意减少了关于区块链技术的讨论，而突出了对区块链应用和相关政策的介绍，从而让本书可以更有资料性和实用性。在材料取舍上，本书尽可能将最新的话题，如DeFi、DC/EP、“蚂蚁链”等收入进来，以便让读者可以从本书获得最新的信息。

在本书即将出版时，我要感谢国家工业信息安全发展研究中心的李慧颖、黄蕴华、牛新星和李增冉，他们为本书的编写作出了卓越的贡献。感谢我的学生、北京大学法学院的孙点婧博士，她帮助我完成了一部分书稿的整理工作。感谢姚前、司晓、方晋、袁煜明、郑磊、吕琳媛等师友，他们不仅在百忙之中阅读了书稿，提出了宝贵建议，还为本书撰写了推荐语。最后，我还要感谢出版社的钱敏编辑和程筠函编辑，感谢她们容忍我对书稿的一再拖延，并且几次在我想放弃书稿的时候，鼓励我再坚持下去。

陈永伟

2020 年 10 月 22 日凌晨于中关园陋室

目录 / Contents

第一篇 技术篇

第二篇 应用篇

第三篇 理论篇

第四篇 政策篇

第一篇

技术篇

1 区块链究竟是什么？

区块链（blockchain）并不是一种单一的技术，而是由多种技术组成的集合体，它的思想最早起源于 2008 年时化名为“中本聪”（Satoshi Nakamoto）的学者在密码学邮件组发表的奠基性论文《比特币：一种点对点电子现金系统》。①最初，“区块链”只是用来描述比特币支撑技术的一种比喻说法，后来随着比特币架构体系的逐渐流行，这种技术逐步引起了社会的广泛认知和关注，区块链技术才得以与比特币区分并正式命名。

关于区块链，目前还没有统一的定义。在表 1 中，我们给出了几种比较有代表性的定义。

尽管人们对于“区块链”的定义各不相同，但大致上讲，这些定义可以分为狭义和广义两个层次②：狭义的区块链指的是一种数据结构。它按照时间顺序将数据区块以链条的方式进行组合，并以密码学方式保证其不可篡改和伪造，从而形成一个去中心化的共享账簿（decentralized shared ledger）。它能够安全存储简单的、有先

① 见 Nakamoto S.，2008，“Bitcoin：A Peer-to-Peer Electronic Cash System”，https：//bitcoin.org/bitcoin.pdf。在中本聪的原文中，采用的说法并非“区块链”（blockchain），而是“区块之链”（chain of blocks）。但在流传过程中，“区块链”这种更为简约的说法逐渐成为主流。

② 见袁勇、王飞跃：《区块链技术发展现状与展望》，《自动化学报》2016 年第 4 期。

表 1　关于区块链的几种定义

出　　处	定　　义
美国标准与技术研究所（National Institute of Standards and Technology，NIST）	区块链是将密码学签名的交易分组封装入区块而形成的分布式数字账本。每个区块在经过验证和共识决策之后，都会以密码学的方式与前一区块相连接。随着新区块的生成，旧区块越来越难以被篡改。新区块被复制到区块链网络的所有账本上，任何冲突都会采用已建立的规则自动地消解
维基百科	区块链是持续增长的、采用密码学方法链接的区块列表。每一区块都包含着上一区块的密码学哈希值、时间戳（timestamp）和交易数据［通常采用默克尔树（Merkle tree）的组织形式］。区块链可防止数据被篡改，是一种能够以可验证和持久化的方式高效记录双方交易的开放和分布式的账本。当被用作分布式账本时，区块链通常是一个遵循节点间通信和区块验证协议的P2P网络。一旦上链，除非能篡改该区块之后的所有后续区块，任何区块中的数据都不能被回溯篡改，而要做到这点，则需要网络大多数节点的共识
工业和信息化部信息化和软件服务业司指导，中国区块链技术和产业发展论坛编写，《中国区块链技术和应用发展白皮书》(2016)	区块链是分布式数据存储、点对点传输、共识机制、加密算法等计算机技术在互联网时代的创新应用模式
中国信息通信研究院编写的《区块链白皮书》(2018)	区块链是一种由多方共同维护，使用密码学保证传输和访问安全，能够实现数据一致存储、难以篡改，防止抵赖的记账技术，也被称为分布式账本技术（distributed ledger technology）

资料来源：作者整理。

后关系的、能在系统内验证的数据。广义的区块链指的则是一种去中心化的基础架构和计算范式。它利用上述的加密链式区块结构来验证与存储数据，利用分布式节点共识算法来生成和更新数据，利用自动化脚本代码（智能合约）来对数据进行编程和操作。从应用频率看，目前广义的区块链概念被使用得要更多一些。

2 区块链有哪些关键特征?

区块链作为计算机技术在价值互联网时代的创新应用模式，具有以下关键特征：

（1）去中心化。区块链数据的验证、记账、存储、维护和传输过程都是基于分布式系统结构，采用纯数学算法而非中心机构在分布式节点之间建立信任关系，实现基于去中心化的点对点交易、协调与协作，从而为解决中心化系统普遍存在的高成本、低效率和数据存储不安全等问题提供了全新的解决方案。

（2）去信任化。区块链技术用其规则加持信用，将契约机制转化为由参与者共同维护的共识机制。英国的《经济学人》杂志曾经将区块链技术称为“信任机器”（trust machine），其含义为区块链可以像机器生产产品一样，自动化地生产人对数据的客观信任。

（3）极难篡改。区块链技术让全民参与记账、共同参与交易信息的记录和存储、共同维护交易数据库。数据一经写入区块链，任何人都极难对数据进行修改。

（4）可追溯性。区块链采用了带有时间戳的链式区块结构存储数据，为数据增加了时间维度，具有很强的可验证性和可追溯性。

（5）数据安全性。区块链采用非对称密码学技术对交易各方的敏感信息进行加密，仅有权限节点才能访问或使用。同时，区块链借助零知识证明、同态加密等密码学工具，以及分布式节点的共识算法形成的强大算力来抵御外部攻击，可以保证数据具有较强的安全性。

（6）信息透明性。区块链数据对参与者公开，数据信息高度透明，所有的数据操作行为都是可见、可追踪的。

（7）信息保护性。区块链不要求交易主体之间公开身份，从而让用户的信息可以得到良好的保证。

（8）可编程性。区块链技术提供灵活的脚本代码系统，支持用户创建高级的智能合约或其他去中心化应用。用户可以通过建立智能合约将预定义的规则和条款转化为可以自动执行的计算机程序，从而解决传统合同中存在的高执行成本问题。

3 区块链 1.0、2.0、3.0 分别指什么？

区块链 1.0、2.0、3.0 的说法最早出现于美国区块链科学研究所的创始人梅兰妮·斯万（Melanie Swan）所著的《区块链：新经济蓝图及导读》一书当中。它被用来形容区块链技术应用的三个阶段，不同阶段对应着不同的技术突破和应用场景：①

（1）区块链 1.0 阶段主要是区块链在数字货币领域的应用。这一阶段的主要贡献是构建了去中心化的数字支付体系，支持快捷的跨国货币交易。比特币、莱特币等数字货币都是区块链 1.0 时代的代表。

（2）区块链 2.0 阶段的最大贡献是智能合约的应用。智能合约的出现允许用户不需要借助中介即可自动触发支付和执行的条款程序。因此，在 2.0 阶段，区块链的主要应用领域由之前的货币金融支付系统扩展到了货币之外的数字金融资产转移，应用场景更加广泛。2015 年上线的以太坊（Ethereum）是区块链 2.0 时代的代表。

（3）区块链 3.0 阶段是区块链的全面应用。其应用领域将从货币、金融领域逐步扩展到选举、医疗、网络安全等其他潜在市场。目前，区块链 3.0 的代表项目有 EOS、Cosmos 等。

4 我们常说的公有链、私有链和联盟链分别指什么？

按照账本记录和维护过程、访问权限和经济生态模式的不同，

① 梅兰妮·斯万：《区块链：新经济蓝图及导读》，新星出版社 2016 年版。

目前区块链的形态主要分为公有链、私有链和联盟链。①

（1）公有链，顾名思义，是指世界上每个人只要合法就都可以参与其中，并且可以自由使用区块链中的信息进行交易、决定在链条中添加什么的形成过程，也就是公有链中的任何节点都可以参与记录与维护。公有链的访问权限为整个节点完全开放、全员可见，任何人都可以获取、下载或监督数据账本。公有链通常被认为是以去中心化为主、多中心化为辅。以比特币和以太坊为典型代表的公有链，通常需要通过代币机制激励参与者多中心记账，从而也确保了这一机制的信用自建和数据安全。

（2）与公有链形态相反，私有链的参与者仅限个体或者机构内部，且私有链中的（记账）权限会被严格控制，也就是说私有链由单一的节点参与记录和维护。私有链的访问权限：参与需要获得权限，只有被授权的节点才可以参与、查阅数据。私有链是一种隐秘性极强的、中心化的机制。但由于其参与节点有限且可控，在私有链上的交易通常具有速度快、隐私保护、过程透明、可追溯的特点，当今金融交易中的身份认证就是一种典型的应用场景。

（3）联盟链是由企业或者团体联合参与的、具有准入机制的链条，它需要经联盟成员预先协商设置一些（记账）节点，这些节点区别于其余仅仅参与交易的节点。简单来说，联盟链由预先确定的节点参与记录和维护。联盟链的访问权限为权限对等。与公有链相比，联盟链的节点能够管理较大规模的用户信息，在行业、组织间

---

① 蔡晓晴等：《区块链原理及其核心技术》，《计算机学报》2019 年第 12 期；朱岩等：《区块链技术及其研究进展》，《工程科学学报》2019 年第 11 期。

进行数据资源交易时可以精简部分节点，节点数目通常较为固定、接入管理较为严格。联盟链介于公有链和私有链表现形式之间，兼具安全、效率和成本优势。

在表 2 中，我们给出了公有链、联盟链和私有链的对比。

表 2　公有链、联盟链和私有链的对比

	公有链	联盟链	私有链
参与者	任何人自由进出	特定人群	个体或公司内部
信任机制	全民共识	集体背书	自行背书
记账人	所有参与者	参与者协商决定	自定
激励机制	需要	可选	不需要
中心化程度	去中心化	多中心化	中心化
突出的优势	信用的自建立	效率和成本优化	透明和可追溯
典型应用场景	数字加密货币	清算	审计
承载能力	弱	较强	强

资料来源：作者整理。

公有链、联盟链和私有链的性质差异很大，其应用场景也各不相同。在现实中，使用者可以根据各自的需求来选择合适的区块链种类。在这个过程中，他们需要考虑一系列问题，例如，所需的应用是否需要数据库，是否需要多方写入，写入方是否可信等。基于对这些问题的回答，人们可以选择合适的区块链种类加以使用（见图 1）。

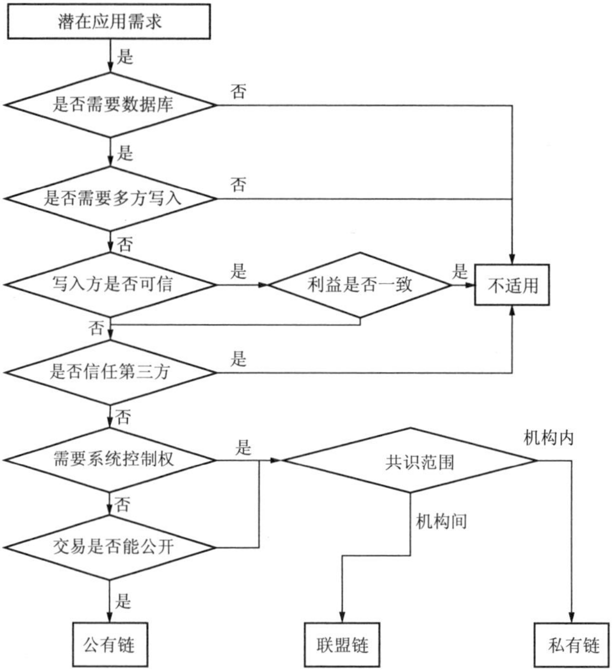

图 1　区块链种类的选择流程

资料来源：中国信息通信研究院《区块链白皮书》（2018）。

5 神秘的中本聪究竟是谁?

中本聪是比特币创始人的化名。他于 2008 年发表了被视为区块链技术祭奠之作的论文《比特币：一种点对点电子现金系统》，并在比特币的创立和推动过程中发挥了关键作用。2011 年开始，他从网上销声匿迹。

目前，关于中本聪的身份有几种猜测。第一种猜测认为，中本聪是日本数学家望月新一（Shinichi Mochizuki）。①2012 年 5 月，计算机科学家泰德·尼尔森（Ted Nelson）提出了这种猜测，理由是望月新一足够聪明，研究领域包含比特币所使用的数学算法，且不太追求学术发表，而是致力于让人理解，这一点与中本聪颇为相似。然而，望月新一本人对这一猜测予以了否认。

第二种猜测认为，中本聪是乔治·华盛顿大学的教授尼克·萨博（Nick Szabo）。②2013 年 12 月，博客作家斯凯·格里（Skye Grey）对中本聪的论文进行了计量文体学分析，发现其行文风格和萨博十分相似。萨博热衷于去中心化货币，发表过一篇关于“比特黄金”（Bit Gold）的论文，被认为是比特币的先驱，他还热衷于使用化名。据此，格里猜测他很可能就是神秘的中本聪。然而，对于这一猜测，萨博本人予以了否认。

第三种猜测认为，中本聪是澳大利亚学者克雷格·怀特（Craig Wright）。③这种猜测最早见于 2015 年 12 月的《连线》杂志。2016 年 5 月 2 日，怀特本人公开承认自己就是中本聪，并出示了一些所谓的关键证据。但由于其出示的证据未能得到有效验证，因此怀特

---

① 见 https://www.forbes.com/sites/timworstall/2013/05/19/ted-nelson-says-that-bitcons-satoshi-nakamoto-is-shinichi-mochizuki/#568ffc1b5f2b。

② 见 https://www.coindesk.com/linguistic-researchers-name-nick-szabo-author-bitcoin-whitepaper。

③ 见 https://news.bitcoin.com/craig-wright-attempts-to-reveal-the-origin-of-satoshi-nakamotos-name/。

的这一表态受到很大的质疑。由于怀特的国籍为澳大利亚，并且坚称自己是中本聪，因此在业内人们也常称他为“澳本聪”。

第四种猜测认为，中本聪是居住在加利福尼亚州的日裔美国人多利安·中本（Dorian Nakamoto）。①多利安·中本是计算机专家，并且本名就叫中本聪，因而有媒体怀疑他就是比特币的发明人。不过，多利安·中本本人并不承认这一猜测。

除了以上几人外，还有很多人和组织被怀疑是中本聪。甚至有人猜测，中本聪（Satoshi Nakamoto）其实是三星（Samsung）、东芝（Toshiba）、中道（Nakamichi）和摩托罗拉（Motorola）四家公司名字的组合。②不过，这些猜测没有一个被最终证实是真的。

然而随着比特币和区块链得到越来越广泛的响应，似乎谁是中本聪已经变得不再重要，抑或所有代表时代发声的学者都可以是中本聪。也许，神秘的中本聪留给当下最宝贵的财富是对金融体系的自省与探索。

6 区块链的基本架构是怎样的？它包含了哪些重要技术？

一般说来，区块链系统由数据层、网络层、共识层、激励层、

① 见 https://thebitcoinnews. com/who-is-satoshi-nakamoto-we-look-at-the-possible-candidates/。

② 见 https://theweek.com/articles/561540/misidentification-satoshi-nakamoto。

合约层和应用层组成。①其中，数据层封装了底层数据区块以及相关的数据加密和时间戳等技术；网络层则包括分布式组网机制、数据传播机制和数据验证机制等；共识层主要封装网络节点的各类共识算法；激励层将经济因素集成到区块链技术体系中，主要包括经济激励的发行机制和分配机制等；合约层主要封装各类脚本、算法和智能合约，是区块链可编程特性的基础；应用层则封装了区块链的各种应用场景和案例（见图2）。

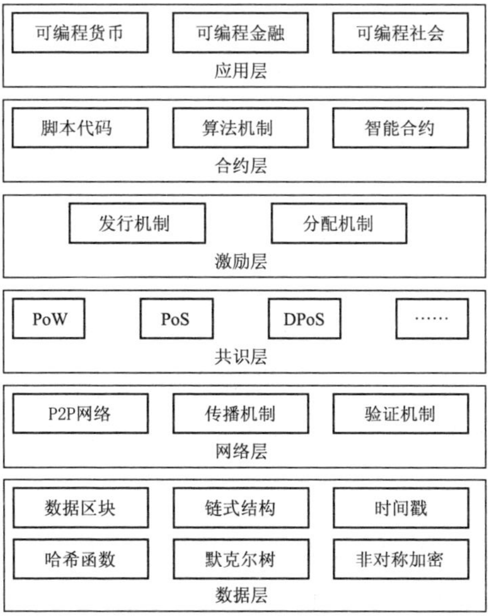

图2　区块链的基础架构

资料来源：袁勇、王飞跃：《区块链技术发展现状与展望》，《自动化学报》2016年第4期，第484页。

---

① 见袁勇、王飞跃：《区块链技术发展现状与展望》，《自动化学报》2016年第4期。

在该架构中，基于时间戳的链式区块结构、分布式节点的共识机制、基于共识算力的经济激励和灵活可编程的智能合约是区块链技术最具代表性的创新点。

（1）*数据层*。数据层是区块链通过使用各种密码学技术——数据区块、非对称加密、默克尔树、时间戳、链式结构以及哈希函数等关键技术，目的是创建数据的去中心化分布式存储格式以及校验区块数据，用以保证区块数据的完整性、稳定性和可靠性。

（2）*网络层*。网络层主要通过分布式组网机制、数据传播机制和数据验证机制将区块链底层的 P2P 网络组织起来，以达成构建网络环境、搭建交易通道的规则，使交易在网络中快速扩散，用以确保及时验证交易正确性。

（3）*共识层*。共识层主要通过整个网络中各类节点共识算法——工作量证明机制（PoW 共识机制）、权益证明机制（PoS 共识机制）、授权股份证明机制（DPoS 共识机制），在决策权高度分散的去中心化系统中实现各节点高效、快速地对区块数据达成有效性共识，用以确保全网记账一致性。

（4）*激励层*。激励层主要是指区块链技术体系对于经济因素的集成，体现在经济激励的发行机制和分配机制上，用以确保区块链的稳定运行。例如，比特币区块链就采用“挖矿”机制，即鼓励网络中每个节点积极参与区块链中区块生成和验证工作，以此激励参与者不断提供算力，获得经济奖励。

（5）*合约层*。合约层是基于以上架构而提供的用于编写的可执行代码的接口，利用该接口可以开发基于区块链的各种实际应用，主要技术涵盖各类脚本、算法和智能合约，是建立在区块链虚拟机之上的商业逻辑和算法，也是实现区块链系统灵活编程和数据操作的基础。

（6）*应用层*。应用层是区块链的应用场景，主要包括可编程货币、可编程金融和可编程社会，在这一基础架构层中，基于时间戳的链式区块结构、基于分布式节点的共识机制、基于共识算力的经济激励、灵活可编程的智能合约是区块链技术最具代表性的创新点。

7 什么是数据区块？

区块链本质上是分布式存储系统，就其存储结构而言，数据区块是以区块为单位的链状数据块结构，是区块链的基本构成单元。数据区块由包含元数据的区块头（header）和区块体（body）组成（如图 3 所示）。

区块头包含了很多数据，主要有版本号、前一区块哈希值、当前区块工作量证明的目标难度值、当前区块的生成时间、用于工作量证明算法的随机数以及用于验证区块体交易的哈希默克尔树树根（用于有效总结区块中所有交易的数据结构）。区块头保存着各种用于连接上一区块的信息、各种用来验证区块信息以及时间戳的信息。

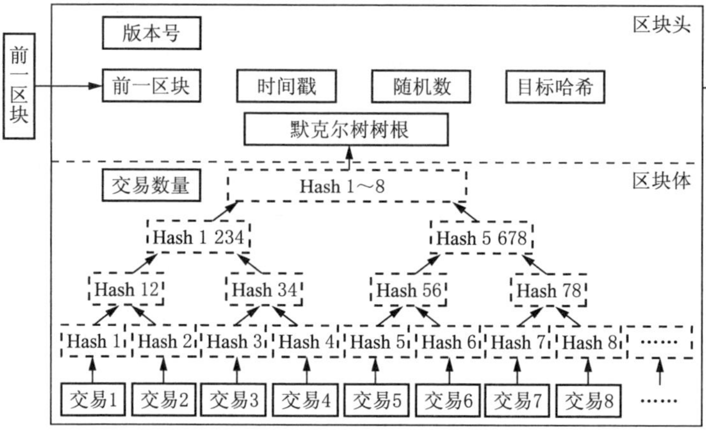

图 3　区块结构

资料来源：袁勇、王飞跃：《区块链技术发展现状与展望》，《自动化学报》2016 年第 4 期。

区块体，就是交易列表（list of transactions），包含了该区块中所有的交易信息，包括创币交易（coinbase trading）和常规交易。

如果把区块链简单地看成一个数字化的全网共享的账本，它记录并反映了包括与买卖、交易、缔约、履约等各节点账目交易往来相关的信息，并以数据加密的方式存储起来，那么从物理视角而言，当我们把这一账簿分解成一页一页的碎片时，每一个碎片上都存储着一段时间内前续节点交易过程中个人和社群上所有参与者的相关交易信息。这样的碎片可以看作一个数据区块。

8 什么是哈希算法?

哈希算法是一种采用哈希函数运算的加密算法，是一种单向密码体制。即，从明文到密文不可逆映射，只有加密的过程却没有解密的过程。

哈希函数也叫散列函数、摘要函数，是一个把任意长度的数据经过哈希运算转换为 256 位（32 字节）的二进制，也就是映射成固定长度数据的函数，用以统一存储和识别。任何一种能将任意大小数据映射为固定大小数据的函数，都能被称为散列函数。哈希函数的返回值被称为哈希，也被称为散列值、摘要。①

结合我们前面提到的数据区块的概念，每个区块将其区块头部信息进行两次（double）哈希运算所得到的结果称为该区块哈希值。通常任何一段信息都只能有唯一的哈希值。②

哈希算法具有以下特点：（1）易压缩：对于任意给定的字节流，其映射得到的值长度是固定的。（2）单向不可逆加密：哈希函数输出的值无法倒推出原始数值。在加密应用程序中，哈希函数实际上是不可逆的，为加密和验证信息完整性而设计的哈希函数又被称为单向散哈希函数或者消息摘要函数。对于给定的哈希值，没有有效

① 见杨白雪等：《区块链技术概览》，《信息通信技术与政策》2019 年第 1 期。
② 见朱岩等：《区块链技术及其研究进展》，《工程科学学报》2019 年第 11 期。

方法可以反向计算出原始输入，因此很难伪造。（3）确定性：对于相同的输入，使用同一哈希函数，它始终生成相同的哈希值，如果两个哈希值是不相同的，那么这两个哈希值的原始输入也是不相同的。虽然对于不同的输入可能会哈希成相同的输出（哈希碰撞），但是哈希碰撞的概率可以非常小，所以一般从哈希值来确定唯一的输入值。（4）均匀性：良好的哈希函数应该输入尽可能均匀地映射到输出范围上。

9 什么是链式结构？

链式结构是一种存储数据的结构。在这种结构下，数据链上的每一个节点都会包含指向前一个节点和后一个节点的指针。这种存储结构不要求完整的内存，可以在碎片化的内存中存储，因而对内存的使用效率较高。

顾名思义，区块链就是由区块串接而成的链。在这条链上，每一个节点就是一个数据区块。和一般的链式结构一样，每一个区块中，除了包含其自身记录的信息外，都包含了指向前驱区块和后继区块的指针（如图 4 所示）。所不同的是，这些指针是用哈希值来表示的。利用这种方法，区块链可以将一系列区块按照时间顺序串联起来，除了第一个区块和最后一个区块外，其他区块都只有一个前驱区块和一个后继区块。任何一个区块与第一个区块之间的距离被称为这个区块的“高度”。

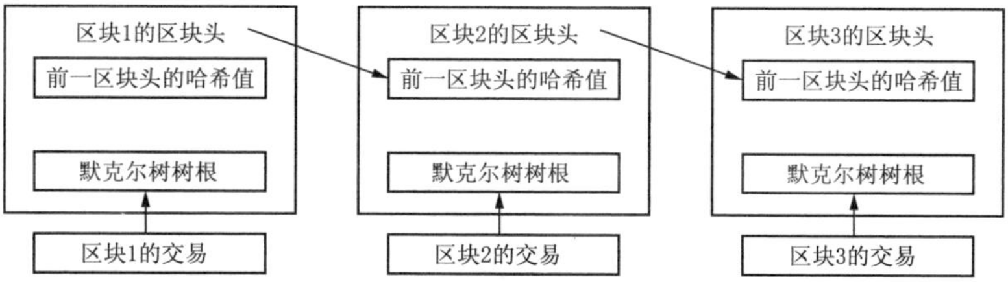

图 4　区块链的链式结构

资料来源：作者绘制。

由于每一个区块中都保留了前、后区块的哈希值，因此，如果要修改某一区块链上的数据，就会“牵一发而动全身”，导致其后续所有区块上的数据发生变化。正是这种性质决定了区块链上的信息很难被篡改。

一般来说，链式结构存储的数据是单一的，但在某些状况下，链条也会产生分叉。例如，在比特币网络中，当多个“矿工”共同“挖矿”时，可能会出现不同“矿工”在同一个父区块上挖出不同子区块的情况，这就可能会造成原本单一的链条产生分叉。但一般来说，最终只会有一个子区块得到确认，并最终被连接入主链。①

链式结构是区块链的基础设施。其中通常包括两个子协议，分别为最长链原则和激励原则：（1）最长链原则，即将网络中最长的

---

① 见蔡晓晴等：《区块链原理及其核心技术》，《计算机学报》2019 年第 12 期。

链视为正确的链条，要求“矿工”一直在最长链上“挖矿”。“矿工”在接收一个新区块时，必须停止当前的“挖矿”过程，验证新区块是否有效，否则无法保证自己始终在最长链上工作。区块等待的数目是按照概率计算的，链条的长度越长，链条被推翻的难度就越大。(2) 在激励原则中，最先按规则生成区块的“矿工”将获得代币奖励和区块中所有交易的交易费。

10 什么是默克尔树?

默克尔树是比特币和大多数主流区块链系统的数据组织方式，其概念来自计算机科学家拉尔夫·默克尔（Ralph Merkle）。在默克尔于 1979 年申请的专利中，他将默克尔树概括为“一种提供信息验证的数字签名的方法。该方法利用单向的认证树对密码进行校验”。

默克尔树是一种典型的二叉树，它包含根节点、中间节点和叶子节点，通常也被称为哈希树，即存储哈希数值的一棵树。具体来讲，默克尔树的叶子是数据块的哈希值，叶子节点存储了该区块内所有交易的哈希值，每一叶子有其对应的子节点字符串的哈希数值，非叶子节点是其对应子节点串联字符串的哈希值。

以图 5 中的默克尔树为例。L1、L2、L3、L4 表示原始数据。将这些数据通过哈希算法加密后，就得到了与之对应的哈希值 Hash 0-0、Hash 0-1、Hash 1-0 和 Hash 1-1，它们构成了默克尔树的叶子节点。用哈希算法对由 Hash 0-0 和 Hash 0-1 以及由 Hash 1-0 和 Hash 1-1 构成的数据进行加密，就可以得到默克尔树的中间节点 Hash 0 和 Hash 1。继续对 Hash 0 和 Hash 1 组成的数据进行加密，就可以得到根节点 Top Hash。

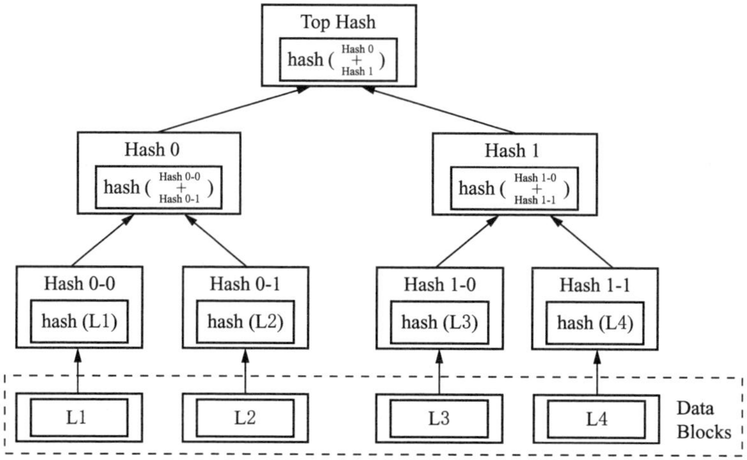

图 5　默克尔树示意图

资料来源：http://en.wikipedia.org/wiki/Merkle tree。

由于默克尔树是通过哈希值组织起来的树，交易记录的任何一点改变都能体现在默克尔树根值上，因此能够轻松验证数据是否被恶意篡改过。

默克尔树有很多重要的特性：

• 任何一个叶子节点的细微变动，都会导致根节点数值的重大变化。这一特征可以用来比较两个加密后的数据是否完全一样。

• 它可以实现快速定位修改。举例来说（仍以图 5 为例），如果 L1 中的数据发生变化，则它会让 Hash 0-0、Hash 0 和 Top Hash 这三个节点的数据发生变化。沿着 Top Hash→Hash 0→Hash 0-0 的顺序进行搜索，可以很容易定位到被修改的数据位置。

• 它可以帮助实现“零知识证明”。所谓“零知识证明”，就是说证明者能够在不向验证者提供任何有用信息的情况下，使验证者相信某个论断是正确的。举例来说，在一次谈判中，甲拥有数据 L1、L2、L3 和 L4，乙则声称自己拥有了数据 L2、L3 和 L4，以此要求甲在谈判中作出让步，那么甲如何才能在乙不公开具体数据的前提下，确信他是否真的拥有这些关键数据呢？一种方法是，他可以创建一棵如图 5 这样的默克尔树，并让乙公开 Hash 0-1、Hash-1 和 Top Hash 这三个节点的哈希值。通过将这些数值与自己生成的哈希值进行比较，他就可以确认乙是不是真的拥有这些数据了。

在区块链中，默克尔树被用作归纳一个区块中的所有交易，同时生成整个交易集合的数字签名。最终得到的根节点哈希值就是这个区块的哈希值。

11 什么是时间戳？

时间戳类似时间的数字签名，是指使用数字签名技术对包含原始文件信息、签名参数、签名时间等信息构成的对象进行数字签名而产生的数据，用以证明原始文件在签名时间之前已经存在。

在关系型数据库设计中，一般都会有一个或多个时间戳字段，用来标记数据创建、添加或者修改的时间。不过，在传统的分布式结构中，不同节点之间的物理时间可能存在差异，因此就会给确定各节点之间事件的先后顺序造成困难。

为了解决以上问题，研究者们进行了很多的尝试。1997 年，“密码朋克”成员斯图尔特·哈伯（Stuart Haber）和斯科特·斯托尼塔（Scott Stornetta）提出了“分布式时间戳”的构想。它要求用时间戳的方式表达文件创建的先后顺序，协议要求在文件创建后，其时间戳不能改动，这就使得文件被篡改的可能性大幅下降。打个比方，假设未来的某天，我们希望证明某个数据是今天产生的。那么，我们可以在今天对今天所有的数据打包并进行某种形式的哈希算法（比如默克尔树）转换，最终得到一个哈希值，然后在第二天的报纸上刊登一则广告，公布这个哈希值，那么报纸上的时间就成了我们的时间戳。如果明天我们想做同样的事，可以如法炮制。但需要强调的是，在打包明天的数据时，我们需要把今天的哈希值一起打包进去。此后的每一天，我们都按照同样的方法循环往复，那么每天的哈希值就记录了此前的所有数据信息，而每天的报纸分发销售到各地的订阅人手里，无形中形成了一个分布式存储网络。显然，要对上面的信息进行篡改是十分困难的。

中本聪在构思区块链时，借鉴了“分布式时间戳”的思想。每一个新区块生成时都会被打上时间戳，然后通过哈希算法转换为哈希值。在后一个区块产生时，将会放入这个哈希值。最终，所有的区块都将按照生成时间的先后相连成链，每个独立节点又通过 P2P 网络建立联系，这样就为信息数据的记录形成了一个去中心化的分布式时间戳服务系统，每一个区块的产生时间就难以被修改了（见图 6）。

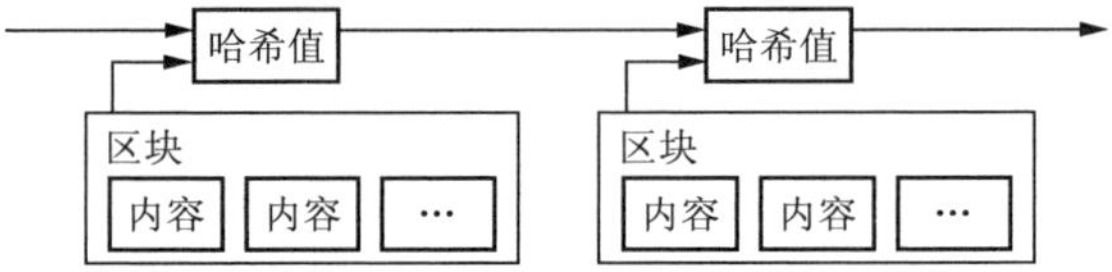

图 6　区块链系统的时间戳

资料来源：Nakamoto，S.，2008，“Bitcoin：A Peer-to-Peer Eletronic Cash System”，http://bitcoin.org/bitcoin.pdf。

12 什么是非对称加密？

非对称加密是指加密和解密使用不同密钥的加密算法，也被称为公私钥加密。所谓密钥，是一个密码学术语，指的是一种参数，即在明文转换为密文或将密文转换为明文的算法中输入的参数。

在早期的实践中，人们在明文和密文之间进行转换时，通常使用对称加密法，也就是只使用一个密钥。其原因是，一直有一个“密钥交换难题”难以解决：如果对加密和解密过程采用不同的密钥，那么信息发送者在传递过程中必须在传递信息的同时传递密钥，而一旦密钥在传递过程中被截获，信息就泄露了。直到 20 世纪 70 年代，威特菲尔德·迪菲（Whitfield Diffie）、马丁·赫尔曼（Martin Hellman）和拉尔夫·默克尔等学者解决了“密钥交换难题”，非对称加密才逐渐取代对称加密成为主流。

非对称加密具有两个特点。首先是用其中一个密钥（公钥或私钥）加密信息后，只有另一个对应的密钥才能解开；其次是公钥可向其他人公开，私钥则保密，其他人无法通过该公钥推算出相应的私钥。

非对称加密技术在区块链的应用场景主要包括信息加密、数字签名和登录认证等。信息加密场景主要是由信息发送者（记为 A）使用接受者（记为 B）的公钥对信息加密后再发送给 B，B 利用自己的私钥对信息解密。比特币交易的加密即属于此场景。数字签名场景则是由发送者 A 采用自己的私钥加密信息后发送给 B，B 使用 A 的公钥对信息解密，从而可确保信息是由 A 发送的。登录认证场景则是由客户端使用私钥加密登录信息后发送给服务器，后者接收后采用该客户端的公钥解密并认证登录信息。

以比特币系统为例，其非对称加密机制如图 7 所示。比特币系统一般通过调用操作系统底层的随机数生成器来生成 256 位随机数作为私钥。比特币私钥的总量可达 2^{256} 个，所以极难通过遍历全部私钥空间来获得存有比特币的私钥，因而是比较安全的。为便于识别，256 位二进制形式的比特币私钥将通过哈希算法形成 50 个字符长度的易识别和书写的私钥提供给用户。比特币的公钥是由私钥首先经过椭圆曲线算法生成的 65 字节长度的随机数。该公钥可用于产生比

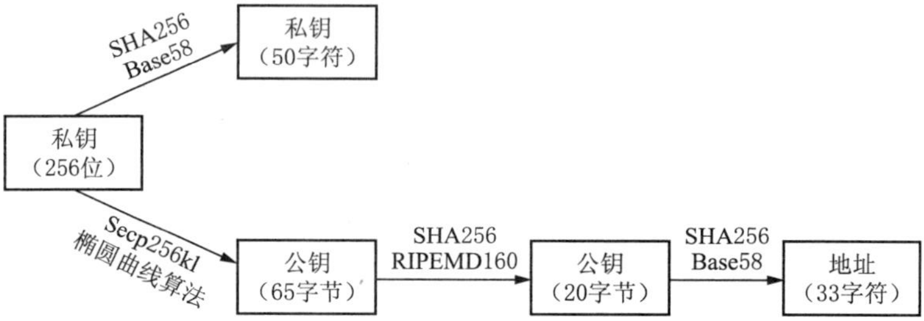

图 7　比特币的非对称加密机制

资料来源：袁勇、王飞跃：《区块链技术发展现状与展望》，《自动化学报》2016 年第 4 期，第 486 页。

特币交易时使用的地址，其生成过程为首先将公钥进行双哈希运算并生成 20 字节长度的摘要结果，再经过哈希算法转换形成 33 字符长度的比特币地址。公钥生成过程是不可逆的，即不能通过公钥反推出私钥。比特币的公钥和私钥通常保存于比特币钱包文件，其中私钥最为重要。丢失私钥就意味着丢失了对应地址的全部比特币资产。现有的比特币和区块链系统中，根据实际应用需求已经衍生出多私钥加密技术，以满足多重签名等更为灵活和复杂的场景。

13 什么是 P2P 网络?

P2P（peer-to-peer）网络技术，是区块链系统连接各对等节点的网络组成技术，可以直观理解为“点对点”“端对端”的网络形态。它区别于中心化网络模式，是一种互联的网络连接模式。

在传统的中心化网络中，网络的参与者分为资源（内容和服务）的提供者（server）和资源的获取者（client）。其中，资源的提供者居于网络的中心位置，资源的获取者则与资源提供者相连接。而在P2P网络中，各节点计算机服务器的地位相对平等，每一个节点都既是资源的提供者，也是资源的获得者。节点与节点之间直接实现连接，不需要经过某个中介（见图8）。

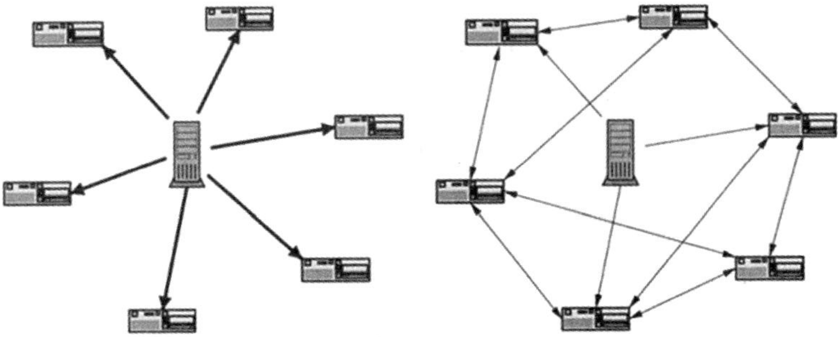

图8　中心化网络和P2P网络

资料来源：https://en.bitcoinwiki.org/wiki/Peer-to-peer。

根据节点信息存储与搜索方式的不同，P2P网络分为结构化覆盖网络和非结构化覆盖网络两类。①(1) 结构化P2P覆盖网络：各节点存储特定信息或特定信息索引，换言之，节点用户在P2P系统检索时，本身知道需要的信息（或索引）可能存在于哪些节点中，由

① 见杨白雪等：《区块链技术概览》，《信息通信技术与政策》2019年第1期。

于用户预先知道应该搜索哪些节点，故而提高了信息搜索的效率。（2）非结构化P2P覆盖网络：各节点存储自身信息或索引，也就是说节点用户在P2P系统中查询信息时，本身没有其他节点的信息和知识，只能采用层层转发直到找到目标为止。非结构化P2P系统结构简单，无中心，节点之间完全平等，网络层次单一，节点之间无需维护拓扑信息，搜索算法带有一定盲目性。

P2P网络技术被业内学者称为“无线宽带互联网未来的关键技术”，它作为区块链系统启动的通信基础、去中心化分布式存储和记录的支撑，是构成区块链技术架构的核心技术支撑。P2P网络技术具有三大特征：（1）相比中央服务器而言具有自治性；（2）该技术利用存储、计算能力等网络边缘资源，使其具有分布性，这也是区块链分布式特性的本质来源；（3）由于网络边缘资源处在动态变化中，不断有新资源加入和已有资源退出，因此该技术具有动态性。

14 区块链中的数据传播协议是怎么工作的?

在区块链中，任一区块数据生成后，将由生成该数据的节点广播到全网其他所有的节点来加以验证。这就需要数据传播协议来对这一过程加以规范。

中本聪在其2008年的经典论文中对最早的区块链传播协议——比特币传播协议进行了设计。根据他的构思，比特币系统的交易数据传播协议包括如下步骤：

（1）比特币交易节点将新生成的交易数据向全网所有节点进行广播；

（2）每个节点都将收集到的交易数据存储到一个区块中；

（3）每个节点基于自身算力在区块中找到一个具有足够难度的工作量证明；

（4）当节点找到区块的工作量证明后，就向全网所有节点广播此区块；

（5）仅当包含在区块中的所有交易都是有效的且之前未存在过时，其他节点才认同该区块的有效性；

（6）其他节点接受该数据区块，并在该区块的末尾制造新的区块以延长该链条，而将被接受区块的随机哈希值视为先于新区块的随机哈希值。

如果交易节点是与其他节点无连接的新节点，则比特币系统通常会将一组长期稳定运行的“种子节点”推荐给新节点建立连接，或者推荐至少一个节点连接到新节点。此外，交易数据广播时，并不需要全部节点均接收到，而是只要足够多的节点做出响应即可整合进入区块账本。未接收到特定交易数据的节点则可向邻近节点请求下载该缺失的交易数据。

目前主流的区块链系统所采用的数据传播协议大多是比特币传

播协议的变种，其工作原理都大同小异。

15 区块链中的验证机制是怎么工作的?

在区块链中，P2P 网络的每个节点都时刻监听网络中广播的数据与新区块。节点接收到邻近节点发来的数据后，将首先验证该数据的有效性。如果数据有效，则按照接收顺序为新数据建立存储池以暂存尚未记入区块的有效数据，同时继续向邻近节点转发；如果数据无效，则立即废弃该数据，从而保证无效数据不会在区块链网络中继续传播。

以比特币网络为例，比特币的“矿工”节点会收集和验证 P2P 网络中广播的尚未确认的交易数据，并对照预定义的标准清单，从数据结构、语法规范性、输入输出和数字签名等各方面校验交易数据的有效性，并将有效交易数据整合到当前区块中；同理，当某“矿工”“挖”到新区块后，其他“矿工”节点也会按照预定义标准来校验该区块是否包含足够工作量证明、时间戳是否有效等；如确认有效，其他“矿工”节点会将该区块链接到主区块链上，并开始竞争下一个新区块。

16 什么是共识机制？如何评价共识机制的优劣？

所谓共识，指的是不同群体所寻求的共同的认识、价值、想法等，在某一方面达成一致意见。共识机制就是确定达成某种共识和维护共识的方式。

在区块链中，共识机制本质上可以理解为控制参与方数据的一致性。区块链系统的核心是区块链账本数据的维护。由于区块链采用的是分布式的P2P网络，因此在各节点分别记账时难免会出现内容不一致、时间不一致等问题。甚至在一些情况下，一些节点的用户会人为造假、篡改信息。在这样的背景下，就需要一个共识机制来对各节点进行验证，以保证对外提供一份统一的账本。

在区块链中，有多种可供使用的共识机制。作为区块链的一个重要组件，共识机制必须具有两个性质：（1）一致性。即这个机制应该能保证所有诚信区块链所保存的区块链的前缀部分完全相同。（2）有效性。即由某诚实节点发布的信息终将被其他所有诚实节点记录在自己的区块链中。

在满足一致性和有效性的前提下，可以从以下四个维度对共识机制的优劣进行评价：①

① 韩璇、刘亚敏：《区块链技术中的共识机制研究》，《信息网络安全》2017年第9期。

（1）安全性。即这一共识机制是否可以防止“双花”①、自私“挖矿”等攻击，是否有良好的容错能力。以金融交易为驱动的区块链系统在实现一致性的过程中，最主要的安全问题就是如何防止和检测“双花”行为。自私“挖矿”则是指通过采用适当的策略发布自己产生的区块，获得更高的相对收益，这是一种威胁比特币系统安全性和公平性的理论攻击方法。作为一种好的共识机制，应该能对这些问题有效地加以应对。

（2）扩展性。即这一共识机制是否可以支持网络节点扩展。扩展性是区块链设计要考虑的关键因素之一。根据对象的不同，扩展性又分为系统成员数量的增加和待确认交易数量的增加两部分。扩展性主要考虑当系统成员数量、待确认交易数量增加时，随之带来的系统负载和网络通信量的变化，通常以网络吞吐量来衡量。

（3）性能效率。即从交易达成共识被记录在区块链中至被最终确认的时间延迟，也可以理解为系统每秒可处理确认的交易数量。与传统第三方支持的交易平台不同，区块链技术通过共识机制达成一致，因此其性能效率问题一直是研究的关注点。

（4）资源消耗。即在达成共识的过程中，系统所要耗费的计算资源大小，包括 CPU、内存等。区块链上的共识机制借助计算资源或者网络通信资源达成共识。以比特币系统为例，基于工作量证明机制的共识需要消耗大量计算资源进行“挖矿”提供信任证明完成共识。

---

① 关于“双花”问题的进一步介绍，可以参考本书第 19 问和第 30 问。

17 人们常提到的“拜占庭将军问题”究竟指的是什么？

“拜占庭将军问题”经常被用来作为分布式网络中共识问题的一个比喻。1980 年，计算机科学家马歇尔·皮斯（Marshall Pease）、罗伯特·肖斯塔克（Robert Shostak）和莱斯利·兰伯特（Leslie Lamport）在一篇论文中提出了一个问题：在一个可能存在故障节点，通过分布式技术通信的独立处理器网络中，非故障节点如何可以达成共识？①在 1982 年的另一篇论文中，他们将这个问题正式表述为一个虚构的、关于拜占庭将军的故事。②

作为罗马帝国的继承者，拜占庭曾是历史上的一个大帝国。由于帝国疆域辽阔，因此拜占庭帝国只能将全国的军队分为多个由将军带领的军团，分别驻扎在帝国的各个地区。每支军队都分隔很远，将军与将军之间只能靠信差传消息。在战争的时候，拜占庭军队内的所有将军必须达成共识，决定是否有赢的机会才去攻打敌人的阵营。但是，在军队内可能存有叛徒和敌军的间谍，左右将军们的决定又扰乱整体军队的秩序。在这种情况下，那些忠诚的将军如何在

---

① 见 Pease, M., R. Shostak, and L. Lamport, 1980, “Reaching Agreement in the Presence of Faults”, *Journal of the ACM*, 27(2), 228—234。

② 见 Lamport, L., R. Shostak, and M. Pease, 1982, “The Byzantine Generals Problem”, *ACM Transactions on Progamming Languages and Systems*, 4(3), 382—401。

不受叛徒的影响下达成共识，并作出正确的决定就成为问题。具体来说，他们必须寻求一个方法，以满足“一致性”和“正确性”。所谓“一致性”指的是所有忠诚的将军必须按照相同的行动计划作出决策；而所谓“正确性”指的则是少数叛徒不能使得忠诚的将军采纳错误的行动计划。

很显然，如果我们把故事中的将军想象成节点，将叛徒想象成恶意节点，那么上述故事就可以被比作一个网络通信问题。在实践中，那些恶意节点或故障节点通常被称为“拜占庭节点”，而正常的节点则被称为“非拜占庭节点”。

为了解决“拜占庭将军问题”，计算机科学家们提出了很多方案。其中“拜占庭容错机制”（Byzantine fault tolerance）就是比较有代表性的一种。这类解决方案可以通俗地表示如下：系统中的任何人都是不可靠的，当一个人收到其他人的消息后，不需要立即作出判断，而是把自己收到的消息再传递给另外的人。这样，消息在各个成员之间就是透明的（如 A 发给 B 进攻，B 就将自己的想法连同 A 的想法一起发给 C，C 就可以看到 A、B 两个人的信息）。如果系统中诚实的节点占多数，那么每个节点根据总信息对比后进行判断，最终出现差错的可能性就会大大降低。研究表明，如果系统中有 N 个节点，则只要不诚实节点的数量 F 不超过 $F = (N - 1)/3$ 时，整个系统就能达成共识。

18 常见的共识机制有哪些？它们各有什么特点？

区块链中的共识机制有很多。常见的几种共识机制包括 PoW 机制、PoS 机制和 PBFT 机制等。

1. PoW 机制

PoW 机制，即“工作量证明机制”（proof-of-work）机制，其基本思想很简单，即只有完成一定工作量的节点才能担负记账的工作。这样，就可以大幅增加恶意节点进行干扰的成本，让它们没有激励进行干扰。

PoW 机制的思想最早源于辛西娅·德沃克（Cynthia Dwork）和莫尼·诺尔（Moni Naor）于 1993 年发表的论文。1997 年时，亚当·贝克（Adam Back）也独立发明了基于 PoW 机制的哈希现金，并将其用来抵御邮件的拒绝服务攻击及垃圾邮件网关滥用。1999 年时，马库斯·雅各布松（Markus Jakobsson）和阿里·朱尔斯（Ari Juels）正式将这一思想命名为了“工作量证明”。2008 年时，中本聪将 PoW 机制应用于比特币的共识形成过程。

由于 PoW 机制是根据节点的工作量来分配记账权的，因此它需要包括三个算法：产生挑战 C 的随机算法、解决挑战 C 的方法 S 的算法，以及验证 C 是否被 S 解决的算法。

举例来说，在比特币系统中，生成挑战的随机算法是基于 SHA-

256 的。具体而言，它要求在待验证的信息后面加上一个合适的随机数（nounce），再将信息和随机数通过 SHA-256 算法转换后，前几位哈希值都是 0。显然，要求为 0 的位数越多，这个挑战的难度就越大，难度的具体值可以根据具体的情况进行调整。由于在现有的数学条件下，SHA-256 算法是不可逆的，因此各节点只能用穷举法来对以上问题进行破解。这样一来，破解这一问题的概率就会和节点所投入的算力成正比。由于以上问题需要大量计算，因此在一段时

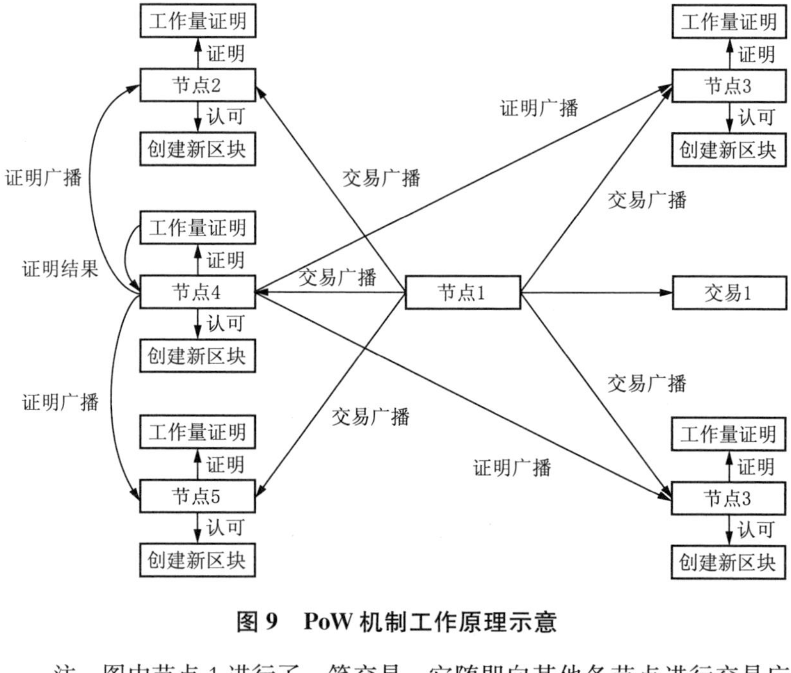

图 9　PoW 机制工作原理示意

注：图中节点 1 进行了一笔交易，它随即向其他各节点进行交易广播。各节点利用 PoW 机制对交易进行验证。最后，节点 4 的证明结果被采用，节点 4 随后再向各节点广播验证结果。

资料来源：作者绘制。

间内，系统只会收到一小部分节点提交的符合条件的工作证明。符合条件的工作证明结果会成为一个区块，在 P2P 网络中进行广播。收到区块的用户验证节点会验证该区块的正确性，得到超过 50%的用户验证节点的证实后，该区块将会加入当前系统中最长的公链。当然，参与上述工作是需要巨大成本的，为保证各节点有激励参与这项工作，网络就需要对参与工作的节点有所回报。在区块链中，这个回报通常是以代币（token）的形式给出的。

在 PoW 机制中，所选取的计算问题必须满足以下特性：（1）伪随机性。这一特征保证节点完成工作量证明的概率仅取决于自身投入的算力比例，保证了机制的相对公平性。（2）难度可控。这一特征保证可以根据具体情况对计算难度进行调节。（3）公开可验证性。这要求问题的求解结果可以通过比较简洁的方式进行验证。

由此可知，PoW 机制可以保证区块链的一致性和安全性，也具有相对的公平性。但是，其缺点也是明显的。

首先，PoW 机制的效率比较低下。每个区块的产生都需要耗费时间，并且新产生的区块需要后续区块的确认才能保证有效，这需要更长的时间。例如，比特币系统平均需要 10 分钟产生一个区块，然后等待后续的 6 个区块进行确认，因此需要 60 分钟的时间才能确认并完成一笔交易。显然，对于大多数交易来说，这是难以接受的。

其次，目前的算力存在着集中的趋势，这对 PoW 机制的安全性提出了挑战。PoW 机制要求攻击节点所拥有的计算资源不超过全网的 50%，而这一点在现实中很难确保。以比特币网络为例，目前超过 90%的比特币算力集中在不到 20 家企业的手中，比特大陆（Bitmain）拥有的算力就超过了 53%。在这种趋势下，只要拥有庞大算力的企业进行攻击，PoW 机制就无法实现安全性。

再次，PoW 过程计算的通常是一个无意义的序列，但所需的资源却是庞大的，这会造成巨大的浪费。根据普林斯顿大学计算机科学副教授阿尔文德·纳拉亚南（Arvind Narayanan）向美国参议院能源和自然资源委员会提交的一份书面报告，每天花费在比特币系统工作量证明上的成本高达 600 多万美元，每年的成本将高达数十亿美元。①尽管计算机科学家目前已提出了很多降低 PoW 机制能耗、减少其浪费的方案，但都没有从根本上解决问题。

2. PoS 机制

PoS 机制，即权益证明机制（proof-of-stake），是 2011 年时一位名为“Quantum Mechanic”的网友在著名比特币社区 Bitcointalk 论坛首次提出的。

PoS 机制的原理类似于股份制。正如在公司中谁拥有的股份越多，谁就越具有话语权一样，在采用 PoS 机制的区块链中，谁的权益质押（在“链圈”，这通常被称为 staking）越多，谁的话语权也越大。具体来说，在 PoS 机制中，有一个“币龄”（coin age）的概念，它等于用户在这个系统中拥有的“币”乘以将“币”存在系统中的时间。和 PoW 机制类似，在形成共识的过程中，系统也会向各个节点分发随机的挑战任务，然后根据解决问题的先后来决定最终的记

---

① 见 Narayanan，A.，2018，*Hearing on Energy Efficiency of Blockchain and Similar Technologies*，https://www.energy.senate.gov/public/index.cfm/files/serve?File_id=8A1CECD1-157C-45D4-A1AB-B894E913737D，August 21。

账者。所不同的是，在 PoW 机制中，每个节点所分摊到的任务的预期难度是一致的，但在 PoS 机制中，“币龄”越高的节点所分摊到的问题会越简单。这样一来，那些高“币龄”节点获得记账权的概率自然也就越高了。

我们知道，在现实中，一个股东在某公司的股份中所占的比例越高，其利益和公司利益之间的捆绑就越紧密，因此他就越有动机关心公司的盈利。同样地，PoS 机制将记账权交给拥有高权益的用户，也可以实现他们与区块链之间的利益捆绑，从而让他们更有激励确保记录内容的真实性。

与 PoW 机制不同，PoS 共识机制的核心是网络中的权益，而不是单纯的算力。这些权益不一定需要通过“挖矿”获取，而是可以在交易所甚至 OTC 市场上直接购买。这个过程就类似于现实中的购买股票。

此外，和 PoW 机制相比，PoS 机制的效率要高得多，其验证一笔交易的机制要远快于 PoW 机制，而消耗的能量却远小于 PoW 机制。自然，PoS 也存在着一些潜在的问题：首先，其安全性还需要更进一步的检验。其次，产生和分配“币”的机制设计难度较高，如设计不合理，则可能严重影响区块链的公平。再次，其去中心化程度也被普遍认为不如 PoW 机制。

3. PBFT 机制

PBFT 机制，即实用拜占庭容错机制（practical Byzantine fault tolerance），由米格尔・卡斯特罗（Miguel Castro）和芭芭拉・里斯科夫（Barbara Liskov）于 1999 年提出。它对传统的拜占庭容错机制进行了修改。

PBFT 机制的验证过程包含三个阶段：预准备阶段、准备阶段和确认阶段。假设在系统中，总节点数为 N 个，“拜占庭节点”有 f 个。在预准备阶段，由主节点发布包含待验证记录的预准备消息。接收到预备消息后，每一个节点进入准备阶段。在准备阶段，每一个节点验证其正确性，将正确记录保存下来发送给其他节点。直到某一个节点接收到 $2f$ 个不同节点发送的与预准备阶段接收的记录一致的正确记录，该节点才向其他节点广播确认消息，然后系统进入确认阶段。在确认阶段，直到每个诚实节点接收到 $2f+1$ 个确认消息，协议才终止，各节点对记录达成一致。

在去中心化的情况下，利用 PBFT 机制可以实现区块链的一致性，剔出多余的计算量，避免资源浪费。此外，在 PoW 机制和 PoS 机制中，不同节点都可以提出新区块，因此在一定情况下可能会出现“分叉”问题；而在 PBFT 机制下，只有一个节点可以提出新区块，因而不会出现“分叉”问题。我们在表 3 中对这三种机制的特征进行了比较。

表 3　PoW 机制、PoS 机制和 PBFT 机制的比较

共识机制	安全性（容错率）	扩展性	性能效率	资源消耗	一致性
PoW 机制	＜50%	差	高延迟	高	有分叉
PoS 机制	＜50%	良好	低延迟	低	有分叉
PBFT 机制	＜33%	差	低延迟	低	无分叉

资料来源：作者整理。

很显然，无论是 PoW 机制、PoS 机制，还是 PBFT 机制，都各有优劣之处。在实践中，人们经常对这些机制进行组合，从而达到扬长避短的效果。

19 我们常说的“挖矿”“矿工”“矿池”分别是什么意思？

前文中，我们已多次提及“挖矿”“矿工”“矿池”，我们亦常常在媒体报道中看到它们，那它们究竟指的是什么呢？先来看看“挖矿”。它是指在区块链上验证交易数据，从而形成共识，并获得回报的过程。如前所述，区块链采用分布式系统实现去中心化，将记账权下放到分布式系统中的节点中。具体每笔交易由哪个节点记到账本上并不确定，需要各个节点参与竞争选取。究竟怎样选取，则依赖于区块链所采取的信任机制。对于一些信任机制（如 PoW 机制），为了防止某些节点的恶意干扰，需要各节点付出一定的代价，完成一定的工作量。而对于那些遵守规则、诚实进行验证工作的节点，则会给予一定的奖励。这样一来，恶意破坏系统将会得不偿失，信任就会被建立。在最早的比特币系统中，系统会随机给予完成验证工作的节点一定量的比特币作为回报，因此参与验证工作就好像参与了对比特币的“挖掘”。由于这个原因，人们将参与比特币系统的验证工作称为“挖矿”，将参与工作的节点称为“矿工”。

“挖矿”(mining)。“挖矿”从本质上而言是一种数学计算，借助芯片的计算能力在区块链网络中不断地进行哈希运算，追求更快的求解过程。“挖矿”的过程也是获得系统激励的过程，是实现在区块链中记账权限的路径之一。

在比特币系统中，“挖矿”是比特币新币发行的唯一途径，“挖矿”活动的过程如下：(1)每个“矿工”节点以本地区块链中最新区块的内容作为输入值计算其哈希解。(2)比特币的“矿工”们筛选其他节点转发或发布的交易信息，删掉已经被包含在区块链中的、余额不足的或是有其他错误的交易信息，同时不断向外广播收录的交易。(3)随机生成一组字符串，通过将这个字符串与前面得到的哈希值和录入的交易信息合并作为输入，输出产生一个新的哈希值。(4)检测这个新的哈希值是否小于当前的难度阈值，如果是则“挖矿”成功，同时产生一个新的区块并向全网广播，如果哈希值的结果大于阈值则回到第(3)步重新计算。(5)其他节点接收这个新诞生的区块，并验证其哈希值是否符合要求，如果足够多的“矿工”节点证明了该区块是唯一有效的，则其他节点将接收该区块并将其添加到本地区块链上。成功挖掘新区块的“矿工”将获得一定数量的比特币奖励，比特币系统平均约10分钟便会产生一个新的区块。(6)如果其他“矿工”节点成功挖掘出合法新区块，则剩余节点会将这个区块添加至本地，然后从第(1)步开始重新“挖矿”。

“矿工”。“矿工”就是维护区块链中底层代码的核心团队成员，是参与“挖矿”和参与运行分布式网络的主要力量。“矿工”以算力为其主要核心竞争力。

以比特币系统为例，“矿工”在系统中所起的作用主要是：货币发行通过“矿工”来挖掘新的比特币；保证交易的正常执行和区块链的安全运转，交易的执行和处理是“矿工”竞争解决密码学难题获得记账权生成区块连接到链上的；保证比特币系统的安全，交易的验证也是由“矿工”来完成的，防止“双花”。如果没有“矿工”参与，比特币的共识机制就没法完成，也没法实现去中心化。参与“矿工”数量较少，攻击者就可以很容易地控制全网的大部分算力发动51%攻击，系统的安全性无法得到保证。因此，“矿工”是比特币的安全基础，是比特币安全的重要保证，维持足够多数量的“矿工”参与“挖矿”对于比特币的安全至关重要。激励“矿工”参与“挖矿”的主要动力是区块奖励和交易手续费。

“矿池”。“矿池”由“矿工”组成，其形成有助于集中分散的算力进行统一管理。也就是说，随着“矿池”规模的不断扩大，算力总和也会随之不断增大，这有助于增加通过“挖矿”获得更多加密货币的机会，从而产生更大的影响力。

随着更多的节点参与“挖矿”，比特币全网算力以指数级别上涨，单个“矿工”短时间内挖到区块的概率越来越低，获得“挖矿”的收益变得不稳定，可能一年的时间也无法挖到一个区块。许多“矿工”为了追求持续稳定的收益联合起来组成“矿池挖矿”，并根据自己的贡献分配“挖矿”收益。无论是独立“挖矿”还是“矿池挖矿”，收益都等于自己的算力占比，相同算力的“矿工”采取这两种“挖矿”方式的收益是相同的。相比较于单独“挖矿”，“矿工”

在“矿池”中“挖矿”虽然单位时间内获得的收益是相同的，但是获得收益的方差变小了，收益更加稳定，不会出现很长时间都没有任何收益的现象。相比较于单独“挖矿”，“矿池挖矿”具有许多的优势，这也是当前“矿工”的最优选择。“矿池”的出现导致算力的集中，这在一定程度上违背了比特币的去中心化理想，也在一定程度上威胁着比特币系统的安全。

20 什么是算力?

“矿工”进行“挖矿”的过程，需要不断追求更快的求解。但是计算机在运行哈希函数运算时，并没有固定的算法，只能靠计算机的哈希随机碰撞，从而找到符合条件的相应结果。在这个碰撞产生结果的过程中，计算机的运算能力，即算力，就变得十分重要。

计算机算力的大小是用其每秒能够计算的哈希碰撞次数来计算的。如果某台计算机在一秒内能计算一次哈希碰撞，那么其算力就是 1 H/s。其他的算力单位可以在此基础上导出：

1 KH/s = 1 000H/s

1 MH/s = 1 000 000 H/s

1 GH/s = 1 000 000 000 H/s

1 TH/s = 1 000 000 000 000 H/s

1 PH/s = 1 000 000 000 000 000 H/s

1 EH/s = 1 000 000 000 000 000 000 H/s

在 PoW 共识机制中，算力是获得记账权和取得奖励的主要依据。在区块链网络中，“矿工”的算力越大，意味着其“挖矿”能力越强，获得的加密货币越多，故而在区块链网络中获得收益的概率也就相应越大；如果全网算力越高，则意味着比特币网络处理数据的能力越强。

根据咨询机构 CoinShares Research 最新的统计，截至 2019 年底，整个比特币系统的总算力已经达到了 110 EH/s，而其中 65%以上的算力是由中国所拥有的。①

21 什么叫分叉？为什么会产生分叉？

分叉可以理解为不统一，即由不统一而进行的一种分割行为。简言之，每一次区块链进行升级时，迭代更新的代码都需要获得社区的一致认同才可以完成升级，如果社区无法达成一致，则可能导

① 见 https：//coinsharesgroup.com/assets/resources/Research/bitcoin-mining-network-december-2019.pdf。

致分叉的形成。

根据分叉后的区块链网络体系能否兼容旧区块链，可以将分叉细分为“软分叉”（soft fork）和“硬分叉”（hard fork）两类。软分叉，也指兼容，即旧的区块继续接受新的节点创造的区块，仍在同一链条上；而硬分叉，也指非兼容，即旧节点拒绝继续接受由新节点创造的区块，新节点们会在最后验证的区块之后创建新的区块，形成在原链条之外的另外一条新链。硬分叉是比特币规则的一种大的变动，区块结构可能会因此发生变化。分叉后的“矿工”，根据新规则所产生的区块，在依据旧规则验证区块的节点下，被视为无效。所以在硬分叉时，所有按照旧规则工作的节点都需要升级它们的软件版本。如果一组节点继续使用旧软件，而其他节点使用新软件，则可能会发生区块链被分裂为两个同源链的现象。软分叉与硬分叉相比，软分叉是在不影响区块结构的情况下的一种规则的微调，它创建了被旧软件识别为有效的区块，即它是向后兼容的。软分叉一般不会产生永久性分叉的链。隔离见证（segregated witness）就是软分叉的一个例子。

分叉的形成存在于共识过程中。如果两个“矿工”在同一个区块之后分别挖到区块，系统同时存在着两个分支，产生分叉。其原因主要有二：一种情况是由于工作量证明本身的性质，在很短的时间内可能有两个区块被发现，从而产生偶然分叉。在比特币网络中，这种情况发生的概率大约为 1.69%（大约每 60 个区块会发生一次）。另一种情况是“矿工”故意的行为导致的，比如说自私“挖矿”，故意保留区块，而非立即公布，当网络中其他“矿工”公布有效区块时才会公布，此时网络中同时存在着两个分支。默认情况下，“矿工”应该选择紧跟最长分支继续“挖矿”，如果两个分支一样长，则“矿工”选择最早接收的区块所在的分支继续“挖矿”，另一个分支的区块会变成孤块，则不被网络所认可。

22 什么叫扩容？目前主要的扩容技术有哪些？

随着交易量的不断增长，区块链公链上的交易出现积压和严重的网络堵塞现象，短时、高频、巨量都是分布式网络中公链的天敌，可以轻松使其宕机。因此，如何通过修改区块链底层代码、提高交易处理能力、实现公链扩容成为亟待解决的问题。

扩容技术主要包含两层含义：第一层是改进自身区块链，使其更快、容量更大；第二层含义则是以增加侧链技术的方式，将计算下移至链下。目前，主要的扩容技术有五种：支付通道、隔离见证、提高区块容量限制、多重签名、聚合签名。①下面，我们以比特币网络为例，对这几种扩容技术进行简要介绍。

（1）支付通道（payment channels），是运行在比特币网络上的二

① 见常兴、赵运磊：《比特币扩容技术的发展现状与展望》，《计算机应用与软件》2019 年第 3 期。

层结构，允许参与的双方直接建立彼此间点对点的支付渠道。参与方可以安全地维护和更新彼此间的私有账本，这样他们在通道内的交易就不需要写入区块链。需要指出的是，交易过程中，支付通道的中间状态也可以随时写入比特币账本。支付通道避免了直接在比特币上进行交易，因此可以显著提高容量、可扩张性、交易吞吐量。通道内的交易处理速率仅受参与方的网络带宽限制，而不需要考虑比特币网络的拥堵情况。支付通道的另一个优势是它们不需要比特币“矿工”的直接服务，因此可以以极低的交易费进行，可以经济地执行比特币用户间的微额支付。

（2）隔离见证，是比特币的交易格式的软分叉修正，在比特币的改进建议书“隔离见证—共识层”（segregated witness-consensus layer）中被提出。其目的一方面是解决比特币中存在的延展性攻击（malleability attacks），另一方面则旨在缓解因区块容量限制（block size limit）而引起的容量、可扩展性、吞吐量等问题，从而优化比特币交易的处理速度。

在引入隔离见证之前，交易中每个发送者数据都跟着解锁它的见证数据，见证数据作为每个发送者数据的一部分嵌入交易，参与了交易的标识的计算。隔离见证，简单来说是从比特币交易中分离出见证数据的区块结构改变。通过将比特币交易见证数据从原始交易中移出，并作为单独的结构添加到区块中，原始部分发送者和接收者的数据，将继续保存在原有区块的位置。

由于区块的头部与改变位置的见证数据结构无关，这意味着见证数据将不会被区块链做防篡改性保护，所以需要将见证数据重新添加进当前区块结构，以达到防止见证数据被任意篡改的目的。在这里，考虑到每个区块的第一笔交易是创币交易（用于设置“矿工”的账户地址，从而将成功“挖矿”的奖励发送到“矿工”账户），可以把通过树处理后的见证数据，将其默克尔树树根放进创币交易中。当见证数据被篡改时，首先改变了见证数据的默克尔树树根值，从而影响了创币交易的标识，最终影响了整个区块的哈希值，此时的区块可能会因不通过区块正确性检验而被放弃，保证了见证数据的不可篡改性。

比特币改进提议（Bitcoin Improvement Proposals，BIPS）中引入了一个新的“块重”（block weight）概念。在新的规定下，块重不能超过 4 MB，依据此规则，可以保证不包含见证数据的区块容量不超过 1 MB，与原有包含见证数据的区块容量不超过 1 MB 的旧规则相比，达到了扩容的目的。

（3）提高区块容量限制。是否增加区块容量的限额引起了激烈的争论。同时，为防止比特币暂时或永久分裂成多条同源链，比特币基金会希望整个比特币社区对提高区块容量限制的硬分叉达成共识。遗憾的是，这个期待的共识一直没能够达成。

（4）多重签名。比特币交易可以看作由一个或 n 个发送者向一个或 m 个接收者的转账。同时，每个发送者为了声明对转账资金（UTXO）的所有权，需要提供交易的数字签名来进行认证。如果一笔交易有 n 个发送者参与交易，那么就会有 n 个不同发送者所对应的签名需要附加在交易中，在打包交易生成区块过程中供比特币“矿工”进行交易合法性验证。需要指出的是，在比特币网络中，85%以上的交易是由多个发送者构成的，所以这里还有较大的优化空间。学者希望用多重签名的方式来提高 1 MB 区块的利用率，即采用签名可加性这一先天多重签名特性进行改进。

（5）聚合签名。比特币区块中的主要数据是交易，且随着比特币的发展，每个区块中的交易数不断增长并趋近于饱和，现阶段每个区块大约有 1 600 笔交易，每笔交易中含有一个或多个签名，来证明交易资金的所有权。如果利用多重签名技术来改进交易，则每笔交易中将会仅存一个签名。运用聚合签名的方式来进一步压缩区块体积，提高比特币区块的利用率。需要指出的是，签名聚合的环节应当出现在“矿工”打包交易生成区块的过程中，而“矿工”所处理的交易数量较多，且都是匿名化地来自全球不同节点，所以考虑到比特币的实际应用场景，聚合签名必须具有非交互的特性。

23 什么是 51% 攻击？区块链网络遭受 51%攻击的可能性大吗？

所谓 51%攻击，就是对某些采用 PoW 共识机制的比特币网络，利用“最长链共识”的特点，使用算力优势生成一条更长的链“回滚”已经发生的“交易行为”。这里的 51%，指的是掌握了全网算力的 51%。对于类似比特币网络这样的区块链网络，是通过哈希碰撞来匹配随机数从而实现对记账权的分配的，而算力就是每秒能进行哈希碰撞的次数。如果一个人掌握的算力越高，其每秒钟能进行越多次的哈希碰撞，就更有可能抢得记账权。如果某人掌握了51%以上的算力，他就拥有了获得记账权的绝对优势，可以更快地生成区块，也拥有了篡改区块链数据的权利。

从理论上讲，51%攻击是很难实现的，因为它需要掌握大量的算力，而要实现这一点，就需要花费高昂的资金购买“矿机”，再加上所需的电费，其成本可能是十分巨大的。2018年时，有人曾计算过对比特币网络进行51%攻击的成本，结果显示，如果要进行类似的攻击，每天的成本高达73亿美元，约合470亿元人民币。据此，很多人认为，尽管51%攻击的危险在理论上是可能的，但在实践上不会有人去进行这样的攻击。不过，也有一些学者对这个理论提出了质疑。在他们看来，类似的结论是建立在几个十分严格的假设之上的，例如，它要求攻击者必须自行购买“矿机”，并且攻击对象是像比特币网络这样规模巨大的网络。如果51%攻击的对象是规模相对较小的区块链网络，并且允许租借“矿机”，那么攻击的成本其实很低。一家美国网站（https://www.crypto51.app）曾做过一项研究，列出了对一些著名的区块链项目进行51%攻击所需要的成本，以及攻击成功的概率。结果显示，对于那些规模较小的区块链项目，51%攻击的成本非常低，对应的成功率则非常高。以以太经典（Ethereum Classic）为例，对其进行一小时51%攻击的成本仅为14 927美元，而攻击成功的概率则高达98%。可以设想，类似这样的项目，遭受攻击的概率是很高的。表4列举了对一些区块链项目进行51%攻击的难度对比。

表 4　对若干区块链项目进行 51%攻击的难度对比

项目名	代号	市值（美元）	算法	算力	每小时攻击成本（美元）	攻击成功的可能性
比特币（Bitcoin）	BTC	1 121.8 亿	SHA-256	39 664 PH/s	539 997	1%
以太坊（Ethereum）	ETH	502.6 亿	Ethash	225 TH/s	368 981	4%
比特币现金（Bitcoin Cash）	BCH	147.7 亿	SHA-256	5 050 PH/s	68 756	10%
莱特币（Litecoin）	LTC	55.5 亿	Scrypt	292 TH/s	52 527	7%
达世币（Dash）	DASH	21.7 亿	X11	2 PH/s	16 998	29%
门罗币（Monero）	XMR	20.6 亿	CryptoNightV7	383 MH/s	18 382	21%

续表

项目名	代号	市值（美元）	算法	算力	每小时攻击成本（美元）	攻击成功的可能性
以太经典（Ethereum Classic）	ETC	14.8 亿	Ethash	9 TH/s	14 927	98%
大零币（Zcash）	ZEC	8 146.2 万	Equihash	706 MH/s	62 295	8%
字节币（Bytecoin）	BCN	7 766.8 万	CryptoNight	433 MH/s	924	105%
比特黄金（Bitcoin Gold）	BTG	5 652.4 万	Equihash	30 MH/s	2 671	184%
狗币（Dogecoin）	DOGE	3 352.3 万	Scrypt	259 TH/s	46 596	8%

注：本表根据网站 https://www.crypto51.app 的调查数据整理。

此外，目前各大区块链项目都出现了十分显著的算力集中现象。正如我们曾经指出的，就连比特币网络这样规模巨大的项目，其大部分的算力也集中在几个“矿池”手中。如果这些“矿池”中的几家进行合谋，就很容易发动51%攻击。

综合以上两点，我们认为51%攻击仍然是威胁区块链项目安全的一个源头，在实践当中，必须对其引起足够的重视。

24 什么是智能合约？它有哪些应用？又有哪些问题？

所谓智能合约，指的是“一套以数字形式指定的承诺，包括合约参与方可以在上面执行这些承诺的协议”。早在1994年，美国计算机科学家尼克·萨博（Nick Szabo）就提出了智能合约的概念。不过，在当时的技术条件之下，这个概念并没有引起人们的太多重视。直到2008年，中本聪那篇关于比特币的奠基性论文发表之后，人们才发现作为比特币底层技术的区块链与智能合约存在着天然的契合，区块链可借助智能合约的可编程性封装分布式节点的复杂行为，而智能合约则可借助区块链的去中心化基础架构在去信任、可执行环境中有效实现。自此，智能合约才开始被人们重新重视，而区块链也逐渐成为智能合约最主要的计算场景。

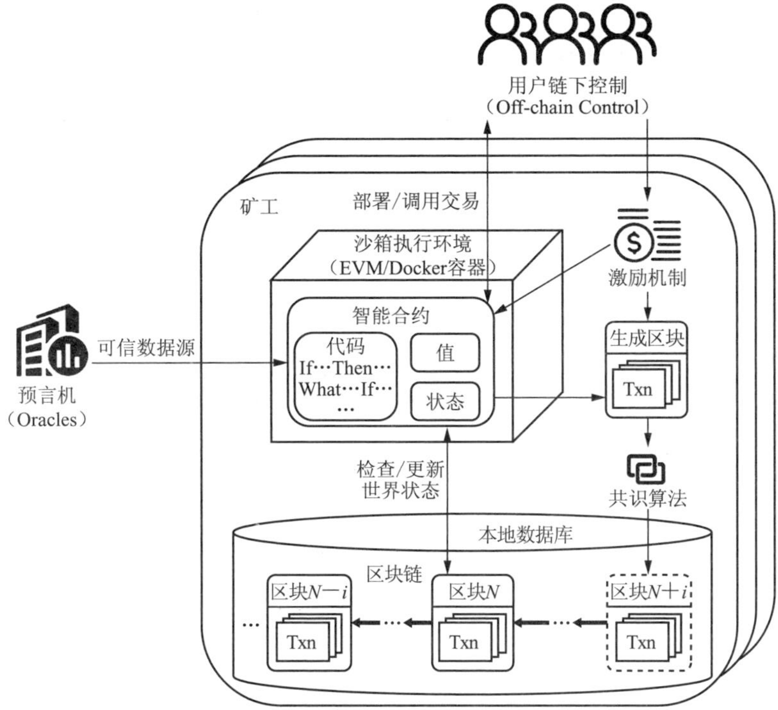

图 10　智能合约的运行机制

资料来源：欧阳丽炜、王帅、袁勇、倪晓春、王飞跃：《智能合约：架构及进展》，《自动化学报》2019 年第 3 期，第 447 页。

智能合约的运行机制如图 10 所示。它一般具有“值”和“状态”两个属性，代码中用 If-Then 和 What-If 语句预置了合约条款的相应触发场景和响应规则。智能合约经多方共同协定、各自签署后随用户发起的交易（transaction，Txn）提交，经 P2P 网络传播、矿工验证后存储在区块链特定区块中。用户得到返回的合约地址及合约接口等信息后即可通过发起交易来调用合约。“矿工”受系统预设的激励机制激励，将贡献自身算力来验证交易。“矿工”收到合约创建或调用交易后在本地沙箱执行环境（如以太坊虚拟机）中创建合约或执行合约代码，合约代码根据可信外部数据源［也称为预言机(Oracle Machines)］和世界状态的检查信息自动判断当前所处场景是否满足合约触发条件以严格执行响应规则并更新世界状态。交易验证有效后被打包进新的数据区块。新区块经共识算法认证后链接到区块链主链，所有更新生效。

随着区块链技术的逐渐兴起，智能合约的应用日益广泛。目前，它在金融、管理、医疗、物联网和供应链等领域都有了应用。

1. 金融领域的应用

智能合约在金融领域的应用十分广泛。首先，它可以被用于资产清算。例如，由高盛、摩根大通等财团组成的 R3 区块链联盟率先尝试将智能合约应用于资产清算领域，利用智能合约在区块链平台 Corda 上进行点对点清算。目前，已有超过 200 家银行、金融机构、监管机构和行业协会参与了 Corda 上的清算结算测试。其次，它可以被用于保险理赔。Gatteschi 等设计了一种旅行保险智能合约，一旦合约检测到如航班延误等满足要求的赔偿条件即可自动补偿旅客。①最后，它可以用于资产交易环节。例如，ECoinmerce 是一种去中心化的数字资产交易市场，借助智能合约，任何用户都可在 ECoinmerce 上创建、购买、出售和转租其数字资产。类似的应用还

① Gatteschi，V.，F.Lamberti，C.Demartini，C.Pranteda，and V.Santamaria，2018，“Blockchain and Smart Contracts for Insurance：Is the Technology Mature Enough?”，*Future Internet*，10(20)，1—16.

有 Slock.it，它允许用户基于区块链出租房地产、汽车、智能设备、路由器等有形资产，这些资产经智能合约编码获得身份认证后即可作为智能资产直接完成复杂协议。

2. 管理领域的应用

传统的组织管理是自上而下的“金字塔型”架构，容易产生机构臃肿、管理层次多、管理成本高、责任界定不明、信息传递不畅、权力集中在上层而下层自主性小、创新潜能难以有效释放等问题。智能合约和 DAO 将对管理领域带来革命性影响。智能合约可以将管理规则代码化，代码设定完成后，组织即可按照既定的规则自主运行。组织中的每个个体，包括决策的制定者、执行者、监督者等都可以通过持有组织的股份权益或提供服务的形式来成为组织的股东和参与者（即前文所述的 DAO）。DAO 使得每个个体均参与到组织的治理中，从而充分激发个体的创造性，提高组织决策的民主化。此外，编码在智能合约上的各项管理规则均公开透明，也有助于杜绝各类腐败和不当行为。

3. 医疗领域的应用

医疗技术的发展高度依赖历史病例、临床试验等医疗数据的共享，由于医疗数据不可避免地包含大量个人隐私数据，其访问和共享一直受到严格的限制。患者个人难以控制自己的医疗数据访问权限，隐私性难以保证，医疗工作者需花费大量时间和精力向相关部门提交申请进行权限审查并在数据使用前完成数据校验以保证可靠性，这样不仅工作效率很低，而且存在医疗数据被篡改、泄露以及数据传输不安全等风险。对于以上问题，医疗智能合约可以比较有效地加以解决。医疗数据可被加密存储在区块链上，患者对其个人数据享有完整的控制权，通过智能合约设置访问权限，用户可实现高效安全的点对点数据共享，无需担心数据泄露与篡改，数据可靠性得到充分保障。

目前该应用领域有三种比较典型的智能合约。一是医疗信息存储和共享合约。例如，MedShare 为共享医疗数据提供溯源及审计服务，其设计采用了智能合约和访问控制机制，可有效追踪数据行为，并在违规实体违反数据权限时撤销访问。二是医学研究型智能合约。例如 Kuo 等提出了名为 ModelChain 的框架。①该框架基于区块链进行医疗预测建模，每个参与者都可对模型参数估计作出贡献，而不需要透露任何私人健康信息。三是药品溯源及打假合约。例如，医疗药品联盟链 MediLedger、电子处方平台 BlockMedx 等可用于加强对处方类药物的溯源能力。

4. 物联网与供应链领域的应用

物联网与去中心化、去信任的区块链架构的结合将成为必然的发展趋势。智能合约将在此过程中实现物联网复杂流程的自动化、促进资源共享、保证安全与效率、节约成本。例如，Dorri 等提出了一种基于区块链及智能合约的智能家居模型，探讨了模型中的各种交互流程，并通过仿真实验证明了此模型将显著降低物联网设备的日常管理费用。②Zhang 等提出了一种物联网电子商务模型，利用基

---

① Kuo, T., and L.Ohno-Machado, 2018, “ModelChain: Decentralized Privacy-Preserving Healthcare Predictive Modeling Framework on Private Blockchain Networks”, arXiv:1802.01746.

② Dorri, A., S.S.Kanhere, R.Jurdak, and P.Gauravaram, 2017, “Blockchain for IoT Security and Privacy: The Case Study of a Smart Home”, IEEE PERCOM workshop on security privacy and trust in the internet of thing.

于智能合约的点对点交易实现物联网上智能资产和付费数据的交易。①Zhang 等提出了基于智能合约的物联网设备访问控制模型，该模型由多个访问控制合约、一个决策合约和一个注册合约组成，可实现对物联网系统的分布式可信任访问控制。②IoTeX 则是一个以隐私为中心区块链驱动的去中心化物联网网络，支持包括共享经济、智能家居、身份管理与供应链在内的多种物联网生态系统。

与物联网类似，供应链通常包含许多利益相关者，如生产者、加工者、批发商、零售商和消费者等，其相关合约将涉及复杂的多方动态协调，可见性有限，各方数据难以兼容，商品跟踪成本高昂且存在盲点。通过将产品从生产到出售的全过程写入智能合约，供应链将具有实时可见性，产品可追溯、可验证，欺诈和盗窃风险降低，且运营成本低廉。其代表性的应用有棉花供应链、医疗药品供应链等。

尽管已经有了广泛的应用，但总体来说智能合约目前还处于发展的初期，仍有很多问题亟待解决：

（1）安全问题。

虽然智能合约拥有很高的效率，但其安全性依然是有待检验的。例如，2016 年 5 月，以太坊最大的众筹项目 The DAO 被攻击者利用

---

① Zhang, Y., and J. Wen, 2017, "The IoT Electric Business Model: Using Blockchain Technology for the Internet of Things", *Peer to Peer Networking & Applications*, 10(4), 983—994.

② Zhang, Y., S.Kasahara, Y.Shen, X.Jiang, and J.Wan, 2019, "Smart Contract-Based Access Control for the Internet of Things", *IEEE Internet of Things Journal*, 6(2), 1594—1605.

程序中的递归调用漏洞获取了大量以太币（Ether，ETH），这个问题引发了大众对于智能合约安全性和法律问题的思考。Luu 等提出了检查智能合约漏洞的工具，文中利用工具检查了以太坊中包含 3 068 654 以太币、价值 3 万美金的 19 366 个合约，其中有 8 833 个合约至少包含一种安全漏洞。①

（2）法律问题。

The DAO 事件也对法律提出了巨大挑战：首先，界定“漏洞”困难，智能合约与实际合约无法显示转换；其次，由于区块链不可更改，智能合约难以撤销。目前也有一些研究从法律角度讨论智能合约的模板与标准化格式，法律与参数、代码联系以及数据标准与合约特点。

（3）效率问题。

区块链系统本身存在的吞吐量低、交易延迟、能耗过高、容量和带宽限制等性能问题极大地限制了智能合约的执行效率。同时由于智能合约按顺序执行，随着交易增多，交易确认将变很慢，且交易费会变高。

总之，要想扬长避短，发挥好智能合约的优势、减少使用中出现的各种问题，我们还有很多工作需要做。

---

① Luu，L.，D.Chu，H.Olickel，P.Saxena，A.Hobor，2016，“Making Smart Contracts Smarter.” Proceedings of the 2016 ACM SIGSAC Conference on Computer and Communications Security. New York，USA：ACM，254—269.

25 什么是李嘉图合约？相比于智能合约，它有什么特点？

李嘉图合约（Ricardian contracts）是一种数字合约，它定义了两个或多个同行之间交互的条款和条件，这些条款和条件经过加密算法签名和验证。与智能合约不同，李嘉图合约既可以人工阅读，也可以通过机器读取和进行数字签名。①

正如我们在前面看到的，智能合约解决了交易的执行问题，但在涉及交易双方意图类型的问题时，它却受到了很大的限制。智能合约是机器可读的指令集，它们由计算机语言编写，只有专业人士可以识别，这使得人们很难明白智能合约的意图，从而导致智能合约本身很难被监督，在发生纠纷时，第三方也很难进行仲裁。

针对这一问题，伊恩·格里格（Ian Grigg）于 1996 年发明了李嘉图合约。顾名思义，“李嘉图合约”这个名称来自古典经济学家大卫·李嘉图。李嘉图曾在著作中专门指出合约本身和合约的执行并不是一回事。在这一思路的启发之下，伊恩·格里格发明了李嘉图合约。由于李嘉图合约可以更好地向人们显示合约本身的意图，因而可以很好地解决智能合约存在的前述问题。从这个意义上讲，它可以被看作智能合约的一个良好补充。

---

① 关于李嘉图合约的进一步讨论可以参考 https://jang.org/papers/ricardian_contract.html。

26 什么是通证？它有什么作用？可以分为哪些类别？

1. 通证的定义

“通证”（token），有时也称为“代币”，最早是一个计算机术语，意为“令牌”，即对用户进行授权的小工具，或是认证用户身份的固定字符串。后来，通证一词被应用到了计算机科学之外的领域，其意义也逐渐拓宽，开始泛指一切表示权益的证明。货币、票据、积分、股票、债券，都可以被视为某种意义上的通证。

在区块链领域，通证被用来表示权益的某种状态变量。它可以在区块链内不同地址之间转让，在转让过程中，通证的状态（指区块链内各地址内有多少通证）更新和交易确认同步发生，通证的总量保持不变。例如，我们熟悉的比特币就是一种通证。当 A 向 B 转账一笔比特币时，这笔比特币交易被计入区块链的同时（也就是交易被打包进某一区块并接入区块链），A、B 两人对应公钥的“未使用交易输出”（简称为 UTXO，可以理解为比特币区块链内的账户余额）同时更新，这样就不会形成传统意义上的结算在途资金或结算风险。在某一些区块链项目中，对通证总量设定了上限，例如比特币的总量就被限定在了 2 100 万枚。而在更多的区块链项目中，对于通证的总量则是不设上限的，可以根据现实的情况决定是否增发。

通证与智能合约之间有密不可分的联系。例如，以以太坊

ERC20 为代表的通证合约规定通证的总量、发行规则、转让规则和销毁规则等一系列逻辑。通证合约管理着一系列状态，记录哪些地址有多少通证等账本信息。在通证合约的基础上，可以构建对通证执行复杂操作的智能合约。这些智能合约执行的结果主要是，通证的状态发生变更。

2. 通证的应用

通证的应用场景很多。首先，通证可用来作为区块链内部的激励和治理工具，引导链上项目的有序运作。以比特币系统为例，这一系统正是以比特币作为激励，吸引无数“矿工”自愿加入“挖矿”工作当中来。近年来，有很多人提出可以借助区块链技术，采用通证激励，构造所谓的“分布式自治组织”（decentralized autonomous organization）和“分布式自治公司”（distributed autonomous corporation）。不过，这些设想目前还都有待检验。

其次，通证可以代表区块链外的资产或权利，以改进这些资产或权利的登记和交易流程。在这类应用中，区块链在供应链金融和数字票据等场景的应用值得关注。此时，通证代表了某一核心机构的债权并在供应链中充当内部结算工具，将供应链上下游企业之间的“三角债”轧差后替换成核心机构对这些企业的负债，能降低资金占用、提高资金周转效率。而核心机构发挥类似中央交易对手的功能，负责通证与法定货币之间的兑换。

这类应用的代表案例是数字票据交易平台设计方案。该平台按是否引入数字货币在链上进行直接清算，设计了链外清算和链上直接清算两种方案。其中，链上直接清算方案能实现基于区块链技术的数字票据全生命周期的登记流转交易和票款对付（delivery versus payment，DVP）结算功能。

再次，通证可以作为计价单位或标的资产。例如，数字货币就是这类应用的一个代表。需要指出的是，这类应用会牵涉到诸多法律问题，因此在应用时需要和外部法律框架密切协调。此外，如果通证的价值波动过大，则会在类似的应用过程中受到很大的限制。为了应对这一问题，目前稳定加密货币（stable token 或 stable coin）已经成为了一个重要的研究方向。

3. 通证的分类

目前，通证尚属新事物，没有十分公认的分类方法。不同的机构和个人从不同的角度提出了很多关于通证的分类方案。

美国证监会（SEC）将通证分为“证券类”和“非证券类”两类。其划分标准是所谓的豪威测试（Howey test），即看通证是否满足四个要件：（1）有资本投入；（2）投资于共同事业；（3）期待获取利润；（4）不参与直接经营。如果四个要件都满足，则通证归于“证券类”，否则归于“非证券类”。

瑞士金融市场监管局（FINMA）按照功能，将通证分为三类：“支付类”（payment）、“实用类”（utility）和“资产类”（asset）。支付类通证与加密货币的含义类似，指的是为了获得物品或服务，被用来作为金钱或价值转移的支付手段。实用类通证指的是以数字化的形式，用于以区块链技术为基础架构开发的应用或服务的通证。资产类通证代表资产，通常表现为通证持有者可以向发行人索要债务或者股权，ICO 项目方向通证持有人承诺在未来公司收益或者资产流动中所占的份额。就其经济功能而言，这类通证近似于股票、债券或衍生品。

美国区块链研究者奥黛丽·奈斯比（Audrey Nesbitt）将通证分为两大类：实用型通证（utility token）和证券型通证（security token）。实用类通证又分为产品通证（use-of-product）和奖励通证（reward token）。其中，产品通证代表公司的产品或服务的使用权，而奖励通证则是用户通过自己的行为获得奖励。证券型通证分为权益通证和资产通证。其中，权益通证类似公司的股权、债券等，而资产通证对应的是现实世界中的资产，例如不动产、黄金等。

除此之外，还有很多学者也对通证提出了自己的分类。例如，万向区块链董事长肖风将通证分为功能类、证券类和基金类；通证宝创始人王玮将通证按有发行人和无发行人分成两大类。

27 什么是ICO？什么是STO？

所谓ICO，指的是首次币发行（initial coin offering）。它是区块链项目首次发行代币（coin）①，通过募集加密数字货币的形式向全球大众进行融资。ICO的发行主体可以是企业、个人或项目团队，

① 这里用“代币”代表coin，区别于“通证”。

发行模式是数字代币。投资者可以持有这些发行主体发行的代币，并获取对应的权益。这些权益可以作为此项目相关应用消耗或用来支付清算费用。例如，开发者在以太坊开发平台上进行开发，就会需要消耗“燃料”，并支付以太币。

ICO的门槛很低，人人皆可参与，这就造成了ICO项目良莠不齐的现状，以致很多ICO项目很快就宣告夭折。根据MarketWatch的统计，2017年的ICO中，有86%的项目在2018年前6个月就跌破了发行价，这些ICO的投资组合价值自高点以来已下跌了66%，还有30%的项目基本上已失去了任何的价值。ICO代币的交易场所是加密数字货币交易平台，如币安、火币、OK等。目前，加密数字货币交易平台在全球大多数国家并未得到牌照，监管还相对缺乏。

所谓STO，指的是证券型通证的发行（security token offering）。STO是一种以代币为载体的证券发行，在确定的监管框架下，通过非公开募集和公开募集方式向全球大众进行融资，可以将现实中已经存在的金融资产或权益进行通证化，例如公司股权、债权、知识产权、信托份额或黄金珠宝等实物资产，都可以转变为链上的数字资产。

STO的发行主体是企业，发行模式是通证，STO项目需要通过监管机构的资格审核才可发行。STO完成后，投资者持有的是通证，享有的权益是其通证对标的股权、债权、知识产权、信托份额或黄金珠宝等的收益，持有STO通证的投资者可以在其钱包、加密数字货币交易所进行流转交易。STO有一定的门槛，投资者需要进行KYC以及AML验证，投资者持有的是通证，享有STO代币应用收益、分红等权益，应用性高，流通性强。

表 5 比较了 IPO、ICO 和 STO。可以看到，这三者各有特点。相比之下，从投资风险角度来看，IPO 强监管，风险性最低，ICO 无监管，风险性极高，而 STO 弱监管，风险性也相对一般。

表 5　IPO、ICO、STO 的比较

	IPO	ICO	STO
发行主体	企业	企业、机构、个人	企业
发行形式	股票	代币	通证
监管程度	高	低	低
流通性	低	高	高
投资者权益	股权、质押	持有区块链项目的应用燃料、代币可交易变现	通证对应的股权、债权、知识产权、信托份额及实体资产
投资风险	低	高	一般

资料来源：作者整理。

28 DeFi 是什么？它可以实现哪些应用？相比于传统的金融服务，DeFi 有哪些优点，又有哪些不足？

(1) DeFi 的定义。

所谓 DeFi，是“去中心化金融”（decentralized finance）的简

称，它是建立在区块链之上的金融生态系统，其目标是以去中心化的方式进行开发和运营，在透明和去信任化的区块链网络上提供所有类型的金融服务。DeFi 的概念十分宽泛，建立在区块链上的各种金融服务，如货币发行、货币交易、借贷、资产交易、投融资等，都可以纳入 DeFi 的范畴。

利用区块链的智能合约功能，人们可以建立诸如支付、借贷、交易等最为基本的中心化金融应用程序，这些应用程序被称为“金融原语”（financial primitives）。在一些文献中，“金融原语”也被称为“货币乐高”（Money Lego），它们是构建 DeFi 系统的基础。人们可以像搭建乐高积木一样，把“金融原语”组合在一起，实现复杂的、去中心化的金融功能。

（2）DeFi 的应用。

根据区块链风险投资机构 Outlier Venture 发布的报告，目前 DeFi 可以实现三大类，九种应用。①

第一大类应用是发行。这里，发行是广义上的，它指的是创造可供交易、转移并符合用户需求的金融资产。区块链技术使得金融资产的创建和验证成本大幅降低，这使得发行成为 DeFi 的一个重要应用。

在发行应用之下，包括三个应用：稳定通证、借贷，以及证券、保险和非同质化通证（non-fungible token，NFT）的发行。

① 见 John，J.，and L. Lundy-Bryan，2020，“Mapping Decentralized Finance（DeFi）”，https://outlierventures.io/wp-content/uploads/2019/06/Mapping-Decentralised-Finance-DeFi-report.pdf。

稳定通证。借助区块链技术，人们可以便捷、安全地根据需求发行去中心化的稳定通证，并通过算法来调节货币的供给，从而保证币值的稳定。目前，以太坊上的 Dai 币、AMPL 币就是这种类型的应用。

借贷。区块链的开放性、安全性和透明性等特征决定了 DeFi 能比传统的中心化金融向更多的人提供借贷服务，同时区块链的互操作性也为创造新的贷款产品和服务提供了可能性。

在借贷类 DeFi 应用中，以太坊上的 Compound 是一个重要的代表。Compound 是一个抵押贷款应用。任何有闲置的数字资产的用户都可以将其闲置资产放到 Compound 的池中供别的用户借贷。借贷者需要抵押其所拥有的另外一种资产来借出他希望获得的数字资产。Compound 根据事先确定好的规则来自动监控所抵押的资产。当所抵押的资产的市值降到临界点时，Compound 智能合约就会自动向用户发出补仓通知。如果用户未能及时补仓，Compound 就会自动执行合约将所抵押的资产卖出，以防止出借人的资产的损失。以上这个流程完全是基于智能合约中确定的规则自动执行，不需要任何人为干预。

证券、保险和非同质化通证发行。从理论上讲，区块链技术可以很容易让人们将证券资产数字化，从而实现证券、保险和非同质化通证的发行，不过它们的发展依然受到一些重要因素的限制。

目前，已经出现了一些证券发行类的 DeFi 应用。例如，Harbor 允许人们利用 R-Token，从而使得证券的发行和交易变得更为便捷。不过，从整体上看，证券发行类 DeFi 的发展状况会在很大程度上受到监管政策的影响。

与证券发行类 DeFi 相比，保险类 DeFi 应用的发展相对滞后。不过，随着物联网（IoT）技术的兴起，这类应用将会有很大的想象空间。

所谓非同质化通证，是和同质化通证相对的。我们熟悉的比特币、以太币等都是同质化通证，每一单位这类通证的价值都是相等的。而非同质化通证则不同，每一个通证所表示的价值都不同。这类通证非常适合用来表示资产。例如，在现实中，每一张画、每一套房子的价值都是不同的，它们都可以以非同质化通证的方式上链。虽然目前用于非同质化通证的 DeFi 应用还较少，但其未来潜力十分巨大。

第二大类应用是交易。具体来说，它分为去中心化交易，衍生品、互换交易和预测市场交易，以及流动性提供这三大类子应用。

去中心化交易。由于具有即时托管和无提款限制等重要特征，去中心化的交易正在越来越受到人们的欢迎。目前，已经出现了很多去中心化的交易所，帮助人们实现去中心化交易。例如，币安(Binance)、IDEX、DDEX 等都是著名的去中心化交易所。

衍生品、互换交易和预测市场交易。现阶段，这类 DeFi 应用还处于发展的早期，dYdX、CDx、Angur、Gnosis 等是目前比较有代表性的项目。

dYdX 允许用户借贷并押注流行加密货币的未来价格。CDx 则允许用户使用信用违约互换协议。Augur 和 Gnosis 则允许用户对数字货币的走势进行预测和下注，依靠群众的智慧来预判事件的发展结果，从而有效地消除对手方风险和服务器的中心化风险。

流动性提供。在实践中，某个交易所很可能会出现没有处理大额订单所需的必要流动性的问题。为了解决这个问题，已经出现了一些专门为交易所提供流动性的 DeFi 应用。例如，Uniswap 是一个自动做市的应用。任何用户都可以在以太坊上采用 Uniswap 于任意两种数字资产之间建立交易对并提供最初的流动性。其他任何用户都可以针对这个交易对资产池进行交易。每次交易所需支付的佣金又返回到这个流动性池中。交易量越多，这个流动性池所产生的收益也就越多。在这个初始流动性池建立之后，其他用户也可以继续向这个流动性池提供更多的资产流动性。如果一些提供者收回其提供的资产，那么他就能够依据其所提供的流动性在总流量中所占的比例，获得这个流动性池所赚取的相应佣金收入。

第三大类应用是所有权管理。进一步地，它又可以分为钱包、资产管理，以及支付网络这三个自应用。

钱包。目前，已经有越来越多的用户持有区块链上的资产，对于这些资产进行有效存储和转移的需求日渐突出。在这样的背景下，不少有钱包功能的 DeFi 应用就被开发了出来。例如，MetaMask 是一个开源的以太坊钱包，能帮助用户方便地管理自己的以太坊数字资产；Coinbase 则提供了一款比特币在线钱包，允许用户支持发送和接收比特币。

资产管理。当人们拥有了链上资产后，对这些资产进行管理，从而实现增值的需求就凸显出来。目前，已经出现了不少帮助用户管理这些数字化资产的应用，例如 ICONOMI、Melonport、CoinDash、

Etherplan 等，都是比较典型的代表。

图 11　DeFi 的应用场景

资料来源：John，J.，and L.Lundy-Bryan，2020，“Mapping Decentralized Finance（DeFi）”，https://outlierventures.io/wp-content/uploads/2019/06/Mapping-Decentralised-Finance-DeFi-report.pdf。

支付网络。现在，也有一些 DeFi 应用专门致力于改善链上支付速度和效率，以及跨链之间的支付实现。例如，xDai 桥（xDai Bridge）是在以太坊和 xDai Chain 之间运行的一个通证桥（token bridge）。使用 xDai 桥，DAI 持有者可以将他们的 DAI 从以太坊网络移动到 xDai Chain 网络上，而 xDAI 的持有者则可以使用相同的桥将其移动到以太网。

（3）DeFi 的优点。①

相比于传统的金融服务，DeFi 有很多特点：

其一，DeFi 允许用户在无中介、去信任化的方式下享受到各种金融服务，这可以大幅度降低金融市场的交易成本。

其二，DeFi 系统是去中心化的，任何人都有访问权限，但没有人拥有对系统的中央控制权。这一方面可以大幅度提高金融服务的可及性，而与此同时又可以避免少数人对金融系统的操控。

其三，由于 DeFi 系统的所有协议都是开源的，所有人都可以在协议上合作构建新的金融产品，因此它可以大幅提升金融创新的速度，更能够为金融市场注入活力。

（4）DeFi 的风险。

需要注意的是，作为一种新事物，DeFi 也具有很多风险：

其一是技术风险。DeFi 系统的运行需要由智能合约进行保证，但是对智能合约的代码进行审核并不是那么容易的。只要智能合约中存在着任何漏洞，它就可能成为黑客攻击的对象。而区块链的特征决定了，如果欺诈和虚假交易达成，它们将几乎是不可逆的，这就让黑客攻击所可能造成的危害比传统环境下更大。

---

① Bitkom，2020，“Decentralized Finance（DeFi）—A new Fintech Revolution?”，https://www.bitkom.org/sites/default/files/2020-07/200729_whitepaper_decentralized-finance.pdf.

其二是可用性风险。由于 DeFi 具有很强的自由性，因此它开发出的产品可能非常复杂。这可能在相当程度上影响用户的使用体验。

其三是集中化风险。虽然从理论上讲，DeFi 具有去中心化的特色，但事实上，构成 DeFi 系统的某些基础性功能却是由一些公司开发的，因此在事实上，它依然难以回避集中化风险。举例来说，在以太坊上，DeFi 贷款协议 Compound 在设计上就允许中央管理员对其进行升级。显然，在这种设计下，很难实现真正的去中心化。

其四是流动性风险。对于金融来讲，流动性是至关重要的。然而，如果 DeFi 建立在某条区块链上，那么当系统交易量急速扩大，而区块链系统的扩展性赶不上交易量的增速时，就可能出现拥堵，从而对流动性造成巨大影响。

最后是监管风险。由于区块链的固有特征，建筑于其上的 DeFi 会让金融监管变得更加困难。因此，DeFi 在给人们提供很多金融便利的同时，也可能会诱发一定的金融风险。

23 什么是 DAO？什么是 DAC？

DAO 是“去中心化自治组织（decentralized automonomous organization）”的简称。而 DAC 则是“分布式自治公司”（distributed autonomous company）的简称。

DAO 和 DAC 的概念最早发端于自组织系统。社会学家沃尔特·鲍威尔（Walter Powell）曾指出，自组织是独立于层级与市场之外的第三种治理机制。其中，层级治理是等级结构、命令系统，是一种自上而下的权力，其运行需要耗费大量的管理成本；市场治理基于契约，虽然自由但具有不确定性，是一种分散的权力，需要耗费交易成本。自组织治理则基于信任与协商，是一种自上而下的权力，通过自治的方式以及有效的激励，可以大大降低组织内部的信息获取成本、管理成本、协同成本和监督成本，最终形成长期存续的有效治理。众包、众筹、众创等合作模式在很大程度上可以被认为是互联网时代 DAO 和 DAC 的雏形。

尽管 DAO 和 DAC 的设想由来已久，但长期以来一直难以得到推行。区块链技术出现之后，人们又重新燃起了对 DAO 和 DAC 的希望。这是由于，区块链似乎为 DAO 和 DAC 的建立提供了一切必要的技术基础：智能合约为 DAO 的规则提供了技术实现；通证让 DAO 的利益分配有了现实的激励基础；而区块链联结了世界各地的个人或组织，这更是让 DAO 的拓展突破了地域的限制。

在区块链上，人们很容易建立一个组织。人们可以通过区块链上的智能合约进行管理和运营，然后通过发行代币来解决与组织资源和利益的分配问题。此外，他们还能够利用区块链的“不可篡改性”来保证组织的声誉，同时利用智能合约有效地履行组织的章程。正是由于这个原因，现在的很多区块链项目都进行了 DAO 和 DAC 的实践。

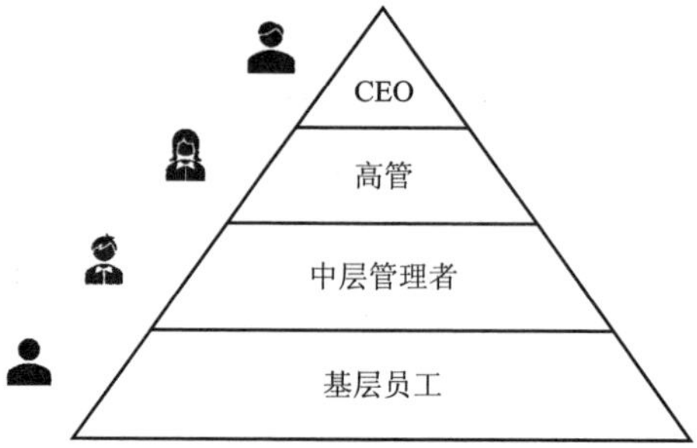

传统的层级化组织

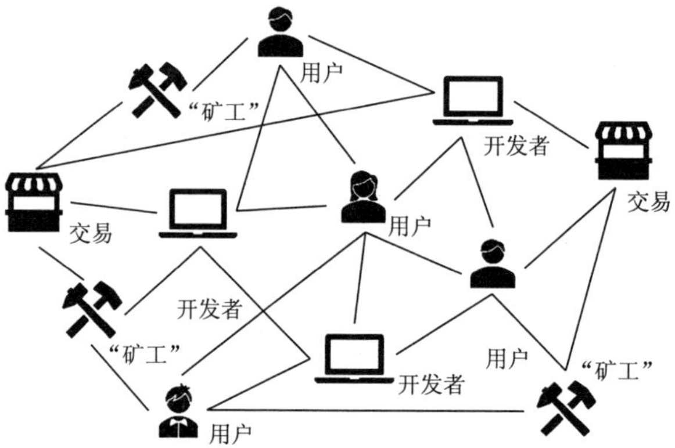

自治组织

图 12　传统组织和自治组织的对比

资料来源：作者绘制。

然而，目前通过区块链构建 DAO 和 DAC 的成功案例还很少。其中的原因是多方面的。首先，公有链的物理性能不高，支撑不了大规模交易，这对 DAO 和 DAC 的发展造成了瓶颈。其次，智能合约的功能短板使现实世界中一些普遍使用的治理机制很难移植到区块链场景中。例如，在区块链上很难构建贷款、债券和衍生品等金融工具，这导致 DAO 和 DAC 不能破产，也不能用债务作为外部约束，对自己的行为进行监督。再次，在 DAO 和 DAC 中，通证是用于激励、调整用户行为的重要方式。然而由于通证的价值通常具有很高的波动性，因此其作为激励工具的有效性很容易受到影响。基于以上原因，要让区块链之上的 DAO 和 DAC 有比较良好的发展，我们还有很多工作需要做。

30 比特币系统的运作机制是怎么样的？

根据中本聪的构想，比特币要建立的是一套“完全通过点对点技术实现的，在线支付能够直接由一方发起并支付给另外一方，中间不需要通过任何金融机构”的电子货币系统。在中本聪看来，利用密码学的知识，可以有效代替第三方机构提供的信任，从而实现这样的构想。

作为一种数字货币，比特币本质上是一串数字签名。上一个货币拥有者通过这样的形式将货币传给下一个人，将上一次交易的哈希值和下一个拥有者的公钥作签名，并将这些添加到这枚货币的末尾，然后收款人通过验签来证明该链条的拥有者。

对于数字货币来讲，比较棘手的一个问题是所谓的“双花”。所谓“双花”，通俗来说就是同样一笔数字资产被重复消费，换言之，就是同样一笔钱被花掉两次或者多次。从根本上讲，这个问题的出现是由数字货币的本质决定的。由于数字货币就是一串字符，因此它很容易被多次复制、重复发送和使用，继而在支付或者转移数字资产时出现“双花”或者“多花”的现象。要保证一种数字货币的成功，就必须有效地解决“双花”问题。

中本聪对“双花”问题给出的解决方案是，将交易数据通过哈希转换后加上时间戳，并将这个结果广播。具体来说，它通过默克尔树来将所有的交易情况转化为哈希值，然后将这个值和时间戳、上个区块值等参数打包成本区块值。通过把这样的区块按照时间顺序排列，就形成了一条区块链。通过这种方式，就可以将所有交易的内容、时间有效地提交全网验证、监督。

需要指出的是，比特币采用的是分布式网络，由于各节点可能存在时滞，因此每个节点观察到的交易时间可能存在差异。如果不对各节点的记录进行统一，“双花”问题就不能得到根本解决。要解决这一问题，就需要确定究竟以哪些节点的记录作为标准。

为此，中本聪引入了所谓的工作量证明机制，即前文所说的PoW机制。具体来说，它在每一个区块的数据生成之后，都在后面加入一串随机数字，然后通过哈希转换将其变为哈希值。每一个争夺记账权的节点都需要通过穷举试错，让这个哈希值的前若干位都为0。率先完成这一任务的，就获得记账权。当一笔交易获得50%以上的节点验证之后，交易的状况将会被写入区块链。这里需要说明的是，之所以要通过这种机制来分配记账权，主要是为了让记账权的争夺者付出一定的成本，从而增加攻击系统的成本，遏制恶意攻击的行为。

由于通过 PoW 机制争夺记账权需要投入大量成本，因此为了保证参与者的积极性，系统会随机对成功参与验证和记账的节点发放一定的比特币作为回报。这个过程就是前文介绍的“挖矿”，即比特币新币的发行过程。比特币系统对比特币总量设计了上限，并且设定了挖出比特币的概率会逐渐减少。

通过以上设计，比特币就建立起了一套不需要第三方机构提供信用保证的点对点支付货币系统，并可以有效地解决所谓的“双花”问题。此外，由于对货币总量设定了上限，它还可以有效地遏制人们担忧的通货膨胀问题。

31 所谓的钱包、钱包地址、密钥分别指的是什么？

数字钱包是指存储、管理和使用数字货币的工具，在区块链领域具有重要意义。它类似于网络银行账户，有客户标识、账号、密码，具备“收款”和“转账”功能，用以存储比特币、以太币等数字货币和数字资产信息，支取和存款需要卡号和密码。钱包又可以分为软件钱包（装在手机或电脑上的应用程序）和硬件钱包（存储私钥的专有设备，签名也需要在硬件设备上完成）。比特币钱包可以用于保管同一使用者的多对公钥和私钥。

仍以比特币为例，最基础的比特币钱包客户端程序是 Bitcoin QT（通常被称为“官方客户端”，由比特币基金会开发）。其中包含钱包管理的功能，可在用户指令下自动生成新的公钥和私钥。

在线钱包服务让使用者可以在任何有网络的地方参与比特币交易，且无需花费太多时间对钱包文件（保存所有地址与私钥）进行管理，只需像使用其他网络程序一样记住自己的账户名和登录密码。由于比特币为开放性账本，所有钱包之间都是相互兼容的，用户只需经过简单的步骤就可以在不同钱包中迁移或者同时使用自己的公钥与私钥。总的来说，这些不同的钱包可以归为两类，一类是完全基于比特币网络的，比如 Bitcion QT 和 Bitcoin Wallet，另一类则需要依赖某些中间数据提供商，如 blockchain.info。选择何种类型的服务，要看用户如何在便利性和可靠性中作出权衡。

钱包地址类似于银行卡号，一个人可以拥有多个钱包地址，但一个钱包地址只能对应一个私钥，而一个钱包可以拥有多个钱包地址。比特币系统中给予用户一对来自非对称加密算法的公钥和私钥，其作用好比账户和密码，公钥经过一些转换就成为 27—34 位的地址。

如前所述，密钥分为公钥和私钥。它们是通过密钥生成算法得到的一个密钥对，其中公钥是密钥对中公开的部分，私钥则是非公开的部分。密钥生成算法使得仅通过公钥来计算私钥是非常困难的，这在很大程度上保证了用户私钥的安全性。在区块链中，公钥即是账户地址，一个人可以拥有多个公钥，每个公钥均为与用户真实身份无关的随机数字，他人无法通过公钥推导出用户的真实身份，从而保护了用户隐私。使用私钥加密的数据可以用公钥解密，通过公钥可以算出钱包地址。私钥可以计算出公钥，公钥可以经过一系列数字签名生成钱包地址，私钥持有者是数字货币的持有者。

32 什么是以太坊？它是怎么运作的？①

以太坊是一个开源的、有智能合约功能的公共区块链平台。它通过其专用加密货币以太币提供去中心化的以太虚拟机（Ethereum virtual machine）来处理点对点合约。以太坊是一个平台，提供了各种模块让用户来搭建具体的应用。如果将搭建应用比作造房子，那么以太坊就提供了墙面、屋顶、地板等模块，用户只需像搭积木一样把房子搭起来，因此在以太坊上建立应用的成本和速度都大大改善。

以太坊的概念最早是由人称“V 神”的俄裔程序员维塔利克·巴特林（Vitalik Buterin）提出，并在 2014 年通过 ICO 众筹建立的。截至 2019 年，以太坊是市值第二大的区块链项目，仅次于比特币。

① 本问资料来源为《以太坊白皮书》。

而以太坊本身也被认为是区块链 2.0 的代表。

从本质上讲，以太坊是一个基于交易的状态机（transaction-based state machine）。“状态机”是一个计算机术语，它能够将输入的状态信号按照预先设定的状态进行状态转移。在“创世状态”（Genesis State），网络中没有任何交易的产生状态。当交易被执行后，这个“创世状态”就会转变成最终状态。在任何时刻，这个最终状态都代表着以太坊当前的状态。

以太坊的状态有百万个交易。这些交易都被“组团”到一个区块中。一个区块包含了一系列的交易，每个区块都与它的前一个区块连接起来。

为了让一个状态转换成下一个状态，交易必须是有效的。为了让一个交易被认为是有效的，它必须要经过“挖矿”验证。任何网络的节点都可以成为“矿工”，尝试创建和验证区块。每个“矿工”在提交一个区块到区块链上的时候都会提供一个数学机制的“证明”，这个证明就像一个保证：如果这个证明存在，那么这个区块一定是有效的。

由于以太坊最早是受比特币网络启发而产生的，它继承了很多与之类似的技术。同时，以太坊也进行了很多修正和创新。比特币区块链纯粹是一个关于交易的列表，而以太坊的基础单元是账户。以太坊区块链跟踪每个账户的状态，所有以太坊区块链上的状态转换都是账户之间价值和信息的转移。账户分为两类：

（1）外部账户（EOA），由私人密码控制；

（2）合约账户，由它们的合约编码控制，只能由外部账户“激活”。

对于大部分用户来说，两者基本的区别在于外部账户是由用户掌控的，用户能够控制私钥，进而控制外部账户，而合约账户则是由内部编码管控，用户可以通过在区块链中部署编码来创建新的合约。

只有当外部账户发出指令时，合约账户才会执行相应的操作。所以，合约账户不可能自发地执行诸如任意数码生成或应用程序界面调用等操作。只有受外部账户提示时，它才会做这些事。这是因为以太坊要求节点能够与运算结果保持一致，这就要求保证严格确定执行。

和比特币一样，以太坊用户必须向网络支付少量交易费用。这可以使以太坊区块链免受无关紧要或恶意的运算任务干扰，比如分布式拒绝服务（DDoS）攻击或无限循环。交易的发送者必须对激活的每一步“程序”付款，包括运算和记忆储存。费用通过以太坊自有的通证——以太币的形式支付。

交易费用由节点收集，节点使网络生效。这些“矿工”就是以太坊网络中收集、传播、确认和执行交易的节点。“矿工”们将交易分组，分成的组被称为“区块”，他们会互相竞争，以使其区块可以添加到下一个区块链上。“矿工”们每“挖”到一个成功的区块就会得到以太币奖励。这就为人们带来了经济激励，促使他们为以太坊网络贡献硬件和电力。

和比特币网络一样，以太坊中的“矿工”们有解决复杂数学问题的任务，以便成功地“挖”到区块。为防止比特币网络中已经发生的、专门硬件（例如特定用途集成电路）造成的中心化现象，以太坊选择了难以存储的运算问题。这就使得普通电脑，而非框架在“挖矿”的过程中更为有力。这种硬件的设置，在一定程度上保证了以太坊的去中心化。

以太坊可以用来创建去中心化的程序、自治组织和智能合约。目前，在以太坊上已经有不少比较有名的应用，例如，去中心化的创业投资 The DAO、The Rudimental，社会经济平台 Backfeed，去中心化预测市场 Augur，音乐版权平台 Ujo Music，移动支付 Everex 等都是基于以太坊建立的。

33 以太坊为什么要升级到 2.0？这次升级将会表现在哪些方面？

作为世界级的区块链平台，以太坊实现了第一个支持可编程智能合约的区块链底层架构，成为区块链技术应用的一个代表。然而，以太坊本身还有很多问题需要解决：一方面，以太坊的 PoW 算法虽然可以安全保证区块数据的权威性和不可篡改性，但与此同时牺牲了网络的交易吞吐量和扩展性，任何一笔交易都需要所有节点耗费算力资源进行哈希运算。另一方面，由于 Gas① 机制的存在，当全网交易量

① Gas，是指以太币用来在以太坊价值网络的节点间传递，同时也可以用作参与节点共识计算活动的“燃料”。

膨胀时很容易造成高额手续费，用户、DApp（decentralized app，即去中心化应用）必须支付较高的 Gas 费用后，才有可能被“矿工”快速打包进区块。对于交易频率要求较高的场景 DApp 来说，它们可能因面临过高的 Gas 成本费用而切换到别的底层公链，以太坊的优势将被竞争对手削弱。进行以太坊 2.0 的升级，正是为了克服上述这些问题。

和目前以太坊的单链结构以单条主链处理所有交易信息不同，以太坊 2.0 将会采用“分层”和“分片”的设计思路。具体来说，以太坊 2.0 将设立三层网络，包括现有的 PoW 主链、信标链（beacon chain）和分片链（sharding chain）。在这个网络结构中，分片链是相对独立的，它们负责完成具体的转账、合约和交易服务，而信标链则主要负责跨链的协调和沟通工作。具体来说，信标链网络将包含上万个节点，当这些节点抵押 32 枚 BETH（即以太坊 2.0 的新通证）后，就可以成为验证者（validator）。验证者可以组成一个个委员会，每个委员会中包含随机选出的 128 个节点。每个委员会中的节点负责信标链、各条分片链的共识和验证过程，确保整个网络始终保持一致。在以太坊 2.0 的信标链和以太坊 1.0 的主链并链之前，只支持 ETH 向 BETH 的单向兑换。BETH 将暂时只能作为验证者和用户的不可转移资产，而无法支持转账。

以太坊 2.0 的信标链将采用 Casper 共识机制。这种机制属于 PoS 的范畴，它除了继承 PoS 机制能耗低、可以防止 51%攻击等特性之外，还引入了经济惩罚机制，从而可以解决 PoS 机制所无法解决的“无利害攻击”问题。

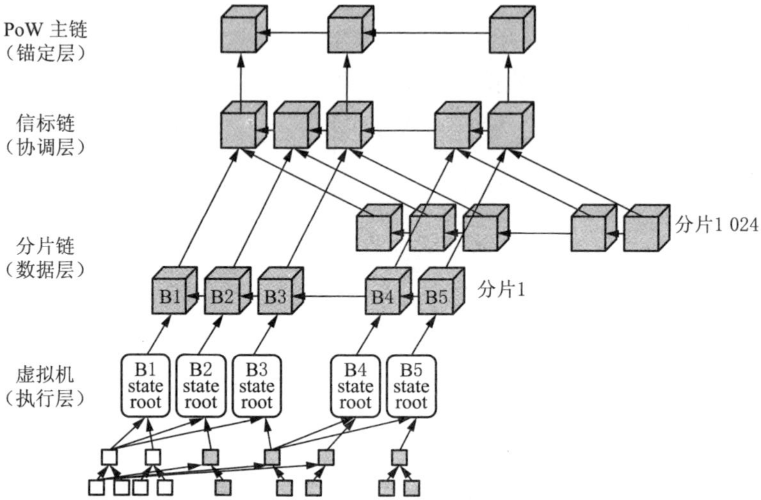

图 13　以太坊 2.0 的三层网络结构

资料来源：Wang，H.-W.，2018，“What you can do for Ethereum 2.0 a.k.a. sharding”，https://docs.google.com/presentation/d/1G5UZdEL71XAkU5B2v-TC3lmGaRlu2P6QSeF8m3wg6MU/edit#slide=id.p4。

分片链的引入是为了解决困扰以太坊已久的扩容问题。按照计划，整个以太坊 2.0 网络将会分为 64 个分片，每个分片处理网络中的不同交易，这可以有效提升系统并发处理吞吐量的问题。

在运行的早期，以太坊 2.0 将不支持智能合约，但随着新虚拟机 eWASM 的推出，分片链将可以执行智能合约，每个分片链将管理一个 eWASM，包括账户、合约代码、状态、收据以及其他抽象等。可以预见，这将会有效地提升以太坊扩容后的交易性能。

需要说明的是，以太坊 2.0 升级并不是一次简单的硬分叉升级。在以太坊过去的历次硬分叉升级中，随着新链的运行，老链就会停止运作。但是以太坊 2.0 中，老的 PoW 链将和新的 PoS 链共存至少 3—5 年，并可能让 PoW 链最终作为以太坊 2.0 的一条分片链而长期存在。

根据目前透露的消息①，以太坊 2.0 的整体升级规划将分为四个阶段：第 0 阶段预计将在 2020 年的第三季度到第四季度开始。在这个阶段，将推出信标链。第 1 阶段可能会在 2021 年开始，这一阶段将上线分片链，上线之后将只能试运行，仍不支持转账和智能合约。第 2 阶段将推出新虚拟机 eWASM 和与之配套的智能合约、跨分片转账，这一阶段有可能在 2022 年上线。第 3 阶段将会在 2022 年后开始，这一阶段将会推出跨分片交易、指数分片等其他功能。

34 什么是 EOS？它是怎么运作的？②

EOS 是“企业操作系统”（enterprise operation system）的缩写，是商用分布式应用设计的一款区块链操作系统。它可以同时支持多个应用运行，为开发 DApp 提供底层的模板。

EOS 由 Block.one 公司开发。根据 Block.one 的设想，EOS 作为

① 本书完稿于 2020 年 7 月。
② 本问资料来源为《EOS 白皮书》。

一套操作系统，应该可以支持大量用户，拥有超高性能，具备横向和纵向的扩展能力，还应该消除手续费。一些人认为，EOS是区块链3.0的代表。

EOS是提供智能合约计算的可编程区块链。与以太坊相比，EOS引入了另一种方法来解决一些可伸缩性和可用性问题。和比特币、以太坊不同，EOS引入了另一种共识算法——“委托权益证明”（DPoS）。委托权益证明与其他挖掘算法之间的主要区别在于，存在预定数量的“矿工”，也称为委托人。就EOS而言，有21位代表保护网络安全。代表通过投票任命。每个持有通证的用户都可以投票给代表。DPoS仍然被认为是一种无许可的共识算法，因为任何人都可以成为代表。一个人只需要从社区中获得足够的选票即可。任何不参加前21位的代表都将被列入候补名单。DPoS的想法是拥抱可扩展性。EOS中的阻止时间将固定为1.5秒。代表之间没有竞争，因为挖掘算法会根据其投票权益按比例分配区块生产者。关于算法的集中，围绕DPoS进行了大量讨论，双方都有自己的论点和远见。

与以太坊和比特币等其他区块链相比，EOS具有不同的收费机制。通常，当用户想要通过区块链发送交易时，需要付费。但对于EOS，交易是免费的。发送交易的唯一要求是将少量代币存入账户。网络带宽分为与用户存款有关的部分。如果用户将所有“令牌”都保存在一个账户中，则他将能够使用全部网络带宽。如果网络没有得到充分利用，那么参与者将能够执行比最初预期更多的交易。

与比特币不同，EOS具有内置的账户管理系统。它类似于比特币地址，但带有易于识别的名称。账户具有用于不同操作的不同私钥。例如，一个用户可能有一个用于发送消息的私钥和一个用于登录应用程序的私钥。不同密钥提供的访问管理为用户提供了更高的安全性。EOS 提供了一个集成的密钥恢复系统，该系统使用户能够在被盗窃的情况下恢复其账户。

除了生产区块外，代表还将提供分散的网络存储。用户能够使用的存储空间将由其“令牌”持有量确定。更多“令牌”可提供更多的存储空间。由代表决定他们愿意为网络提供多少存储。提供的存储量可能会影响代表的投票。该存储将基于提供对等文件发现的星际文件系统（InterPlanetary File System，IPFS）。IPFS 上的所有文件均参考其对应的哈希。如果文件被修改，则网络上将找不到新的哈希。

尽管现在在 EOS 上已经有了不少应用，但它本身还存在着很多缺陷。例如，其进入门槛、使用门槛都较高，本身治理也存在着不少问题。因此，它能否像一些人期望的那样，成为区块链 3.0 的代表，恐怕还需要时间进一步检验。

第二篇

应用篇

35 有人说，对于区块链，“不能高估短期，不能低估长期”。应该如何理解这个说法呢？

目前，人们对于区块链应用的认识存在很大的争议。有人认为，区块链应用潜力巨大，而另一些人则认为，区块链是一个无用的技术，缺乏现实的应用潜力。在我们看来，这两种观点其实都有一定的道理，但忽略了一个重要的维度，即时间。

关于区块链的应用潜力，我们可以借助“Gartner 技术成熟度曲线”（Gartner hype cycle）来加以说明。Gartner 技术成熟度曲线是由高德纳咨询公司发明的一个咨询工具，它是用于介绍新技术发展趋势的经典模型。这个模型描绘了新技术、新概念在媒体上的曝光度随时间变化的曲线。从总体上看，这条变化曲线会先后经历快速生长、快速坍塌、缓慢重建这几个阶段，即当一个新概念出现后，它会在一个短时间内迅速成为研究热点，又在短时间内被所有人抛弃，随后慢慢成为主流技术。①

高德纳公司于 2019 年 9 月发布最新版的区块链科技技术成熟度曲线（如图 14 所示）。区块链技术成熟度曲线的第一个波峰起步于 2016 年，在 2017 年快速崛起，在 2018 年初达到顶峰。从图 14 可以看出，人们的估计期望峰值在智慧互联、保险区块链中达到。在现

---

① 见 https://www.gartner.com/en/research/methodologies/gartner_hype_cycle。

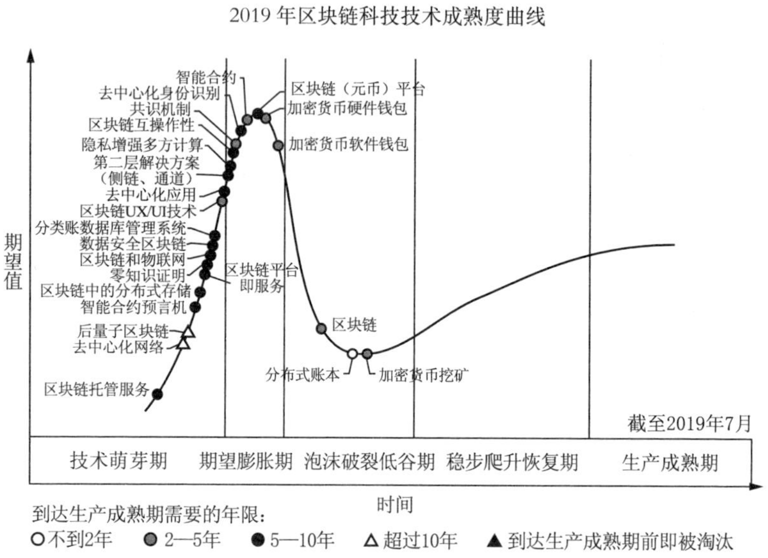

图 14　区块链的 Gartner 技术成熟度曲线

资料来源：Gartner 公司网站。

实中，区块链技术所涉及的行业中，银行、证券业和保险业所占市场份额最高。区块链技术主导下的娱乐和媒体行业发展速度将持续加快，医疗健康、物联网、供应链等行业应用紧随其后。实际上，人们总是习惯于短期高估技术而长期低估技术。结合区块链的技术特点来看，目前区块链技术还处于非常早期的阶段，不仅尚未形成统一的技术标准，而且各种技术方案仍在快速发展中，面临着很多挑战，具有很大的不确定性。其主要面临的挑战有四个：第一个是可扩展性（scalability），第二个网络隐私（privacy）和独立性（independence），第三个是区块链治理（governance），第四个是合规（compliance）。可扩展性是指相较于现今比特币、以太坊等较小交易规模，区块链要作为未来基础设施处理大规模交易操作所应具备的容量在技术上的可扩展性问题。网络隐私和独立性是指基于区块链的交易行为都是透明的，在未来如何保护商业行为隐私以及未来基于区块链的应用和资源的相互独立性问题。区块链治理是指区块链去中心化特征与分布式网络中心化治理相协调，从而形成良好治理模式的问题。基于区块链的产品具有天然的匿名性，必然在监管的合规方面面临很多挑战，此即为合规问题。

从现有研究来看，对区块链的批评主要集中在性能低、能耗高、生态链脆弱、安全防护差、隐私保护弱、监管缺失、标准缺失等方面，从而对区块链技术长期看衰。在可预见的未来，技术发展呈现出增长趋势以及生产效率的提升，表现为在后段实际的技术发展曲线要高于技术成熟度曲线。和互联网一样，其在诞生和成长阶段表现出的不完美让技术人员和工程师精益求精，促使物联网、大数据、云计算等的出现。因此，不能低估其长期在产业变革中的重要作用。可以预见的是，区块链技术有助于提升经济运行效率，推动标准化，各部门间信息不能认证的问题将得到解决，极大增强社会信息化、数字化程度；亦将有助于完善社会信用体系，提升安全性。①

从投资角度来看，许多公司都在展开类似区块链的研究和应用，区块链概念处在风口上，不可避免受到资本市场的追捧，但应该清醒地认识到，短期也许较难给公司创造利润。长期来看，随着资金大量流入这个领域，会加速技术的发展和应用的成熟，未来有可能

---

① 《“区块链+”：千钧之力如何释放》，新华网 2019 年 10 月 30 日，www.xinhuanet.com/2019-10/30/c_1125173333.htm。

带来商业模式的变迁，从而创造丰厚的利润。①

36 区块链在工业领域的应用如何？

区块链所具有的防伪造、防篡改、可追溯的技术特性，有利于解决制造业中的设备管理、数据共享、多方协作、安全控制等问题，对于提升生产质量、提高生产效率、降低生产成本，提升供应链协同水平和效率具有重要作用。区块链技术可以在工业控制、工业物流运输管理、提高工业生产效率、帮助制造业转型升级方面具有广阔的应用前景②，但是总的来看，要将区块链技术与现有工业体系融合发展，真正发挥助力工业快速发展的作用，还存在一系列技术、制度上的障碍。区块链技术在工业领域的应用还不如在金融、农业等领域的适用普遍。澳大利亚于 2019 年 9 月发布的区块链技术图谱中，对澳大利亚区块链技术产业应用进行了统计分析，可以看出，区块链技术在澳大利亚主要应用于金融和保险领域，其次是科学和

---

① 《私募看区块链：别高估短期影响，更不可低估长期价值》，澎湃新闻 2019 年 10 月 30 日，https://finance.sina.com.cn/roll/2019-10-30/doc-iicezzrr5874788.shtml。

② 工业互联网产业联盟：《工业区块链应用白皮书》(2019)。

技术服务、零售业等领域，在工业领域的应用还有待进一步探索。但可喜的是，相关区块链在工业的应用已有所发展，根据知名咨询公司NASSCOM的统计，区块链在工业领域的应用主要体现在制造业中，2018年，在全球所有区块链企业获得的收益中，有17%来源于区块链在制造业的应用。

我国工业和信息化部作为行业管理部门，正在推动区块链在工业互联网平台的创新应用，研究探索区块链在工业领域的应用。工业互联网平台实现的是“云”生产，将原本由一个大型公司生产线上生产的产品改为由多个公司共同完成，各个公司发挥各自的专业优势，共同协作生产，大量设备、人、物将在平台上交互，相互协作，共同配合，确定设备、原材料以及人的身份，实现设备、原材料等的可信确认，确保工业安全，是工业互联网平台发展面临的重要问题，同时，工业互联网平台也有助于实现生产个性化、定制化，实现制造业转型升级，帮助解决随之而来的个性化工业数据安全保护问题。区块链技术的特点与工业互联网平台的这些特点和需求相契合。我国相关科研机构和企业也正在进行积极探索，以促进区块链技术与工业互联网平台融合发展。北京航空航天大学承担的“工业互联网平台公共支撑体系建设”项目的区块链技术解决方案项目，采用Seele元一提供的技术框架，以解决工业互联网数据节点的异构与规模庞大，以及数据调用的实时性要求高的痛点。①2018年11月，阿里云SupET工业互联网平台发布，该平台通过区块链提供制造质

① 《工业互联网国家工程亮相，万亿红利拥抱区块链技术》，2019年12月20日，http://www.chinatradenews.com.cn/content/201808/02/c30339.html。

量可追溯性和供应链管理服务，并获选世界互联网领先科技成果，也是唯一获奖的工业互联网平台。2019 年 4 月，全链通有限公司提出工业制造业供应链协同应用，建立基于区块链合同签订、履约跟踪企业信息机制、质量保障机制和履约综合能力认证应用，实现供应链透明化管理等。①我国中化集团则率先在石化行业应用区块链技术，实现了基于区块链的石油国际贸易。

可以预期，区块链技术在工业领域将会有广阔的应用前景，并将助力工业产业更加优质、高效发展。

37 区块链在农业领域有什么典型应用？

目前，区块链在农业领域的应用主要包括如下几个方面。

（1）基于区块链的农产品追溯体系。

近年来，农产品相关的食品安全问题受到社会关注。此前的农产品管理体系中，中心化的管理机构占绝对主导地位，维系成本较高，却仍然无法做到交易数据完全公开透明。

将区块链技术运用于农产品追溯，不仅有效地降低了农产品检查的成本，还在各参与主体间实现了信任共享。首先，在数据采集、

① 资料引自中国信通院《区块链白皮书（2019）》。

传输阶段，不需要人工介入，机器就可以完成，密码算法的应用也让数据传输安全可靠；其次，区块链的分布式存储，可以实现节点间信息共享，让企业和消费者能够正向跟踪和逆向溯源；此外，在出现农产品安全问题时，监管部门也可以据此进行逆向追责。农产品安全的监管体系由单一的中心化监管升级到监管部门、企业和消费者的协同监管。

2017年顺风科技区块链研发团队利用“区块链+物联网”技术，联合顺丰速运、第三方质检机构、农业部门建立起了农产品数据联盟链——顺丰丰溯溯源平台。该平台建立了梅州柚的溯源体系，做到一物一码，确保每个环节的信息透明化。这不仅有利于农产品安全监督，让消费者更加放心，还丰富了品牌文化，为梅州柚的品牌价值注入生命力，提升了梅州柚的销量。

（2）提升农产品供应链治理效能。①

首先，区块链技术应用到农产品供应链可以让农产品的生产、运输、销售等链条更加透明化，有利于加强供应链中各主体成员间的诚信合作。因为区块链数据库是分布式存储数据，农产品生产的相关数据一旦上传便不可篡改，消费者和采购商可以在平台上查阅。此外，数据信息共享的过程也注意做到了隐私性和严密性，隐私数据仅能为所有成员拥有。2017年，中南建设和北大荒集团合作，共同搭建了世界上第一个区块链大农场“善粮味道”，设计了从原产地到餐桌的封闭式管理体系，管理模式实现了“平台+基地+农户”

① 浦徐进：《加快推进区块链技术应用　有效提升农产品供应链治理效能》，《中国食品安全报》2019年11月23日。

的统筹与融合，确保了平台上售卖的每一件农产品都是被区块链标识清晰的“放心粮”。

其次，区块链运用于农产品供应链可以防止链上的信息被篡改，预防恶性竞争。因为区块链技术的分布式记账，所有消费者、农户和采购商等成员在同步记账，而各主体之间的利益并不趋同，数据的真实性从而得到保障。2017 年众安科技推出了“步步鸡”项目，该项目结合区块链、物联网和防伪技术，将鸡的养殖过程全信息记录在区块链上，相当于给每只鸡都配置了“身份证”，消费者甚至可以实时查看鸡的地理位置和计步信息。消费者由此更加信任产品，实现了真正的食品安全。

此外，区块链技术的应用可以加强运送安全保障，进一步降低农产品供应链的物流成本。区块链上记录了农产品运送的物流信息，一方面可以加强安全保障，另一方面也方便买家和卖家之间核实信息，减少人工干预的环节和成本，提高交易效率。

(3) 基于区块链技术的农产品生产决策信息系统。①

因为农产品市场信息较为复杂且往往存在一定迟滞，生产者难以获得准确的信息并据此安排生产，信息不对称容易带来经济损失。目前已出现利用区块链技术搭建的农产品信息决策系统。该系统整合了三个平台，包括物流信息反馈平台、市场信息服务平台和库存信息反馈平台，并利用区块链技术和区块链数据库采集、整理和输出各类信息。该系统有利于打破信息不对称，农产品生产者可以据

① 李露、彭一峰、陈航、严米：《基于区块链技术的农产品生产决策信息系统》，《农业展望》2019 年第 9 期，第 81—85 页、第 96 页。

此正确决策，合理安排生产，增加收入。

（4）区块链技术在农村土地流转中的应用探索。①

目前可以运用区块链技术搭建土地流转的大数据平台，这个平台的主体不仅包括县级以上的农村行政管理部门，也包含了土地承包经营权确权服务公司、土地托管服务公司、信用社与担保公司以及农户等。将多方主体囊括进系统作为各个节点，更能确保信息的真实性和实时性，实现更高效的土地信息共享。

国际上目前已经有发展得较为成功的例子，例如东欧的格鲁吉亚。该国在土地产权问题上一直比较混乱，2017 年格鲁吉亚和 BitFury 公司合作，利用区块链技术进行一切土地和房地产登记交易。项目推进较为成功，土地确权和土地信息共享变得更加高效便捷，格鲁吉亚在土地问题上的清廉程度也得到较大的改善。

38 区块链在金融领域有什么典型应用?

区块链在金融领域的应用很多，其中最典型的就是数字货币，关于这一应用，我们会在后面的问题中详细介绍。目前，金融机构

① 梁栋、徐佳男:《区块链技术在农村土地流转中的应用探索》,《信息系统工程》2019 年第 9 期，第 83—84 页。

比较看重区块链技术记账的完整性与安全性，以及去中心化机制的低成本运作，非常看好区块链技术运用到金融领域的前景。未来区块链技术将影响金融机构的系统架构、金融交易的模式和金融消费者的消费习惯等，并对社会信用体系产生巨大影响，有利于形成更高效、普惠的金融系统。

具体来讲，区块链在金融领域的应用包括以下方面：

（1）支付清算。

目前的支付清算系统是中心化的，各种支付清算都离不开银行的存在，通过中央机构进行支付清算需要大量的手续，包括中央银行、开户行和对手行的参与，如果涉及跨境支付结算，还需要境外银行或代理行。在这个过程中，每个参与的机构都有自己独立的财务系统，从而涉及复杂的代理关系、授信额度等事项，主体众多、链条较长，需要耗费较高的时间成本和经济成本。

如果可以将区块链技术应用到支付清算系统的建设中，可以在很大程度上解决传统支付清算系统存在的问题。因为区块链的去中心化和不可篡改等特点，建立在区块链之上的支付清算系统不再需要引入第三方信用中介，可以直接进行双方的点对点交易，从而提高支付效率。而且由于区块链系统上的每个交易链条都保留了完整的记录，可以同时正向追踪和逆向回溯资金的流向与用途，在一定程度上预防洗钱、偷税漏税等违法行为。即便有黑客对支付清算系统进行攻击，也只会损害个别区块，造成部分节点暂时性的瘫痪，并不会因多米诺骨牌效应影响到整个系统，进一步提升了支付清算系统的安全性。

利用区块链技术建立的数字货币系统，因为不再依赖各家中介机构，突破了机构和地域的限制，延展了过往信用的局限性，可以实现真正意义上的全球化信用共识。Facebook 计划推行的 Libra 也正是此种想法的体现。

（2）数字直接融资平台。

① 数字有价证券。

利用区块链发行有价证券，也是区块链技术在金融领域的重要应用之一。因为区块链技术可以将每笔证券交易的信息都记录到区块链上，信息公开透明且不可篡改，可以推动解决传统发行模式难以克服的信息不对称问题，利于投资者作出更高效的投资决策。

目前，已有机构开始尝试利用区块链搭建融资平台。Overstock 是美国十大网络零售商之一，2015 年上线了 tΦ 区块链平台，该平台利用区块链技术发行数字有价证券，实现了巨大的创新，颠覆了原有的发行和交易模式。此后，发行了企业债券、股票等有价证券，还开发出了弱中心化的股票交易系统美第奇项目（Medici Project）。

此外，2015 年纳斯达克和区块链技术初创公司 Chain 合作，正式上线了进行私有股权交易的 Linq 平台，通常的股权交易市场标准结算时间为 3 天，区块链技术的应用却能将效率提升到 10 分钟，同时还可以降低结算风险，简化多余的文字工作。Linq 平台的成功运营充分证明了运用区块链技术进行股份交易的可行性。

在我国，2018 年 9 月中国交通银行已经通过区块链技术发行交盈 2018 年第一期个人住房抵押贷款资产支持证券，总规模达到 93 亿元，实现了区块链技术发行有价证券的重大创新。

② 股权数字众筹平台。

众筹平台上的参与主体人数众多，且众多投资人难以对其投资的项目进行全程有效的跟踪与监督。但区块链技术的应用可以大大改善这些问题。首先，弱中心化和不可篡改的特性可以对借款人的各项信息进行识别和记录；其次，区块链技术还方便了投资人对借款人和其项目运作进行实时有效的监督，大大降低了众筹项目的信用风险。

（3）风险管理。

① 数字征信系统。

目前我国的征信系统是以央行征信中心为主的，商业银行在对借款人进行信用审查时，需要获得客户的授权从央行调取个人信用记录；商业银行也要把日常信贷活动中的个人信用信息上传至央行进一步汇总。这种以央行为中心的征信模式可能会存在一定的低效问题，而且借款人信息并不完整。

利用区块链技术搭建数字征信系统，在借款人信息的收集、录入上都更加高效透明，且信息不可篡改，使得征信系统更加完备。而且区块链技术的隐私性有较高的保障，不必担心个人隐私泄露问题。商业银行可以不用再过度依赖央行的征信系统，也可掌握借款人全面的信用记录。

② 数字票据系统。

传统的票据模式是 P2P，交易双方和监管机构都难以掌握全面的信息，信息不对称问题使虚构票据、一票多卖及资金挪用风险高发，监管机构和投资者面临较多问题。

利用区块链技术构建数字票据系统，可以较好地解决上述问题。首先，不可篡改的公共分布式账本可以有效防范企业信用风险。其次，去中心化的架构，降低了系统搭建和维系的成本，不再需要中央服务器存储数据，从而降低了相应的风险。最后，监管机构可以利用该系统建立起更有效的监管，可以正向跟踪和逆向追责，全面实时监管企业的不诚信行为。

③ 数字审计和内控系统。

区块链技术对信息效率的改善也可以提升审计系统的效率。具体来讲，区块链技术的分布式存储可以保障数据的完整性和真实性，永久保留审计痕迹和监管记录，可以预防欺诈、手工信息录入错误等问题。而且区块链系统可以立刻识别出造假行为，从根本上避免风险源的产生，也使得金融机构自身的内控内审能力得到提高。

（4）数字化认证。

① 资产电子确权。

金融交易中，担保是非常重要的部分，但是以往对担保品的审查和监督需要耗费大量的人力成本，很多财产因为确权难度较高并不能被计入担保品之列。将区块链技术运用其中，可以提高财产确权的效率，扩展了低收入群体可以使用的正规金融担保品的范围，实现更高程度的普惠金融。

2015 年，洪都拉斯政府和区块链公司 Factom 合作，搭建了以区块链技术为基础的土地产权登记系统，完整记录土地的流转交易记录，提高了土地确权的效率和准确性。

② 鉴定。

由于区块链技术可以较好地解决信息不对称问题，该技术也可用于奢侈品和艺术品的鉴定，避免售假等欺诈行为。例如，艺术品信息创业公司 Verisart 利用区块链技术保证艺术品的真实性；英国区块链初创公司 Everledger 在其构建的区块链系统记录了 83 万颗钻石的信息。

39 区块链将会对公司治理产生怎样的影响?

作为一种治理工具，区块链将有可能对公司治理产生巨大的影响。根据纽约大学金融系教大卫·耶麦克（David Yermack）的研究，区块链对公司治理的影响将至少包括如下八个方面。①

（1）区块链技术将会让股权更加透明。

区块链的分布式记账允许各方自由参与，而且每个交易区块的记录都对所有成员可见。这种性质天然有利于公司股权治理的透明化，基于区块链的股权交易使得所有股东和其他利益相关方都可以随时查看股权的即时变化。

① 见 Yermack D.，2017，“Corporate Governance and Blockchains”，*Review of Finance*，21(1)，7—31。

但是和其他领域不一样的是，股权透明度并非是所有股东的共同诉求。例如，潜在收购方或者公司管理层可能会希望隐瞒他们的股权，因此上市公司必须平衡各方利益，可能会在许可链①而不是公有链上发行股票。

（2）区块链技术将会增加股票的流动性。

由于区块链能够降低交易成本并缩短执行交易和结算的时间，因此基于区块链的股权交易能够显著提高股票的流动性。美国的股票交易通常需要三个工作日才能完成结算。相比之下，区块链模式下的股票交易速度会大幅提升。改善流动性可能会增加对股票的需求，对投资产生重大影响，也会使得高频股票交易变得更加普遍。

（3）区块链技术将会让投资者的进入和退出更为便利。

机构投资者等外部股东将更有可能得益于流动性的改善。区块链带来的更好流动性有利于机构投资者更方便地进入和退出。一旦机构投资者购买了上市公司的股票，他们可以通过谈判和参与投票来影响公司的经营管理。另一方面，股权透明度对机构投资者可能有利有弊，例如不利于他们暗中建立仓位。

（4）区块链技术将会重构股东的激励。

区块链带来的透明股权交易可能会降低股权激励的有效性。虽然内幕交易法规限制了管理层利用自己的信息优势从股票交易中获利，但有研究认为，即使管理层在既定的法律限制内进行交易，内部信息仍能给管理层带来额外收益。因此，内幕交易可能是管理层

① 许可链就是指参与区块链系统中的每个节点都需经过许可。私有链和联盟链都属于许可链。

一种有效的激励机制。从这个角度而言，区块链可能会降低管理层的有效激励。

区块链带来的透明度不仅可以展示管理层在自己公司中的股权情况，还包括他们在其他公司包括竞争对手公司的股权情况。目前很多管理层的薪酬方案都采取了相对绩效评估方案以提高激励效果，但管理层可以通过买入竞争对手的股票来对冲公司股票价格的波动，激励效果就会大打折扣。区块链如实披露管理层的每一笔交易，如果董事会能够查看这些交易并对其进行限制，管理层的股权激励方式将会发生明显变化。

(5) 区块链技术有助于改善金融市场的微观结构，强化对公司的外部监督。

在交易者身份未知的情况下，区分有信息的交易者与噪声交易者对于做市商来说是极其困难的。许多股票交易仅仅是由流动性驱动，而股票投资更有可能是由信息驱动的。如果区块链使得交易者的身份更加透明，那么形成的交易和投资将变得比以前更容易区分，这一点对于做市商意义重大。例如，假设持有两只股票的交易者，每只股票由独立的做市商进行交易，每个做市商无法观察到另一只股票的交易，如果卖出股票，做市商可能会认为其交易基于不利信息或流动性冲击。观察交易者的全面交易信息有利于做市商作出更加准确的判断，这可能有利于做市商更准确地报价。

由于区块链的透明度阻碍了管理层进行内幕交易，外部投资者和分析师可能会有更大的动力来研究关于公司的信息，因为他们可以更容易地从信息中获得收益，这也将重新调整市场中的资源分布，提高配置效率。通过改善对管理层的外部监督，区块链会对上市公司治理产生微观层面的影响。

(6) 区块链技术有助于改进公司内部的选举和投票。

区块链技术将在公司投票中发挥重要作用。在区块链选举中，符合条件的选民会收到“投票币”，他们可以在区块链上的地址进行注册。区块链投票的速度、透明度和准确性可以激励股东更直接地参与公司治理。

(7) 区块链技术将有助于改善企业的会计状况。

像所有区块链交易一样，公司的常规会计数据可以标记永久记录，防止篡改。在具有实时会计的世界中，财务报表信息的使用者不需要依赖审计师的判断和管理层披露的信息完整性。相反，他们可以信任区块链上的数据，并根据自己的会计判断进行股权调整。每个投资者都可以从区块链数据中创建自己的财务报表，随时访问公司的原始会计数据。

如果投资者依赖自己的定制财务报表，那么如今常见的报表数据和频率（如每季度公布的财报）可能变得不那么重要，同时管理层操纵的频率也会较低。证券分析师也会有更全面的信息来评估公司股票的价值。实时会计记账还可以降低监督成本，让投资者立即发现可疑资产转移和其他涉及利益冲突的交易，有助于减少债权人和股东的代理问题。

(8) 区块链基础上的智能合约将会成为公司治理的重要工具。

智能合约可以克服道德风险问题，并且可以显著降低验证和执行的成本。虽然智能合约在应用层面仍存在一系列问题，但它们在公司财务和治理方面有着众多潜在的应用，例如触发违约时立即转让抵押品，或是在达到业绩目标时支付员工报酬等。在这些场景中，智能合约能够有效降低代理成本。智能合约可能不会像区块链上的股票交易那样直接影响公司治理。但是，代理成本的降低将对公司产生重大的长期影响。

40 区块链在教育领域有什么典型应用?

目前，区块链在教育领域方面的应用主要有如下几个方面。

(1) 解决教育相关信息的多方共享和验证问题。①

区块链技术在教育领域最重要的应用是解决教育相关信息的多方共享和验证问题。早期的区块链教育网应用主要集中于对证书和学位的认证，并且大多基于比特币区块链网络。这些工作包括美国麻省理工学院的“数字证书项目”、阿根廷 CESYT 学院的学位认证项目等。具有跨国家不同管理域全球化需求的教育网区块链应用，往往采用联盟链类型的区块链网络。欧洲学分转换和累积系统 EDUCTX 平台是这方面目前最为典型和成功的案例，它最早是基于

① 黄达明：《区块链技术在教育领域的应用现状与展望》，《南京信息工程大学学报（自然科学版）》2019 年第 5 期，第 541—550 页。

ARK 区块链平台实现的，后来的新版本则基于以太坊平台。印度的研究者提出的学分转换系统是 EDUCTX 之后的又一个工作，其原型也是基于 ARK 区块链平台实现的。在区块结构中，交易信息中除了包含收发双方的信息以及代表学分的代币外，还可以包含外链指向更加细节的学分和证书信息，这些信息保存在相应高等教育机构自己的服务器上，每个高等教育机构可以选择是否在交易信息中包含可选的细节信息外链。

（2）学习过程跟踪、激励和学习路径塑造。

中国香港地区的几所大学构建了一个基于以太坊的“word-learning system”区块链数字化学习系统的概念模型，该模型可以实现学习过程的跟踪。为了提升学习参与度，系统可以通过智能合约技术基于部署于区块链中的激励策略为排名前列的学习者提供额外的虚拟货币奖励，这些虚拟货币又可以被用于购买一些要求付费或者加密的文件，这可以避免抄袭并保护知识产权。作者还使用 ISO 9126 质量模型对提出的区块链数字化学习系统的功能改进、可用性以及可维护性进行了验证。

（3）学习评估。

在高等教育中，通过实验、测验、考试来评估学生的学习状况是很重要的任务，但是存在的问题是评估可能是不透明、不公平的，评估结果也可能被有意更改。应用区块链技术进行学习评估可以有效解决这些问题。区块中存储的数据，除了课程名、课程的权重等常规内容外，还包括作为评估依据的各项毕业要求能力的名字，以及作为结果的课程学习产出结果值，该结果值是结合学生的成绩、学习过程以及学习证据，通过定量和定性的方法综合评估决定的。这样，就可将传统的仅仅基于学生课程结果学分的评估，提升为依据毕业要求能力索引的课程学习产生结果的评估。而共识机制被用于确保课程的评估不受限于教师的主观意愿，从而保证评估结果的说服力。

41 区块链在医疗领域有什么典型应用?

区块链技术在医疗领域有着相当广泛的应用潜力。从目前来看，其应用包括如下几个方面。

(1) 电子健康病历。①

结合区块链技术和云存储技术，提出了一种分布式的个人医疗记录安全存储和共享方案。在方案中，医疗记录由用户个人所有，其使用权限也由个人控制，个人既可以共享自身的医疗记录给科研机构，也有权利及时撤销其权限，这一方案有效地实现了个人医疗记录的安全存储和有效使用，为用户在个人电子病历数据保护过程中提供了较多的自主性。结合区块链技术与密码学的非对称加密技术的方法，将非对称加密技术的安全性高、多方协作简单等特性应用于区块链技术，可以有效实现医疗记录跨域分享流程简化。

---

① 徐勤亚:《区块链技术在医疗领域的应用研究综述》,《价值工程》2019 年第 24 期，第 298—299 页。

（2）药品溯源及防伪。

药品供应链上的特定相关方可通过系统完成药品信息登记，对药品信息进行跟踪，有效避免了传统溯源系统存在的效率低、数据造假等问题。构建一种以人员和药品信息管理为主要功能结构的药品溯源系统，设计记录可贯穿于整个药品供应链中的药品和人员的详细数据方案，提供药品从生产到使用的全过程数据，例如物流信息和质量数据，为药品监督提供支持。使用区块链技术重新构建了一个去中心化的药品供应链结构，形成全程可追溯的新型药品供应链系统，为药品生产企业和药品流通企业决策提供数据支持。

（3）其他方面。

随着区块链技术的发展，未来它将被运用于医疗耗材领域，医院对于药品的使用也将具有可追溯性。通过区块链技术，可对每一次医疗耗材、药品的流转进行登记，实现了医疗耗材从原材料到生产，再到患者使用的全过程溯源管理。基因与区块链技术存在联系，可将区块链看作基因信息库，形成“DNA 钱包”，在未来帮助医药行业更有效率地研发药物。

42 区块链在养老领域有什么典型应用?

从现状来看，区块链在养老领域的应用还处于研究设计阶段。

下面总结了一些比较典型的研究结果。

（1）基于区块链技术的社会资源合力养老新模式。①

区块链社会养老模式主要仰赖于区块链技术对数据保存、共享与挖掘分析的能力，主要由两部分组成：一部分是引导养老资源优化配置的养老服务模式，包括市场参与主体主动提供供需信息，养老服务生产方根据养老服务需求分析结果生产服务，政府则据此分配养老财政资金给符合市场需求的养老机构，同时通过区块链数据记录监管养老财政资金专款专用，养老币功能激发社工队伍提供养老服务的积极性等。另一部分则是供需双方线上匹配、线下服务，并双向交流反馈的养老服务模式，包括快速匹配养老服务供需双方，供需双方主动反馈信息完善对方档案。通过两方面共同发力，最终达到养老产业供给、输送和利用的均衡状态。

（2）基于区块链的社区互助养老“时间银行”模式。②

“时间银行”指的是用“时间”而不是金钱货币作为衡量产品或服务价值的单位，人们可以用自己的服务换取别人相同时间的服务，通过“时间银行”系统实现服务时间的储存和兑换。狭义的“时间银行”的服务主体是低龄老人；广义的“时间银行”的服务主体包括不同年龄层的志愿者。通常认为，“时间银行”或者“时间储蓄”的实质是通过整合社区资源，对服务时间进行量化，实现劳动成果的延期支付。第一，区块链技术比传统中央数据库方案更契合“时

① 庄伊婷、朱欣雅：《基于区块链技术的社会资源合力养老新模式》，《金融经济》2019 年第 10 期，第 25—27 页。

② 陈洁：《基于区块链的社区互助养老“时间银行”模式初探》，《五邑大学学报（社会科学版）》2019 年第 3 期，第 48—52 页、第 94 页。

间银行”的设计理念。它有利于减少管理层级和管理人员，实现“时间银行”在社区范围和更大范围的自组织。第二，区块链技术去信任的特征可以为“时间银行”的发展创造可信的环境。第三，依托区块链的“赋能”式管理模式比科层式管理更能提升“时间银行”的管理运营效率。

（3）在养老金融方面具有应用前景。①

目前，养老金融方兴未艾，而区块链技术很好地为这个行业进行了赋能。一方面，区块链为养老金融奠定了数据基础。有意识地建立自己的人生档案，在区块链上贡献的数据越多，对数据本身的积分奖励积攒也越多。区块链的全过程记录，有利于金融机构精细化的操作，也有利于养老群体的细分。对家庭情况以及拥有住房状况的区块链记录，还将有助于“以房养老”金融产品的推广。

另一方面，区块链为养老金融精细化操作提供了可能。区块链对与养老个体行为相关的大数据做有效整合，对不同地域、不同消费习惯和行为习惯的养老人群进行精细化分析，有助于金融机构对养老机构的投资决策更加精准，比如养老社区的规划、床位和房间的规模、医养结合的模式，乃至养老医院科室的分布、护理人员的安排和培训等。

① 陈玉京：《区块链在养老金融领域的应用》，《银行家》2018 年第 2 期，第 118—121 页。

43 区块链在能源领域有什么典型应用？①

区块链在能源领域的应用包括如下几个方面。

（1）能源交易。

目前能源行业处在改革的重要阶段，但用户却常因信息不透明和烦琐的流程无法跟上改革的步伐。将区块链技术运用到能源交易的优势在于：首先，分布式的能源供应与交易体系，可以简化此前的多层系统，将生产者与消费者直接联结起来；其次，使用智能合约可以更有效地控制能源网络，实现供需平衡；此外，将所有能源交易记录到区块链上，也将进一步加强交易安全与彼此的信任。

2016 年，美国能源公司 LO3 Energy 与西门子数字电网合作成立了“布鲁克林微电网”，该微电网致力于让社区居民能够进行点对点的电力交易，从邻居手中购买屋顶太阳能生产的余电，实现“隔墙售电”。微电网中的客户，从此前单一的能源购买者，实现了双向流动，很多也变为能源出售者。

更进一步的变革是交互性的。2017 年，澳大利亚的 Power Ledger 公司在珀斯推出了太阳能剩余电力交易系统，该系统覆盖了 80 个家庭，是第一个应用了区块链的交互式 P2P 电力交易系统。

---

① 赖敏榕、傅建钢、赖小垚：《能源领域中区块链技术的应用场景浅析与展望》，《能源与环境》2019 年第 3 期，第 38—40 页。

欧盟 Scanergy 项目旨在帮助小用户实现直接的能源交易，利用区块链将网络的生产与消费状态实时更新给用户，同时在签订智能合约后，系统会给能源生产者以虚拟货币作为奖励。

（2）新能源汽车。

当前，区块链技术在新能源汽车行业主要应用于充电网络的管理和运行。

2018 年，日本中部电力有限公司、Nayuta 有限公司和 Infoteria 有限公司，开展了电动以及混合动力车（EV）的充电履历用区块链进行管理的试验。该试验将区块链充电器与手机应用相结合，将充电数据连网记入区块链，用户通过手机应用激活并使用充电功能。

2018 年 5 月，德国能源集团 RWE 子公司 Innogy SE 建立了利用巨链数据库运营的“Share & Charge”区块链平台，连接电动汽车车主和充电站，在德国已建成几百个基于区块链的电动汽车充电站，旨在实现透明的计费并增强信任。这个方式提高了对清洁能源的运用，也降低了能源公司的运营成本。这一模式随后进一步拓展，美国公司 Oxygen Initiative 加入了“Share & Charge”，在美国也推出了类似的区块链平台。

（3）碳交易。

在全球气候统一治理的大背景下，碳资产的稀缺性、刚需性、实用性日益凸显，但碳交易市场比较混乱。利用区块链技术的高隐私、高安全、低门槛的特性，可以在一定程度上解决用户对碳金融的怀疑态度与行业的高投资门槛。

为了利用区块链技术应对气候变化、减少碳排放，加拿大一家气候区块链基金会于 2018 年成立，旨在构建一个利用区块链技术打造的碳账户互联系统。该项目希望利用以太坊的技术建立起智能合约协议，还开发了一种新型代币用于碳交易。

在我国，IBM 公司与中国能源区块链实验室于 2018 年共同开始建立世界上首个区块链“绿色资产管理平台”。该平台致力于推动碳生产绿色化，促进信息透明化和信任机制的建立，目前还在建设中。

44 区块链在军事领域有什么典型应用？①

区块链在军事领域应用颇多。具体来说，有如下几个方面。

（1）武器装备全寿命周期管理。

武器装备管理是军队管理的重要内容，从立项论证、研制生产、交付服役到退役报废的全过程，都需要对大量数据资料记录备案。但目前军队的装备管理信息化程度低，传统的数据存储方式容易损毁或丢失数据，且难以监管，也存在泄密等安全隐患。区块链技术的分布式数据存储、加密算法等特点，可以使这个信息系统更加公开透明，提升便利性和可信度，同时提高了系统的安全性。

① 季自力、王文华：《区块链技术在军事领域的应用》，《军事文摘》2019 年第 11 期，第 45 页、第 49 页。

区块链中容纳了上级主管部门、武器装备管理部门、武器装备使用方，乃至科研单位和生产厂家作为主体节点，形成一个受监督的多方分布式网络。区块链技术能够简化装备维护的管理流程，解决网络通信、数据保存和系统维护等问题，提升装备维护的效率。而且，区块链的不可篡改性增加了敌人进行网络攻击的难度，增强了安全和保密工作的力度。

例如，美国穆格公司利用区块链技术建立了 VeriPart 分布式交易系统。这个系统可以对武器装备的组件进行溯源以确保质量，提高了安全性，为美国国防部建立了更高效的供应链系统。

（2）指挥控制系统。

长期以来，军事领域的中心化架构非常明显，层级较为繁多，较难满足现代军事对敏捷性和快速反应能力的要求。并且，这种中心化架构一般存在某个关键节点，容易成为对手主要攻击的对象，而一旦出现问题，则会成为整个系统的致命弱点。例如，美国海军的“宙斯盾”作战系统将各种装备进行整合，充分发挥系统协调能力，成为美国海军作战的利器；但这个优点同时也成为其弱点，一旦关键部分被攻击至瘫痪，就会导致整个作战舰艇也陷入瘫痪。

由此可见，引入相对扁平化的管理更有利于建设高效安全的指挥控制系统，而区块链技术的去中心化正可以起到助力。去中心化并非完全分散化，而是在整体协同的前提下，把处理能力去中心化，让各个结点对信息数据的获取和记录更加民主，对战场态势的感知更加准确及时，提升作战效率，即便某个节点被攻击，仍不影响系统的正常运行。这样不仅有利于统一部署，保留了原有中心化系统的优势，还修正了其弱点，降低了整个作战指挥控制系统的脆弱性。

（3）军事物流。

军事物流包括仓储、包装、运输和配送等环节，这种物联网的运行很难在中心化管理架构下进行，因为提供可移动的信息服务较为困难，而且过度依赖中心容易导致安全隐患。

区块链技术的运用，可以降低军事物流的成本，实现运送产品的正向跟踪与逆向溯源，提高管理供应链的效率。在这种军事物流系统中，形成了去中心化的网络，降低了系统的运行和维系成本；各节点之间可以直接进行信息交互；重要的系统信息也会存储于各个区块之上，提高了信息安全性。此外，“区块链 + 大数据”模式，利用了大数据的技术优势，在区块链中自动筛选过滤，进一步提高了系统的便利度和安全性。

例如，美国国防部委托了美国国家制造科学中心和穆格公司建立一个区块链交易系统，以提供更加智能化的军事产品供应链。

（4）军事后勤保障。

在军事后勤保障方面，容易出现供需匹配度低、腐败与寻租等问题，技术上也面临着数据存储和系统维护的压力。将区块链技术运用于军事后勤保障，各种复杂的数据，例如与物资生产、采购、运输、分配等相关的数据，都将统一保存在各个区块上，直接实现点对点的信息交互，信息共享更加便捷，信息保护也更加周密。同时，军事后勤保障部门也可以更准确地掌握各部门的需求，以需求为导向安排后勤保障事宜，将需求与供给更好地匹配起来。

此外，区块链技术也可以让军事后勤保障的采购、财务等信息更加透明公开，可供查询，数据记录与存储受制于算法控制而不受人为因素干扰，可以有效防范有关人员的腐败行为与权力滥用。

（5）战场数据与网络安全。

战场数据的完整性和重要信息保护对于现代战争至关重要，甚至是作战胜败的关键，因此保障军事数据安全是军事建设的重要任务。但是中心化的数据库容易遭受黑客攻击，单点故障也容易导致整个系统的瘫痪，信息泄露或被盗取的风险很高，这意味着作战人员很可能受数据真实风险的干扰作出错误的战略决策。

区块链技术提供的是分布式数据存储服务，进行点对点数据传输，即便某个节点遭受攻击，但因为每个节点内都记录了整个系统的数据，因此也不会影响到系统的数据存储和正常运行。这样可以降低战场数据中心化管理的风险，保护战场数据的安全，提高战场数据的可靠性。

45 区块链在政府管理领域有什么典型应用？[①]

区块链的去中心化、分布式账本不可更改、开放共识等技术特

① 刘岩：《论“区块链”技术应用推动政府治理能力现代化》，《法制博览》2019 年第 15 期，第 284 页、第 286 页。

点，为数字结构的无限复制性、存储空间的无限扩展性、虚拟世界的多维可塑造性提供了技术可能，更为进一步推动政府治理能力现代化提供了强有力的技术支撑。

（1）区块链技术能有效推动政府角色转换和职能转变。

通过内嵌于代码和技术结构及其 P2P 的技术特点，政府治理职能将由区块链上各参与主体共同承担。在国家治理体系中应用区块链共识算法，将会重新塑造政府和各权利主体的“服务—治理”关系，政府部门与其他利益相关者的关系趋向相对平等，政府、企业、个人等行为主体享有对区块链数据读取、记账、存储的同等权利，公民可以通过公共链调取、查阅政府发布的相关信息，也可以选择性地与代理机构共享信息或向公共链发送有关意见建议，此时，公民就不再是单纯地被政府服务的对象，而变成了公共事务服务的积极参与者甚至是提供者，这将进一步降低政府决策的非民主化、碎片化等风险，切实提高政府治理能力和科学化水平，使得政府的服务更加公平、公正、公开，有助于形成公民之间、公民与政府之间良好的合作秩序。

（2）区块链技术促进政府组织结构扁平化。

区块链“P2P 技术和共识机制”构建起一个去中心化的网络组织结构。政府治理及服务中应用区块链技术，可以解决上下级政府之间庞大的信息交互处理问题，政府治理实践中的全部决策、执行、反馈等信息能够在保证真实准确的前提下，在较短时间内进行全域传播和认定，这将大幅提升上级政府指令信息的传递、反馈速度，也能快速收集到来自基层政府部门执行指令的反馈信息。此外，区块链“点对点”的信息传递形式，会缩短政府内部管理层级的信息交互距离，对构建扁平化的政府内部管理机制起到关键作用。

(3) 区块链技术提高政府治理及服务过程透明度。

区块链“分布式账本不可更改”的特性使得记录信息一旦经过验证并添加至区块链，便会永久地存储，仅对单个节点上的数据进行修改的行为对总数据库无效，其数据稳定性和可靠性极高，可以真正实现全部存储数据的真实性验证和全流程追溯。借助区块链“不可篡改、不可抵赖”等技术特点，政府公共事务决策、公共财政支出等信息将被永久记录。此外，“开放和共识”技术使得政府信息传播最大化，除了特定信息需要加密以外，区块链的所有数据将对所有人开放。因此，在政府治理及服务中应用区块链技术，将使得所有利益相关方都可以监督政府治理及服务的非涉密信息的全部过程，促使政府行为更为紧密地回应社会的需求和满足人民群众对美好生活的向往，促使政府行政行为依法合规，也会在一定程度上遏制腐败行为。这将会进一步增强政府和社会互信机制，大幅提升政府治理及服务过程透明度。

迪拜政府在 2016 年底推出区块链战略，鼓励各政府部门与区块链相关企业展开合作，利用区块链和智能合约等技术变革和创新政府部门行政，提高政务效率，实现“全球首个基于区块链技术的政府”，旨在将迪拜打造成一个链上城市。迪拜政府采用了与私营企业合作共建的方式，与 IBM 公司联合推出了阿联酋首个政府支持的 PaaS（platform as a service）区块链平台——Dubai Blockchain Platform，并将该平台作为迪拜政府所有区块链应用运行的核心基础设施，整合全部政府部门的数字化服务，实现资源共享，以提高政府工作的效率和透明度。

46 区块链在知识产权保护上有什么典型应用？①

区块链是知识产权保护的利器。具体来说，它在知识产权方面的应用包括如下几个方面。

（1）运用区块链技术实现“去中心化”的著作权确权。

著作权的权利主体可以在区块链中进行身份注册，在完成著作后可通过区块链给作品加盖“时间戳”，并通过“时间戳”链条为任意一个特定的时间点提供存在证明和身份证明。这就相当于为作品制定了一张不可篡改、永久有效的身份证明，并通过区块链高度的公开性，共同实现著作权权利归属的准确定位和有效回溯。

（2）运用区块链技术保障商标在先使用的举证维权。

在商标权领域的举证维权方面，区块链技术可以为商标的在先使用提供更有力的证明。仅通过人工统计来判断商标在先使用范围不仅耗时长、成本高，而且会存在一定的遗漏和误差，而通过应用

① 陈辞：《浅议区块链技术在知识产权保护中的应用》，《企业家日报》2018 年 9 月 13 日。

区块链的“时间戳”，可精确定位商标的最早使用时间和交易信息等数据，并且准确统计出每次交易使用后商标的影响力和显著性的变化，从而能较好地解决商标在先使用方面举证难的问题，更好地维护商标权利人的合法权利。

(3) 运用区块链技术实现“智能合约式”的知识产权交易。

基于区块链技术的智能合约已经在知识产权的交易中发挥着作用，我国已发布由中国版权保护中心、华夏微影文化传媒中心等共同打造的微电影区块链版权（交易）服务平台。在这样的知识产权去中心化的交易平台中，可实现合约的自动化执行以及对交易条件的有效性判断。具体而言，用户可通过自身的区块链地址向区块链上对应作品的知识产权交易智能合约发起交易，智能合约记录交易请求，并实时向对应的知识产权税款结算智能合约发起交易，最后将交易金额直接分配给权利人的区块链交易地址。这种基于区块链所形成的“智能合约式”的知识产权交易，不仅有利于解决目前版权领域中的定价难问题，还能更好地保障权利人的合法权利。

(4) 运用区块链技术实现知识产权保护的机制革新。

将区块链技术应用于知识产权保护领域将促使知识产权保护的主体范围得到扩大，使其从传统的行政管理部门监督管理，转为全民参与、人人监督。一方面，人们通过区块链中各节点的共识机制可自发形成一个自治的监督体系，从而构建起“全民参与式”的知识产权保护新机制。另一方面，由于区块链技术的灵活性和可扩展性，在知识产权交易过程中将授予交易双方更大的自由度，加强参与者之间的彼此监督、相互验证。这种以区块链技术构建的平权化监管机制，在提高知识产权保护效率的同时，也将建立起一种知识产权保护意识的积极导向，从而进一步促进互联网时代知识产权保护机制的革新与发展。

47 区块链在司法领域有什么典型应用?[①]

目前，区块链在司法领域的应用主要集中在存取证和法院内部的文档管理这两大领域。

（1）存取证。

按照传统的存取证模式，通常由当事人自己取证，或者由当事人通过司法程序向运营平台方进行取证，然后由当事人自行存证，在开庭时再进行示证。在这种模式下，证据是否真实、可靠，是否未经篡改都很难获得保证。“取证难”“存证难”因而成了困扰司法界的一大难题。区块链技术由于具有可追溯、防篡改等重要特征，可以有效地破解以上问题。

目前，区块链技术在取证、存证方面已经得到了现实的应用。

① 见煊凌网络:《区块链技术在司法领域的应用》，搜狐 2019 年 3 月 20 日，http://www.sohu.com/a/302559088_100209010。

例如，2018 年 6 月 28 日，杭州互联网法院针对杭州华泰一媒文化传媒有限公司（下称华泰一媒公司）起诉深圳市道同科技发展有限公司（下称道同科技公司）侵犯信息网络传播权纠纷案作出一审判决，判令道同科技公司赔偿华泰一媒公司经济损失等。在该案中，华泰一媒公司通过第三方存证平台对道同科技公司的侵权网页进行了取证，并通过区块链储存电子数据的方式证明电子数据的完整性和未被篡改性。杭州互联网法院在审理中，首次对采用区块链技术存证的电子数据的法律效力予以确认，并明确了区块链电子存证的审查判断方法。该案由此被称为“区块链存证第一案”。

（2）法院内部文档管理。

在法院内部，保证各种卷宗、文件、记录的真实性，防止它们遭到篡改是十分重要的。传统上，为了保护这些文档的安全，需要投入大量的人力、物力，花费巨大的成本，而应用区块链技术可以让相关成本大幅下降。

由于区块链技术的优良特征，目前已经有很多地区的法院开始将其用于内部文档的管理。例如，上海法院正在将区块链技术引入电子卷宗随案生成和档案管理工作，力图实现从电子卷宗到电子档案的全生命周期安全管理，确保案件在立案、分案、审判、结案、归档、执行、上诉申请再审等各环节流转过程中，以及电子卷宗或电子档案在形成、传输、保存、利用、销毁过程中的安全可信、安全存储、真实防伪、不被篡改。

48 区块链在公共治理领域有什么典型应用？①

区块链在公共治理领域的作用主要体现在如下几个方面。

（1）区块链助力公共事务的信息数据共享。

公共信息供给和公共数据共享是公共事务治理必不可少的部分和重要前提。公共事务治理要求多方信息互联互通，这就需要一个迅捷且可信的信息共享机制。区块链技术的分布式账本下数据可由各节点添加，并由其他各节点共同认证，不能被篡改，由此可以保证信息的透明性、不可更改性和可追溯性，恰好契合了公共事务治理中的信息公开、存证和溯源，因此可以广泛应用于社会救助、就业、医疗健康、食品安全等公共事务领域。目前已有发展较为成熟的应用，例如利用区块链做善款追踪、食品和药品的溯源、项目进展跟踪等。在区块链技术之下，可以跨区域、跨部门实现数据共享，事务协同，进一步提高了办事效率与办事水平。

目前，区块链的这一应用已经有了不少体现。例如，2018 年 10 月，海南省采用了蚂蚁金服区块链与华信永道研发的“联合失信惩戒及缴存证明云平台”，由此实现了公积金黑名单及缴存证明的跨中心、跨地域共享。

① 钱再见、高晓霞：《区块链在国家治理与公共事务中的现实应用》，《国家治理周刊》2019 年 11 月。

（2）区块链促进公众参与公共事务。

除了信息公开外，公众参与也是公共事务治理的重要方面，即“开放式治理”。开放式治理需要保障公众参与的真实性和有效性，这就要求做到两个方面：一方面，吸纳公众作为主体参与公共事务；另一方面，协调不同参与主体的利益，调动各方积极性。

过往公共事务治理中自上而下的决策机制容易产生一些问题，例如无法察觉边缘情况、难以汇集众多资源等。而在区块链中，每个节点都是共同治理和维护整个系统的主体，公民可以作为主体参与区块链公共事务，有利于实现更大规模的互联互通，汇聚多方力量，也有利于促进公共事务治理的公开与民主。

公共事务治理的参与方往往是不同的利益主体，因此需要尽可能地照顾到各方利益，才能调动各方的积极性。但利益分配并非仅指单纯的经济利益，难以量化，由中心化的机构掌控、评价各方的利益诉求，往往难以面面俱到，容易偏颇失衡。而区块链的激励机制本来就是为了解决对“利益相关者”激励相容而设计，可以有效解决中心化事务处理模式的激励问题，推动利益多元化。

（3）区块链便利政府监管公共事务。

政府除了要承担公共服务职能外，还要承担对公共事务的监管职能。区块链技术可以便利政府监管各项公共事务。其不可篡改的特性可以提供数字化证明，在产权、知识产权、证书等需要认证的领域都可以建立起新的认证机制，例如房管部门的产权登记，文化部门的知识产权登记，教育部门对学历信息和学术成果的认证，民政部门对慈善项目的监管。

区块链的可追溯性有助于溯源与鉴真，例如食品药品监管部门对产品防伪溯源，税务部门对电子票据打假验真。而分布式账本的应用则有助于跨领域协作与精准管理，如金融监管部门的事前风险防控，资源部门的分布式能源管理等。

但值得注意的是，区块链虽然是一种中立且较为先进的技术，但仍难以避免数据被窃和泄露等安全事件，如 2016 年 The DAO 项目遭遇黑客攻击，大量资产被窃取。因此，“谁来监督监管者”仍是区块链技术在发展中需要解决的难题。

49 区块链在城市建设领域有什么典型应用?①

区块链技术在城市建设领域的应用广泛。目前，国内外都有了一些比较有代表性的应用案例。

(1) 国外区块链城市建设探索。

迪拜区块链城市战略。2016 年 10 月，智能迪拜办事处（简称 SDO）宣布推出 SDO Blockchain Challenge 计划，继而推出了一个城市区块链战略，目标是到 2020 年成为首个以区块链为动力的城市。

① 范金刚、邓迪、郭艳来:《建设区块链城市路径研究》,《信息通信技术与政策》2018 年第 7 期,第 12—17 页。

同时，种子基金1776（Seed Fund 1776）与SDO开始合作，通过SDO Blockchain Challenge计划来寻找专注于政府效率、行业创新和思想领导力的区块链初创公司，共同努力将迪拜建设成一个以区块链为动力的城市。迪拜各部门响应号召，纷纷采用区块链技术革新现有管理体系。迪拜道路与交通管理局RTA宣布推出基于区块链的车辆生命周期管理系统；迪拜旅游局及商务推广部门DTCM计划将通过区块链为旅游市场增加销售管道，设立以区块链为技术基础的在线交易平台；迪拜教育监管部门KHDA尝试在区块链上记录学术证书；迪拜卫生局DHA正在考虑为所有居民建立一个基于区块链的庞大基因组数据库。

爱沙尼亚电子公民。爱沙尼亚政府启动的“电子公民”项目全称为“电子公民数字身份证明”（e-Residency），面向全球公民，打造数字国家。通过区块链技术构建全球公民的电子身份证明体系，将爱沙尼亚优质便捷的网络工商政务服务带给全世界人民，让全世界互联网创业者更加便捷、更加低成本地创业，吸引企业家做全球生意，远程开设、远程管理，与所有实名认证过的“电子公民”做生意，从而给爱沙尼亚政府带来可观的财政收入。同时，爱沙尼亚政府提出国家数字货币计划，发行Estcoin虚拟货币，Estcoin以区块链为基础，并且通过国家央行进行众筹。该数字货币将成为爱沙尼亚国家虚拟货币，可为国家经济和国际“电子公民”带来效益。以区块链技术为支撑的电子公民项目和国家数字货币计划，能够提高“公民”信息透明度，为政府管理国家提供可靠的保证。

（2）国内区块链城市建设探索。

2017年7月，广东佛山禅城推出了基于区块链的电子政务服务平台，开启了以区块链服务政府事务的新模式。依托区块链真实、可溯源、不可篡改等特点，禅城将进一步深化一门式、一网式政务服务改革，构建新型智慧城市和新型信用体系，探索一条新型的智信城市之路。

2017年9月，蚂蚁金服与雄安市政府就区块链构建智慧政务、打造信用城市展开合作，已建成区块链租房应用平台。通过区块链租房应用平台，挂牌的房源信息、房东房客的身份信息以及房屋租赁合同信息将得到多方验证，并具有无法篡改的特性。雄安上线区块链租房应用平台正是对区块链在城市管理中的具体实践。

2017年11月，南京市政府发布“互联网+政务服务+普惠金融便民服务应用协同区块链支撑平台项目方案”。该方案利用区块链技术解决了政府各部门政务系统与各银行业务系统的打通。南京市信息中心和各银行、金融机构作为联盟链上的组网节点，共享市民和法人数据，根据业务主体的申请授权，解密使用相关数据或评估结果，此举保证了各参与节点的数据安全。

同年11月，赣州市政府举办了“共建绿色金融和区块链金融四方战略合作协议签订仪式”。活动上，与会专家结合市情，提出了运用智慧金融、区块链模式推进区块链城市建设的建议，助推建设区域性金融中心和省次金融中心，打好“六大攻坚战”，加快赣南苏区振兴发展。

50 区块链在公益慈善领域有什么典型应用？

区块链在公益慈善领域的应用潜力很大。首先，区块链可以有效地实现善款的透明可追溯，从而让慈善事业变得更为透明。公益慈善原本是一项高尚的事业，但在现实中却存在着很多的问题：一方面，接受捐赠的慈善机构经常出现捐赠品去向不明、用途不当等现象；另一方面，一些企业和个人会通过诈捐来达到逃税等目的。这些行为不仅严重损害慈善行业的声誉，还对这一行业的发展带来严重的负面影响。而区块链不可篡改、可追溯等特性，可以很好地杜绝这一现象的发生。

目前，中国已经有很多企业开始将区块链应用于对慈善过程的监督。例如，蚂蚁金服于 2016 年在支付宝爱心捐赠平台上线了“听障儿童宝宝获新声”项目，并将区块链技术应用其中。借助区块链的可追溯性，善款在何时流向了哪个账户，捐款者都可以一目了然。

其次，区块链可以有效地帮助慈善事业实现信息共享。区块链具有分布式的特点，每个节点都保存有链上的完整信息，这可以保证在信息安全透明的同时，更快地进行实时共享数据，降低信息共享的成本。

现在，已经有一些企业开始将区块链的这一特性应用于公益慈善领域。例如，腾讯公益于 2017 年建立了“公益寻人链”，将众多独立寻人平台的数据进行链接。通过“公益寻人链”，只要在其中一个平台发布信息，链上的其他平台就能同步更新。这样一来，就可以有效打通各大平台的信息，打破平台之间的信息孤岛，提高了寻人的效率。

再次，区块链可以用于慈善信息的认证和管理。区块链具有不可篡改的特点，人们可以利用区块链的这一特性制作数字凭证，提高现有管理水平。例如，2018 年 4 月，全国第一家青年志愿服务区块链联盟在成都成立。这个服务区的志愿者在开展公益服务时，相应的活动记录、服务时长、公益积分等数据都将记录在区块链联盟链上，不可人为篡改，并生成唯一、真实的志愿服务区块链证书。

最后，基于区块链的通证可以保证慈善资金的专款专用。以教育扶贫为例，公益人士可以设置专项的扶贫公益平台或基金会，通证可以在体系内可以使用。类似地，由国家和机构提供的指定扶贫资金（用于学费、住宿费等）也可以借由通证来实现。这种在体系内认可流通的通证，可以包含每一个接受者的个人信息（身份、教育背景、家庭背景等），还包含了通证在每一个环节的去向。接受者获得教育扶贫通证的补助后，可以用于体系内其他需要支付的地方，并且在其他场景下无法使用，这也杜绝了滥用补助的现象。

51 区块链在体育领域有什么典型应用?

区块链在体育领域的应用十分广泛，具体来说可以分为如下几个方面。

一是实现体育数据和身份的管理。体育行业可以采用区块链技术简化运动员数据的收集和共享。借助基于区块链的分散网络，体育经理可以安全地存储每个运动员的数据，以供教练、体育经理和运动员共享，并避免数据泄露。除此之外，体育俱乐部还可以实施授权和身份验证，以限制未经授权的用户访问数据并验证用户的身份。

二是帮助实现体育资金的管理。几乎所有的体育赛事都会涉及复杂的资金管理问题。利用区块链的去中心化账本进行交易，品牌和体育俱乐部可以直接管理所有交易的精确信息，省了不少流程，方便很多。

三是助力体育赛事广播的版权管理。体育赛事的广播权是体育行业最大的组成部分之一，而对广播的版权进行管理，则是一件复杂的事情。借助体育行业中的区块链技术，广播网络可以跟踪其已许可的权利。与此同时，广播公司可以利用由区块链驱动的数字识别为每个广播权拥有者生成唯一的 ID，以免造成混淆。此外，由区块链驱动的智能合约可以实现自动付款以续订广播许可证。

四是跨境结算与跨境支付。现实中，大量体育赛事都具有国际性。赛事的主办方、转播方、运营方、执行方等可能来自各个不同的国家和地区，赛事的观众也可能分布在世界各地。因此，无论是在赛事的组织还是运作过程中，都需要面临大量的跨境结算和跨境支付。在现行的以美元为核心的结算体系之下，相关结算和支付的过程十分复杂，成本很高，效率却很低下。如果可以用基于区块链的数字货币来代替各国的法币进行支付，那么整个结算和支付的效率就可能获得巨大的提高。

五是利用通证化实现俱乐部治理。目前，已经有不少俱乐部开始了相应的尝试。例如尤文图斯、拜仁、巴黎圣日耳曼等，都发行了通证。通过“通证化”，这些俱乐部一方面可以获得资金，另一方面则可以让世界各地的粉丝深入参与俱乐部。而对于粉丝来说，它们可以凭借通证获得参与俱乐部集体决策的资格，从而在俱乐部特定事务上发出自己的声音。除此之外，持有通证的粉丝还可以获得独家的奖励与体验。显然，这种设计有助于让粉丝深度参与俱乐部的活动，从而大幅提高粉丝黏性。

52 区块链将怎样影响共享经济的未来?①

区块链和共享经济在某种程度上可以进行互补。区块链的去中心化、加密和防止信息被篡改等特点能够解决共享经济中市场监管不完善、对传统经济造成冲击、对消费者权益有所侵害等问题，其去中心化的特点与共享经济的理念相似。因为共享经济是一个“去

① 石蓉姗、李丹:《基于区块链技术的共享经济发展模式研究》,《商业经济研究》2018 年第 24 期,第 178—181 页。

中心化”到“再中心化”的过程，它一方面可以让供应商跨过商业组织，直接向消费者提供商品和服务，另一方面又让供应商加入互联网平台以寻求更多的用户。此外，区块链可以让交易者在没有中介的情况下进行交易，并且交易过程透明，能够增强交易者的信任程度，解决共享经济中严重的信用问题，有助于推动共享经济的进一步发展。区块链支撑下的共享经济平台参与者包括供给方、需求方、服务合作方以及监管组和管理组。监督组主要依据相关法律法规对共享经济平台实行实时监控，在区块链技术的支撑下，信息查询和取证都将更为便利。管理组通过特定的规则动态选择部分权威节点来完成系统事件验证、区块打包及信息广播，解决了现有区块链资源浪费、效率低下的问题。

“区块链 + 共享经济”的模式未来会在以下几个方面产生作用：

(1) 保护用户信息安全。

区块链可以通过加密技术用数学算法来保护用户隐私，它能建成一个透明、无主的系统，其中的设备可以自行管理和修复，整个系统是一个去中心化自组织的体系。人们在交易过程中即使披露了个人信息，没有中介参与也不会有信息泄露的风险。此外，通过区块链的对称加密和授权技术，可以防止消费者隐私的泄露。比如在共享单车行业中，押金机制和信用积分等信息都是交由第三方机构管理的，存在信息泄露或丢失的风险，而通过区块链技术对用户身份信息进行加密，则只有得到数据拥有者的授权才能进行访问，从而保护了消费者的隐私。

（2）降低信任风险。

区块链的出现解决了中介信用问题，它可以让交易双方在没有任何形式中介的情况下进行安全交易，这样用户无需缴纳押金就可以享受服务，免去了利用押金获取信任的行为，避免了可能出现的押金难退问题。并且，在区块链中信息和运作流程完全透明，一方面可以减少虚假交易的产生，另一方面交易者可通过验证信息的真实性和可靠性来增强对对方的信任，有利于降低信任风险。

（3）降低交易成本。

共享经济企业的商业属性和信用问题导致其交易成本越来越高，而通过区块链技术可以有效降低这些成本。区块链的智能合约技术有自动执行和可信任的优点，通过将交易条件和相关要求编入计算机，它可以自动执行这些设定好的程序，不仅可以提高交易效率，还节约了契约建立和执行成本。并且，共享物品的毁损情况时有发生，共享经济企业一般会利用自己的维修团队或者委托第三方定期进行排查修理，但由于物品投放量大、毁损率高，难免会出现遗漏的情况，并且高额的运维成本加重了企业的经营负担，影响了企业的发展。利用区块链的点对点技术，可以将终端设备的情况上传至区块链，与区块链上的生态合作者签订智能合约，既能提高车辆维修处理等运营环节的响应速度，又可以降低人员调度的成本。同时，将车辆情况上链，再借助信用网络，可以利用社会的信用监督，让人们形成自我约束意识，有效减少人们对车辆的破坏行为，有利于降低车辆的维修成本。

（4）提高市场监管水平。

在过去的市场监管过程中，执法人员一般通过搜寻违规行为和对违法人员进行取证，然后采取惩治手段来维护市场秩序。但是，这会花费大量人力、物力，又因资源有限，难免会出现监管不到位的情况。由于在区块链中交易信息是透明和电子化的，利用区块链技术能够大幅度降低监管人员收集证据的难度和成本。并且，区块链中的信息都是公开透明和可追溯的，任何人都可以对区块链中的信息进行查询，再加上其中的信息不能被第三方所篡改，所以如果交易过程中出现问题，监管人员可以方便地查询过去真实的交易情况，对交易过程作出公平公正的判断，进而保护消费者的利益，维护市场秩序的稳定。

（5）降低信息不对称。

共享经济的特点之一是将利益平均分配给所有使用者，让消费者和资源提供者达到双赢，但就目前来看，大部分的利益都被中心化的第三方平台所占用，这是不公平的，因为消费者和资源拥有者也是价值的创造者，他们没能得到相应的回报，比如在共享经济中较为成功的爱彼迎（Airbnb）和优步（Uber），它们的商业模式是通过中心化将资源整合到平台上，再统一分配，让用户实现共享，最后收取一定比例的服务费用。由于信息都集中在中心化的共享经济平台中，用户难以获取到所有有价值的信息，形成了信息不对称现象，使得大部分利益都最终归公司所有，损害了消费者的利益。利用区块链这样一个去中心化的经济机制，它可以让交易者在没有第三方的情况下进行点对点的交易，有利于资源的直接共享，解决了信息不对称问题，更能满足供需双方的需求。

（6）减少垄断行为的发生。

随着共享经济的迅猛发展，一些共享经济企业存在加速合并的趋势，这些企业通过竞争和并购等方式，最终会形成“一家独大”的局面，进而产生垄断行为。有数据显示，2016 年滴滴在我国专车市场份额占到 85%以上，当年 8 月滴滴与优步进行合并，合并后所占市场份额在 93%以上，可能会存在垄断行为。当共享经济平台形成垄断时，平台经营者可以借助平台形成的优势地位，实施价格垄断或限制竞争等行为，再加上共享经济平台和各交易者之间存在信息不对称和地位不平等问题，更加不利于相关参与者的利益。通过区块链将不同企业进行连接，利用区块链技术的去中心化、信息透明等特点可以打破共享经济平台的垄断，实现不同企业资源的共享，让整个生态链上的服务更加多元化。通过这样的方式，每个企业都可以专心经营自己的业务，避免恶性竞争，减少垄断行为。

53 区块链对于数据要素市场的发展能起到哪些作用?

随着大数据和人工智能技术的发展，人们对于数据的应用能力已经越来越高。在这种背景下，数据的价值变得越来越高。2020 年 4 月，中共中央、国务院印发《关于构建更加完善的要素市场化配置体制机制的意见》，首次将数据列为要素之一，建设和培育数据要素市场也随之被提上了议事日程。

作为重要的新型基础设施，区块链在数据要素市场的发展中有望发挥十分关键的作用。

首先，区块链技术有助于数据要素的确权。产权明晰是要素实现流通、交易，进行市场化配置的基础。同劳动、资本、土地等各类其他要素一样，数据要素市场的发展也有赖于对其产权的明确，而区块链技术正好能够为数据权属确定以及数据共享、开放提供十分有力的支撑。

借助于区块链的数字签名、共识机制、智能合约等技术，数据要素的所有者、生产者和使用者都能够作为重要的节点加入区块链网络，并根据身份，对不同用户赋予相应的访问权限。在此基础上，就可以对数据的收集、传输、使用与收益状况进行全周期的记录与监控，这将对确定数据的权属提供有力的支持，为数据的流通和使用奠定坚实基础。

其次，区块链技术将为数据交易的安全提供有力的保证。在数据要素的使用中，安全问题是最为突出的。交易、传输数据的各环节都可能面临黑客攻击，从而造成数据泄露或被篡改的风险。作为一个基于密码学原理的分布式共享存储与计算系统，区块链普遍应用了隐私计算技术，从而可以有效地对交易和流通中的数据进行保护，让交易可以更安全地进行。

再次，区块链技术可以有效地助力数据交易市场的治理。和其他任何市场一样，数据要素市场的良好运作对于市场治理提出了很高的要求，而区块链技术则可以对这些工作提供有益的助力。区块链可以建立一个分布式的信任体系，这可以为实现数据完整性提供架构保证。区块链的所有区块一经形成便无法更改，这让数据的存储、读取、使用等过程都可以追踪，并不可篡改，还可以提供数据行为的全程记录。与此同时，基于区块链的智能合约可以允许管理者实现全自动化流程管理，自动检测、发现交易过程中存在的问题，并将相关内容及时记录在区块链上。这对于追溯问责，找出问题根源具有至关重要的作用。

54 在抗击新冠肺炎疫情的过程中，区块链发挥了怎样的作用？

2020年春节前后，由新型冠状病毒引发的肺炎疫情突然袭来，给我国的经济生活带来了巨大的干扰。在抗击新冠肺炎疫情的过程中，区块链技术发挥了巨大的作用，为我国人民取得抗疫胜利作出了重大的贡献。总体来说，在抗疫过程中，区块链技术发挥的作用包括如下几个方面。

（1）助力预警系统的建立。

在抗疫过程中，及时、迅速掌握疫情动态是至关重要的，而要达到这一目标，各单位、各机构之间必须能够实现信息的实时交换，达到疫情信息的互通。然而，要实现这一点并不容易。在疫情暴发之前，我国虽然建立了密集的传染病监测点，但这些监测点通常隶属于不同单位。出于数据安全、隐私保护等问题的考虑，这些单位在分享信息时往往比较犹豫，这就造成了数据“孤岛”普遍存在，难以实现真正的数据互通。

为了破解这一问题，就有必要建立统一的数据采集、监测和管控平台，把原本散落在各单位、各机构的数据整合起来。而在这个过程中，区块链技术可以被用来在实现数据互通、交流的同时，保证数据的有效和安全。目前，已经有不少企业推出了相关的应用。例如，链飞科技推出的“区块链疫情监测平台”、新大陆和迅雷推出的“疫情防控数据管控区块链系统”等，都是利用区块链分布式、不可篡改等特性，通过采集各级信息，将数据上链存证，打通信息交流和调用的各个关卡，从而实现了数据追踪和全生命周期的管理。

（2）助力舆情监控。

在此次疫情中，各种谣言和虚假消息频频出现，这对疫情防控及民众生活都产生了严重的负面影响。如果仅依靠传统的技术，将很难以对信息的真实性进行溯源追踪，也无法让群众自行对信息的真实性进行及时有效的验证。

相比于传统技术，区块链技术的溯源、难以篡改和多节点辅助验证等特点，将有助于打造真实可信的舆情监控体系。这一监管体系具有信息节点多元化、传播过程不可逆等特点，能够实现对舆情信息的准确追踪，提高舆情研判的科学性和预见性。

目前，这一技术已经得到了一定的应用。例如，在链飞科技推出的疫情监测平台中，专门开设了“辟谣”板块。该板块通过数据上链操作，用户可随时查看链上相关原始数据。同时，经由区块链构建出的可溯源数据还可以为后续谣言内容传播定责、追责提供闭环证据链条。

（3）实现物资溯源。

疫情暴发初期，由于管理不完善和相关信息处理不到位，很多防疫物资和资金没能及时被送到最需要者的手中。与此同时，一些不法分子还利用管理中的漏洞私自挪用、盗取抗疫物资，在社会上造成了极为恶劣的影响。

由于区块链具有可溯源性，可以有效地对物资调配过程中的去向进行完美追踪，因而可以十分有效地破解上述各种问题。目前，已经有很多企业提出了基于区块链技术的物资溯源和调配解决方案。例如，支付宝、蚂蚁区块链、CityDo等都推出了防疫物资信息服务平台，趣链科技和雄安集团则推出了慈善捐赠溯源平台——善踪。这些应用都为保证物资调配过程中的信息可追溯提供了重要的保障，为提升物资调配效率作出了重要的贡献。

55 什么是“链改”？企业应该如何进行“链改”？①

链改，就是运用区块链思维，采用区块链分布式技术，通过发行通证整合产业链上下游资源，连接生产者、销售者和消费者实现利益

① 李光斗：《从股改到链改，从上市到上链》，《理财》2018年第11期，第12页。

共享的商业机制。链改会让公司和产业链的价值同步放大，将生产者、销售者、消费者三体合一。以可口可乐为例，在传统商业中，无论消费者消费多少瓶可口可乐，事实上都不与这家全球饮料巨头产生直接的联系。而一经链改，你消费每一瓶可乐都会跟这家巨头有关系。交易即“挖矿”，消费即投资，用户即股东，广告即分红，等等。链改可以实现产业链各个环节的整合。链改的核心在于取得产业链共识，在内部发行通证。消费者可以购买通证，分享公司的发展及收益；上下游企业也能购买通证，直接抵扣货款或其他交易往来；产业链整合后，大家会共同监督产业各企业的发展，并维护通证的稳定。链改到位后，就可以启动上链，这样就会有更多的消费者和公司加入，生产要素和资源便能实现最大化的配置和组合。上链之后，通证的价值也会不断提升，参与其中的人们也能共同分享通证的升值。

除了借助区块链发行通证之外，区块链技术本身也会大大促进企业经营效率。前文已介绍过这些影响，在此不再赘述。

56 “区块链+ AI”将会带来怎样的影响？①

AI 与区块链的关系好似大部分男性都会用各种方法来追求自己

① 郑宪秋：《AI + 区块链之未来发展探索》，《创新创业理论研究与实践》2018 年第 19 期，第 93—94 页。

心仪的女性，AI 就好比是男性追求女性时五花八门的方法，而区块链就是男性追求女性时的最终目的——追到手。AI 将解决区块链在效率化、自治化、智能化以及节能化等方面的难题，而区块链将把孤岛化、碎片化的 AI 以共享方式实现通用智能。

（1）区块链会采用分布式的方式运行 AI。

这样网格中的每一个节点都可以调用 AI，或是实现 AI 各部分的相互调用，两者能够相互促进、相互融合，加快其发展速度。AI 与区块链技术的结合其实并不陌生，如谷歌早在很久以前就发布了关于区块链医疗数据审计的系统，通过该系统医务人员可以从患者病历中得到医疗预测分析，进而可以为病人作出更加合理的诊断。

（2）区块链能够带来开放式的 AI 开发模式。

可以让更多的人参与其中并共享 AI 资源，有利于提高资源利用率并促进 AI 的长期发展。目前先进的 AI 开发工具只掌握在少数人手里，如由独立的研究人员创建的编程社区，外界无法安装、配置和运行它们，无法访问到它们的算法和模型。信息孤岛、信息截流，成为资源共享最大的壁垒，而“区块链 + AI”可以鼓励 AI 模型的开发者共享其开发成果。

（3）区块链能够为 AI 带来可靠度更高的数据，从而得到更可靠的预测。

建立一个好的数据模型的前提是要有优质的数据，可信度不高的数据只能建立垃圾的数据模型，优质的数据才能构建出优质的数据模型，也才能被广泛运用，它遵循优胜劣汰、适者生存法则。

(4)“区块链+AI”能够带来真正开放的数据市场。

区块链的最大特点之一是去中心化，它可以带来去中心化的数据市场，在去中心化的机制下，没有一个实体可以控制数据存储的基础设施，它可以避免因数据共享而带来的问题。这使得组织更容易协同工作或共享数据，真正开放的数据市场的到来指日可待。

57 “云链结合”是什么意思？它会带来哪些新的应用场景？

所谓“云链结合”，就是把云计算技术和区块链技术结合起来，将区块链框架嵌入云计算平台，利用云服务基础设施的部署和管理优势，为使用者提供便捷、高性能的区块链生态环境和生态配套服务，从而实现“区块链即服务”(blockchain as a service)，即BaaS。

目前，区块链技术的优势已经被人们逐渐认识，越来越多的行业都开始在自己的业务中使用区块链。不过，对于一般的用户来说，要搭建专属的区块链环境依然比较困难。不仅所需的人力、物力投入巨大，安全性、可靠性等问题也难以解决。由于以上原因，目前区块链的真正应用只集中在部分行业的头部企业手中，而更多的企业则被挡在了应用的大门之外。

为了降低区块链技术的使用门槛，让更多的企业都可以使用这项技术，一种可行的解决方案就是把区块链放到云端，让其作为一种服务来提供给用户。事实上，区块链本身就是一种服务，具有可以按需供给的特点，这一点和云计算的性质不谋而合。因此，将区块链和云计算这两大技术结合起来，也就成为一件顺理成章的事。

世界上最早的 BaaS 服务是由微软推出的。2015 年 11 月，微软宣布将在 Azure 云平台中提供 BaaS 服务，并于 2016 年 8 月正式对外开放。紧接着，IBM 也在 2016 年 2 月宣布在 Bluemix 云平台上推出 BaaS 服务。从此，“云链结合”，或者说“云计算 + 区块链”，正式成为现实。此后，各大云服务商也纷纷跟进，推出了自己的 BaaS 服务。目前，国内的阿里云、腾讯云、华为云等都建立了自己的 BaaS 平台，可以提供相应的服务。

和一般的区块链相比，BaaS 的优势是显而易见的：一是技术门槛更低。使用者无需自行搭建软硬件环境，只需调用 API 和 SDK 等接口就可以达到使用目的。二是综合使用成本低。由于不再需要搭建使用环境，使用者可以省去一大笔固定成本的投入。此外，所有对链和数据的维护工作也都由 BaaS 平台提供，因而相应的维护成本也可以被节省下来。三是个性化更强。BaaS 平台在提供标准服务的基础上，还可根据使用者的特点，提供不同的服务和功能，从而满足它们的个性化需求。四是安全性更好。相比于一般的企业，BaaS 服务商通常拥有更好的技术和安全力量，因而可以保证区块链的更安全运行。

目前，BaaS 已经拥有了很多现实的使用场景。第一个场景是金融。金融本身就是一个与风险打交道的行业，其运作效率强烈依赖于交易各方的诚信和相关信息的充分、可靠。作为一种新技术，BaaS 可以很好解决金融行业的以上痛点，从而有效地盘活金融资产、提升交易透明度、降低金融风控成本、有效提升合约履行效率。目前，国内已经有很多大型云服务商已经提供了金融的 BaaS 服务。

例如，2017 年 7 月，百度云推出了 BaaS 平台。这一平台可以有效地把百度超级链（XuperChain）的能力输出到金融领域，在金融信息共享、债务催收、消费金融等场景都能有不少用武之地。2017 年 11 月，腾讯云正式发布了 TBaaS（Tencent Blockchain as a Service）。TBaaS 构建于金融云之上，用户可按照自己的业务需求，在云平台上快速搭建自己的联盟链，从而大幅降低用户对区块链底层技术的使用门槛。TBaaS 的基础架构设有公有云与专有云两个选项，用户可以选择购买腾讯金融云的服务系统，也可以将系统搭建在自建的机房专有云上。2018 年初，蚂蚁金服也推出了自己的 BaaS 平台。推出后不久，这一平台就在保险、供应链金融等领域得到了广泛应用。

第二个场景是商品溯源。在物流过程中，实现源头可追溯、过程可控制、流向可跟踪是十分重要的，区块链技术的不可篡改、可追踪等性质十分有助于实现以上目的。考虑到很多中小企业并没有能力建立自己的区块链环境，BaaS 在这一领域拥有巨大的发展潜力。

目前，很多著名的电商平台都推出了相关的 BaaS 服务。2017 年 9 月，阿里云推出了基于容器的区块链解决方案，用户可以通过模板快速搭建企业级区块链环境。2018 年 4 月，天猫奢侈平台 Luxury Pavilion 推出了基于阿里云区块链解决方案的正品溯源功能。同年 8

月，阿里云宣布发布企业级 BaaS 平台，支持一键快速部署区块链环境，实现跨企业、跨区域的区块链应用。据其官网介绍，该 BaaS 适用于商品溯源、供应链金融、数据资产交易、数字内容版权保护等领域。2018 年 8 月，京东也正式上线了“京东区块链防伪追溯平台”的 BaaS 服务。参与企业可直接使用自有区块链节点加入主链共同运营，将商品从原料、生产加工、物流运输、零售交易等数据共同上链。

第三个应用场景是医疗。在医疗领域，信息不对称问题十分严重，医生滥开药方、乱开药方、篡改药方等问题长期困扰着人们，而区块链的可追溯、不可篡改等特征则有助于解决这些问题。

目前，已经有不少企业提出了医疗领域的 BaaS 解决方案。例如，阿里云联合支付宝共同推出了基于阿里云 BaaS 的医疗解决方案，这一解决方案能够打通医院开具处方、药师审方、药品配送、药品支付、流程监管等多个环节，对患者信息、处方信息、药品流通信息等通过区块链技术加密脱敏，保证处方在流转过程中不被篡改，从而保障患者多渠道购药的安全。从 2019 年 4 月起，这一方案已经在武汉中心医院开始使用。

需要指出的是，现在已经有一些服务商开始推出被多种场景应用的综合性 BaaS 解决方案。例如，2020 年 7 月 23 日，蚂蚁集团将旗下的区块链业务整体升级，并命名为“蚂蚁链”。升级之后，蚂蚁链将除了可以提供金融的 BaaS 服务外，还将提供城市服务、版权保护、商品溯源等多个领域的 BaaS 服务。

58 目前全球区块链市场的规模如何？中国的区块链市场呢？

根据 IDC 于 2020 年 4 月发布的一季度《IDC 全球区块链支出指南》，2019 年全球区块链市场的支出规模为 27 亿美元。2020 年这一数字预计将上升 57.7%，达到 43 亿美元。

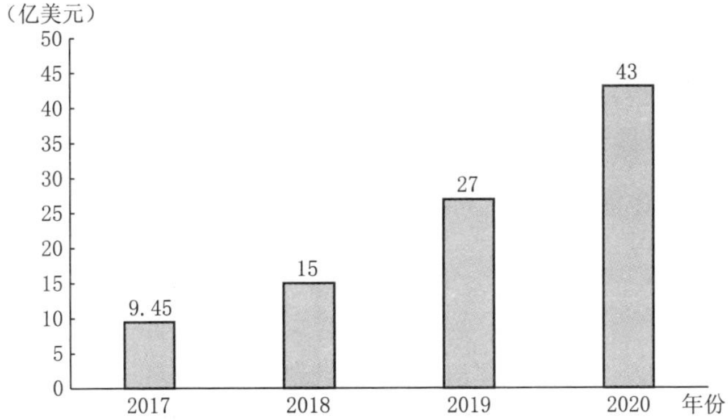

图 15　全球区块链支出规模变化趋势

注：数据来自 IDC 的历年报告。2020 年数据为预期值。

从支出规模上看，目前美国是全球区块链投资最多的区域，根据 IDC 于 2019 年下半年发布的《全球半年度区块链支出指南》，美国 2019 年的投资规模约占全球的 39%。西欧、中国、亚太地区（不含中国、日本）以及中东欧的投资规模紧随其后，分别占全球投资总额的 24.4%、11.2%、8.1%和 5.2%。

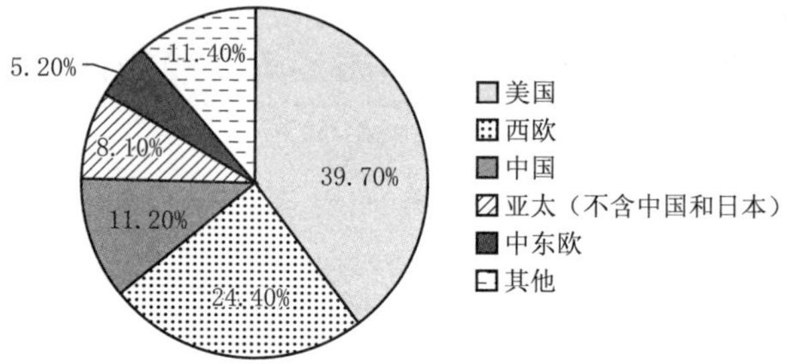

图 16　全球区块链支出分布图

资料来源：数据来自 IDC 于 2019 年下半年发布的《全球半年度区块链支出指南》。

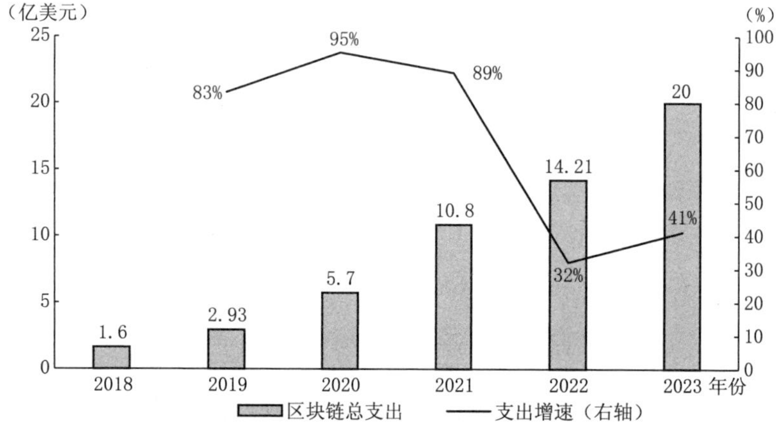

图 17　中国区块链市场支出规模（2018—2023 年）

资料来源：火币研究院《全球区块链发展前景（2018—2020）》。

作为区块链的新兴市场，中国在过去几年内的区块链投资呈现出持续上涨的态势。根据火币研究院于 2020 年 2 月发布的《全球区块链发展前景（2018—2020）》，2018 年，中国的区块链支出仅为 1.6 亿美元，2019 年比 2018 年增加了 83%，达到了 2.93 亿美元。预计到

2020 年，中国区块链市场的支出规模将达到 5.7 亿美元，而到 2023 年，这一数字有望突破 20 亿美元。可以看到，从总体上看，目前中国区块链市场的规模还不算大，但其潜力是巨大的。

59 国内外科技巨头企业都在区块链方面进行了哪些布局？

作为一种颠覆性的新技术，区块链从很早开始就受到了国内外科技巨头的追捧。各大巨头都纷纷尝试将区块链与自身的业务相结合，探索可能的技术创新和商业模式创新。这些企业在区块链领域的布局很大程度上引领了区块链产业的发展方向。

（1）微软的区块链布局。

微软在区块链领域的探索起步较早。从布局上看，微软对区块链的探索主要是为了其“移动优先，云优先”的公司战略服务的，体现了十分明显的“云链结合”思想。

2015 年 11 月，微软启动了“Azure BaaS”计划，将区块链技术引入 Azure，为使用 Azure 云服务的客户提供 BaaS 服务，让他们可以迅速地根据自己的需要创建区块链环境。这大幅降低了区块链的使用成本，从而为 Azure 吸引了众多区块链参与者。

2016 年 6 月，微软启动了 Bletchley 计划。这个开放的、模块化的区块链组件由 Azure 驱动，用微软自己的架构方式创建区块链企业生态联盟。Bletchley 计划的启动，让微软可以针对不同行业合作伙伴的需求，提供更为开放、灵活、模块化设计的区块链服务。

从 2017 年开始，微软将更多的精力放在了云上平台的建设上。2018 年，微软斥巨资收购了开源代码托管平台 Github，并将区块链开源项目的代码基本都托管到 Github 上。通过这种开源的策略，微软吸引了更多开发者使用 Azure 云服务，入驻平台并共同参与区块链平台建设。

除了对 BaaS 平台本身的建设外，微软还和自己的合作伙伴一起，将其区块链能力输入各个具体的业务领域。例如，微软和纳斯达克合作，把 Azure 区块链技术整合到纳斯达克的财务框架（NFF）中。又如，微软和新加坡航空合作，开发了可在零售合作伙伴网络中使用的区块链通证。再如，微软还和星巴克合作，利用区块链的可追溯功能，开发出了追溯咖啡从产出到消费全过程的“咖啡之旅”功能。

（2）IBM 的区块链布局。

“蓝色巨人”IBM 对于区块链技术始终保持着高度重视。一方面，它和自己的合作伙伴一起，积极致力于区块链的基础技术研究，搭建基础的区块链开发平台；另一方面，它努力将区块链技术应用到各个业务领域。

先看基础技术的研发和基础平台的搭建。2015 年 12 月，IBM 联合其他 29 位合作者，共同发起了开源项目 Hyperledger，致力于将区块链的解决方案应用于各个行业。2016 年 2 月，IBM 推出区块链服务平台 BaaS。借助这个平台，开发人员就可以访问完全集成的开发运维工具，从而在 IBM 云上创建、部署、运行和监控区块链应用程序。在 Hyperledger 联盟中，IBM 主导孵化了 Fabric 项目，首先满足了各商业应用场景需求的智能合约运行。这些均为 IBM 在多元领域的不断涉猎和对应技术工具的高效开发奠定了坚实的基础。

再看在具体业务领域的应用。

在医疗领域，IBM 与制药公司勃林格殷格翰（Boehringer Ingelheim）合作，用区块链保存临床记录。

在金融领域，IBM 于 2016 年初推出了“影子链”（Shadowchain）项目，力图在区块链上重建全球的借贷体系。2018 年，IBM 推出了基于区块链和 Stellar 协议的全球支付系统 IBM Blockchain World Wire，使金融机构能够在几秒钟内清算和结算跨境支付。

在全球贸易供应链上，2018 年初 IBM 与丹麦哥本哈根市政府、纽约阿蒙克市政府、马士基集团宣布组建一家合资公司，旨在创建一个联合开发的全球贸易数字化平台。该平台建立在开放的基础之上，全球航运生态系统中的各方均可使用。它将解决在跨境和贸易区内货物运输方面的需求，使信息流更透明、更简化。

在食品安全领域上，IBM 与沃尔玛、京东、清华大学电子商务交易技术实验室于 2017 年末成立了安全食品区块链溯源联盟。

（3）谷歌的区块链布局。

相对来说，谷歌对于区块链的态度比较谨慎。在 2017 年之前，谷歌主要以投资的方式进行布局。从 2012 年到 2018 年，谷歌投资的多家区块链，在区块链投资领域的力度居全球第二。在 2017 年之后，谷歌加大了自身对区块链的研发，但其区块链战略主要还是为其云业务发展服务的，区块链团队也隶属于云计算部门。在发展策略上，谷歌也倾向于和业务伙伴合作，而非独立发展。

2016年，谷歌同亚马逊AWS一起为以金融机构为主的客户群提供支持区块链技术应用的云服务。此后，云服务一直是谷歌介入区块链服务的主要切入口。

2018年，谷歌与区块链领域的两家领先公司合作，将区块链技术引入谷歌云，以此来探索用户如何更好地使用分类式账本技术。

2019年2月，谷歌公布其BigQuery云平台开始正式提供来自八大活跃区块链网络的完整数据集。同年6月，谷歌与Chainlink合作，以便安全可靠地把谷歌BigQuery上的数据传输到以太坊上。

（4）亚马逊的区块链布局。

亚马逊的区块链布局起步很早。2016年，亚马逊的AWS就宣布将开始与区块链初创公司合作，为企业客户提供专业技术支持和基础设施。与此同时，AWS开始与金融机构和区块链供应商合作，并开始推出一系列促进区块链技术的应用。

2018年起，亚马逊加快了在区块链领域的布局。AWS云服务推出了“AWS区块链模板”（AWS Blockchain Templates）。AWS区块链模板提供了一种使用开源框架快速轻松地创建和部署安全区块链网络的方法。借助这一模板，用户可以使用经过认证的托管AWS Cloud Formation模板部署以太坊和超级账本Hyperledger Fabric框架，专注于构建区块链应用程序，而不用花费时间和精力手动设置区块链网络。此外，亚马逊还提供了关于设置以太坊模板的详细说明，该模板可以支持“挖矿”。

除了在“云链结合”方面的探索外，亚马逊还积极将区块链应用于对其供应链体系的改造。2020 年 5 月，亚马逊申请了一项“分布式分类账认证”系统专利，这一专利“公开了使用分布式电子分类账通过供应链对物品进行可验证的接口的特征”，可以“通过企业服务平台，允许各方绘制其全球供应链，从而提高信任度”。

（5）Facebook 的区块链布局。

相比于其他科技巨头，Facebook 入局区块链的时间相对较晚，直到 2018 年 5 月才组建了专门的区块链团队，但它在区块链领域表现出的雄心却是最大的。Facebook 对于区块链的兴趣主要在加密货币上。2019 年 6 月，Facebook 联合众多合作伙伴，推出了 Libra 项目。根据《Libra 白皮书》介绍，Libra 将是致力于“为全球数十亿人提供简单无国界的数字加密货币和金融基础设施服务的区块链平台”。如果这个项目成功实施，将会是自 2008 年比特币诞生以来区块链领域最为重要的事件。关于 Libra 项目的介绍，可以参考本书的相应问题，在此不再赘述。

（6）阿里巴巴（含蚂蚁集团）的区块链布局。

阿里巴巴很早就接入了区块链技术的研发。早在 2015 年，阿里巴巴就成立了区块链小组。经过几年发展，阿里巴巴已将区块链技术应用到了包括公益项目、医疗数据共享、食品安全溯源、跨境个人转账等在内的众多场景。在对区块链技术的掌握和技术的转化方面，阿里巴巴不仅在国内一骑绝尘，在全球范围内也首屈一指。根据知识产权产业媒体 IPRdaily 与 incoPat 创新指数研究中心联合发布的《2020上半年全球企业区块链发明专利排行榜（TOP100）》，阿里巴巴的专利申请数量为1 457件，位列全球第一。

目前，阿里巴巴旗下有三大区块链利器：

一是蚂蚁链。蚂蚁链的前身是蚂蚁集团的区块链业务，于2020年7月全面升级，并改名为蚂蚁链。蚂蚁链是一个实现信任连接的基础设施。其主要产品有三个：（1）BaaS平台。BaaS平台主要致力于解决区块链的大规模商业应用，让世界因为可信变得更加透明高效，产生更大的价值。（2）安全计算平台。这一平台主要用于打通数据孤岛，将计算移动到数据端，从而实现数据可用不可见，安全促进业务创新。（3）可信存证平台。这个平台主要为用户提供秒级签署、金融级别安全、司法权威认可的合同，帮助用户一站式地从纸质合同时代升级到区块链合同时代。

二是阿里云的区块链服务。区块链服务可以支持开源Hyperledger Fabric和蚂蚁自研区块链技术，构建更安全稳定的区块链环境，简化部署运维及开发流程，帮助企业实现业务快速上链。目前，阿里巴巴的区块链服务已经在商品溯源、供应链金融、数据资产共享、数字内容版权等多个领域得到了实际的应用。

三是阿里巴巴达摩院区块链实验室。这个实验室主要致力于探索区块链中共识协议、密码学安全、跨链协议等技术的研究和应用，以商业与金融等应用场景为突破口，率先实现有自主权的工业级/金融级区块链系统，是阿里巴巴区块链发展的重要智力支持系统。目前，实验室已针对商品溯源、互助保险、慈善公益、房屋租赁等应用场景提出了基于区块链的解决方案。

（7）腾讯的区块链布局。

早在2015年开始，腾讯就已经开始关注区块链开发技术。经过5年的发展，腾讯区块链在各方面均获得了不错的成绩。在技术方面，解决了开发技术低效等问题，安全性能通过了区块链服务安全首批试点。在应用场景方面，腾讯区块链已经在电子发票、供应链金融、商业银行票据、司法存证、电子证照、公益寻人、数字内容保护、产品溯源防伪、医疗处方流转等领域有着广泛的应用尝试。在区块链专利数量方面，腾讯区块链的专利数量不断增加，在《2020上半年全球企业区块链发明专利排行榜（TOP100）》当中，腾讯以872件专利申请数量排名第二。

从2020年起，腾讯进一步加快了在“产业区块链”方面的布局。2020年4月，腾讯发布了区块链加速器“腾讯产业加速器—区块链”。5月，腾讯宣布将在未来5年内在区块链等重点领域投入5 000亿，用于新基建的进一步布局。6月，腾讯云发起成立产业区块链联盟。

2020年9月11日，腾讯云正式发布了区块链底层引擎和区块链可信计算平台两大产品。其中，腾讯云区块链底层引擎是一个具有高可扩展性的企业区块链系统，主要解决产业区块链应用数据量过大带来的扩展性问题，以及区块链之间的跨链互操作问题，以实现更大规模跨组织的信息化协作。腾讯云区块链可信计算平台定位于解决数据应用过程中的数据隐私、安全和权属等问题，为数据提供方与数据使用方提供安全可信的连接器，助力政务、医疗、金融等行业实现数据资产价值最大化。

60 目前全球和中国的区块链专利申请状况和布局状况如何?

随着区块链技术的发展，各国申请的与区块链相关的专利呈现出连年攀升的局面。根据火币研究院发布的《全球区块链产业发展全景（2018—2020）》，在2015年之前，每年申请的区块链数量都较少，2015年的申请量仅为619件。从2016年开始，专利申请量出现了爆发式增长，达到了1 965件，为2016年的3.17倍；2017年全球申请量达到5 752件，为2017年的2.93倍；2018年这一数字达到15 362件，为2017年的2.67倍；2019年，专利申请量又在2018年的基础上增加了45.1%，达到了22 293件。

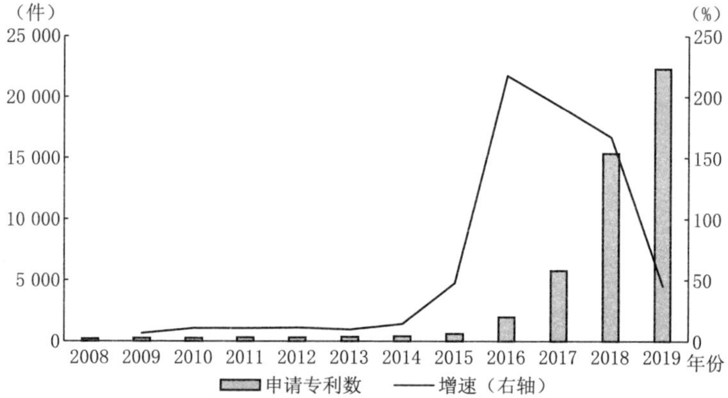

图18　全球区块链专利申请数量（2008—2019年）

资料来源：作者根据火币研究院发布的《全球区块链产业发展全景（2018—2020）》中的数据绘制。

在2019年全球申请的区块链专利中，中国的申请量是最多的，占了63%。美国紧随其后，约占全部专利数量的18%，其后分别是韩国、欧盟和英国，其申请的专利数分别占了总量的3%、3%和2%。

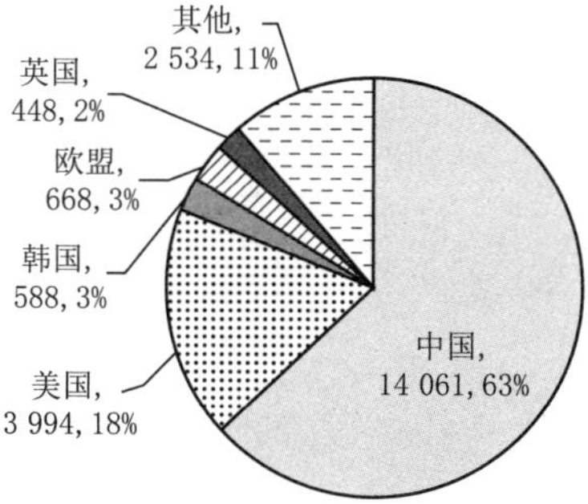

图19　全球区块链专利申请分布

资料来源：作者根据火币研究所发布的《全球区块链产业发展全景（2018—2020）》中的数据绘制。

从申请专利的公司看，中国公司的表现十分抢眼。根据知识产权产业媒体IPRdaily与incoPat创新指数研究中心在2019年9月联合发布的《2019上半年全球区块链企业发明专利排行榜》，在2019年上半年，全球区块链技术发明专利申请数量排名前十的公司中，有七家是中国公司，其中阿里巴巴连续三年位居专利申请榜榜首。

从专利申请方向看，区块链专利布局的热门领域包括：加密安全、学习模型、哈希算法、网络技术等技术领域，以及数字货币、支付、身份认证、交易、智能合约、信用贷款等应用领域。从柯睿唯安

表 6　全球企业专利申请数量排名

排名	企　　业	国家（地区）	2019 年上半年公开的全球区块链发明专利申请数量（单位：件）
1	阿里巴巴（包括蚂蚁金服）	中国	322
2	中国平安	中国	274
3	Nchain	安提瓜和巴布达	241
4	复杂美	中国	122
5	IBM	美国	104
6	众安科技	中国	99
7	百度	中国	90
8	元征科技	中国	86
9	中国联通	中国	81
10	MasterCard	美国	79

资料来源：数据来自 IPRdaily 与 incoPat 联合发布的《2019 上半年全球区块链企业发明专利排行榜》。

公司的德温特创新平台（Derwent Innovation）提供的 Themescape 专利地图文本分析，我们可以清楚地看到这些专利的申请情况以及各专利之间的关联。

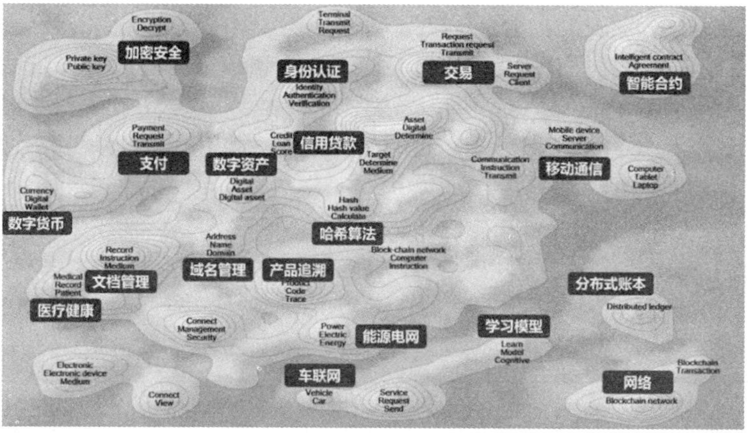

图 20　区块链的专利地图

资料来源：科睿唯安德温特知识产权服务中国团队：《区块链专利，谁主沉浮》，“科睿唯安知识产权”微信公众号 2019 年 6 月 17 日，https://mp.weixin.99.com/s/3aph-VF-BaleTltQpcQw6A。

61 目前在国际范围内有哪些著名的区块链“独角兽企业”？它们分别从事哪些业务？

所谓“独角兽企业”，指的是创办不超过 10 年、估值达到 10 亿美元的科技初创企业，这些企业获得过私募投资且未上市。

2019 年 10 月，胡润研究院曾经发布过一份“2019 年胡润全球独角兽榜”。根据这份榜单，截至 2019 年 6 月底，全球共有 494 家“独角兽企业”。这些“独角兽企业”的平均估值为 239 亿人民币，总估值为 11.8 万亿人民币。在以上“独角兽企业”中，专业从事区块链行业业务的共有 11 家，占全部“独角兽”总数的 2.2%，平均估值为 253.6 亿人民币，总估值为 2 790 亿人民币。表 7 给出了上榜“独角兽企业”的简介。

表 7　2019 年全球区块链行业“独角兽企业”排行榜

排名	企业名称	估值（亿元人民币）	国家	城市
1	比特大陆	800	中国	北京
2	Coinbase	550	美国	旧金山
3	Ripple	350	美国	旧金山
4	嘉楠耘智	200	中国	杭州
5	Circle Internet Financial	200	美国	波士顿
6	Binance	150	马耳他	—
7	Block.One	150	中国	香港
8	Difinity	150	瑞士	楚格
9	亿邦国际	100	中国	杭州
10	BitFury	70	美国	旧金山
11	Liquid Global	70	日本	东京

资料来源：《2019 胡润全球独角兽榜》。

比特大陆科技控股公司（BITMAIN）成立于 2013 年，总部位于中国北京海淀区，在中国香港、新加坡、美国等地设有研发中心。比特大陆是一家全球领先的科技公司，其产品包括算力芯片、算力服务器、算力云，主要应用于区块链和人工智能领域。

Coinbase 成立于 2012 年，总部在美国旧金山。其主要业务是为个人和机构提供比特币交易服务，并实时监控这种虚拟货币的价格变动。该交易所将为比特币带来一定的合法性，这种货币并未获得美国中央政府的支持，而且主要用于境外的虚拟交易。

Ripple Labs 是一家总部位于美国旧金山的数字支付公司。该公司研发并发行了瑞波币，并致力于推动 Ripple 成为世界范围内各大银行通用的标准交易协议，使货币转账能像发电子邮件那样成本低廉、方便快捷。

嘉楠耘智成立于 2013 年，是全球领先的超算芯片开发者、数字区块链计算设备制造者以及数字区块链计算软硬件整体方案提供商。该公司一直致力于重复计算芯片领域的创新，目前已将新的技术思路引入重复计算芯片的研发领域。它也是全球领先的比特币“挖矿”解决方案服务商 Avalon 的母公司。

Circle Internet Financial 是一家消费金融创业公司，主要提供虚拟货币比特币的储存及国家货币兑换服务。它致力于将比特币作为后台网络来使用，使用户可以以各国货币的形态来掌控自己的资金。

Binance 是一个区块链资产交易平台，主要向全球提供广泛的数字货币交易、币种信息、区块链教育、区块链项目孵化、区块链慈善基金等服务。目前其用户已经覆盖 180 余个国家。

Block.one 是专注于高性能区块链技术的服务提供商。该公司开发了 EOSIO 的开源区块链协议，是 EOS 背后最重要的软件开发团队。

DFINITY 是开放式的虚拟区块链计算机和技术，延伸了以太坊生态链到广泛的商业应用场景中。DFINITY 是一种不同的云计算平台。它是一个完全重新设计的 IT 堆栈，其中软件采用一种新的更简单的形式。该平台是由安全协议而不是专有基础设施组成的，并且是防篡改的，软件也是高度安全的，不依赖防火墙和 VPN。

亿邦国际是矿机生产商，目前主要从事研究和开发、生产和销售数据通信设备及区块链计算设备，业务也覆盖区块链应用、人工智能数据处理器及 5G 技术的区块链解决方案。

BitFury 早期是一个 ASIC 比特币矿机芯片研发团队，现已转型从事区块链基础数据服务和交易处理服务。

62 目前区块链相关的人才市场状况如何？①

目前，区块链市场总体呈现出一种“供需两旺”“供需不匹配”的局面，薪酬方面在经历 2018 年的过热后逐渐趋于理性，但依然高于互联网行业的水平。

（1）从总体上讲，区块链人才市场的趋势呈现出了供需两旺的态势。

近年来，区块链技术的发展带动了区块链相关企业数量的大幅增加。根据“天眼查”数据，近年来，我国区块链企业的数量呈现出了连年上升的态势。2015 年底，我国仅有 2 156 家区块链相关企

① 《2019 年区块链人才供需与发展报告》，和讯网 2019 年 11 月 1 日，https://blockchain.hexun.com/2019-11-01/199099350.html。

业，而到 2019 年底，这一数字已经上升到了 36 224 家。除了专门从事区块链行业的企业之外，很多互联网公司甚至传统企业也开设了区块链相关业务。这两方面因素共同作用，推动市场上对区块链人才的总需求在不断上升，业界对于区块链人才的争夺愈演愈烈。

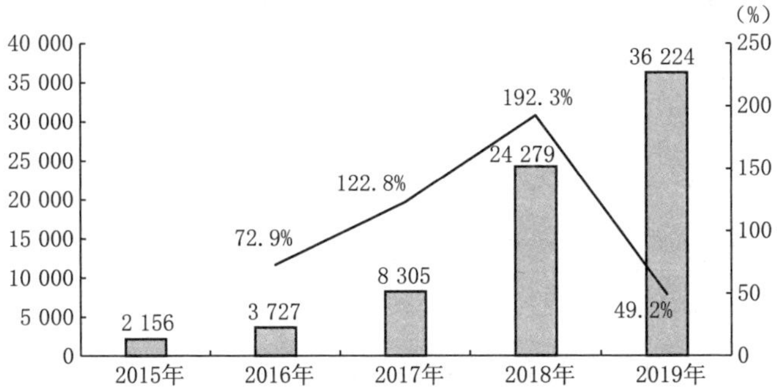

图 21　2015—2019 年中国区块链企业数量统计

资料来源：天眼查。

但与此同时，区块链概念的火爆也促使相关人才的供给大幅增加。目前，已有数十家高校开设了与区块链相关的专业和课程，培养了大批相关的人才。除此之外，很多其他行业的从业者也开始转向区块链产业。这导致了区块链人才的供给总量在短期内出现了迅速膨胀。根据智联招聘于 2019 年 11 月发布的《2019 年区块链人才供需与发展报告》，在 2019 年三季度，区块链人才市场上的求职人数与需求的岗位之比一度高达 7.12。此后，在各种政策因素的推动下，区块链人才有所增加，供求比例略有下降，但总体来说，人才的供给总数依然远大于需求总量。

（2）从结构上看，区块链人才市场存在着比较严重的错位和不匹配。

虽然从总量上看，区块链人才市场呈现出供大于求，但供求之间的匹配却很不平衡，一些重要岗位、重要地区的人才依然相当缺乏。

首先，从岗位需求来说，目前市场上需求比例最高的是技术类岗位，但从人才供给来看，应聘技术岗的人才比例却没能达到对应的水平。根据互链脉搏和猎聘于 2020 年 3 月联合发布的《2020 年中国区块链人才发展研究报告》，2019 年技术类岗位的招聘需求占区块链人才招聘总需求的 44.5%，而从简历投递状况看，应聘技术岗的人数比例仅占区块链人才应聘总数的 31.2%。由此可见，尽管从绝对数量看，技术岗的应聘人数依然高于岗位数量，但对于企业来讲，要招到合适的技术人员的难度要远高于其他岗位的人员。尤其是一些高技术和特殊技术岗位，存在着一人难求的现象。

其次，从地域上看，目前区块链的人才供给主要扎堆在北京、上海、深圳、杭州等一线和准一线城市，二、三线城市的供给较少。这使得二、三线城市发展区块链的需求比较难以得到满足。

再次，从目前的需求看，中小企业已经成为区块链人才需求的最主要力量。《2020 年中国区块链人才发展研究报告》显示，有 69.7% 的招聘岗位是由 499 人以下的企业提供的，其中 100—499 人的企业提供的岗位最多，占到了 36.7%。然而，受社会宣传等因素的影响，多数区块链行业的求职者都期望能够到待遇更高的大企业工作，这使得中小企业在招聘区块链人才时存在着相对的困难。

（3）从薪酬上看，区块链市场在经历了 2018 年的火爆后，正在逐步趋于理性，但总体薪酬依然高于互联网等行业。

2018 年，受区块链概念火爆的影响，区块链人才的薪资水平曾一度虚高。随着区块链行业发展回归理性，市场需求端对于区块链人才的需求也更加清晰，行业薪酬结构趋向合理。根据《2020 年中国区块链人才发展研究报告》，2019 年区块链行业的平均招聘薪资较 2018 年下降了 37%，但总体上依然高于互联网等行业。其中，技术岗的薪资优势较为明显：互联网行业技术岗的平均年薪为 26.9 万元，而区块链行业技术岗的平均年薪则为 35.6 万元。相比之下，运营岗的薪资水平已经基本与互联网行业相同。

在区块链行业内部，不同技术岗位的薪资存在较大差异，系统集成工程师、机器学习和系统安全的薪资水平是最高的，其平均年薪分别为 52.25 万、45 万和 42 万。此外，不同城市的薪资水平也存在比较大的差别，深圳、北京和杭州三个城市的薪资位居全国三甲，平均年薪分别为 32.63 万元、31.68 万元和 31.41 万元。

63 什么是加密货币？它与区块链之间有什么关系？①

数字加密货币是一种全新的资产价值表现形式，它基于密码学分布式账本技术，采用去中心化的点对点支付机制，理论上政府和私人机构都可以作为数字加密货币的发行人。自 2009 年世界上第一

① 刘文、秦静：《区块链技术及其在数字加密货币中的应用》，《通信技术》2018 年第 3 期，第 682—687 页。

个比特币区块链诞生以来，各种数字加密货币层出不穷，目前已多达 1 500 多种。“挖矿”是获取数字加密货币的最基本方式。“挖矿”，通俗来说就是猜数字求解，猜对即可获得数字加密货币奖励。在数字加密货币的网络里，每隔一段时间会产生一个区块，该区块包含若干个被加密的数字货币，要获得这些数字加密货币就要解密，猜对密码就可以获取相应的数字货币。

区块链技术为数字加密货币提供了实现可能。数字加密货币需要异常复杂和精密的科学技术支持。区块链利用数据存储、点对点传输、共识机制、加密算法等多种技术，构建一个去中心化的分布式账本数据库，可以实时、透明、无遗漏地通过算法计算各类参与者或节点在每一个阶段创造的价值，所有参与者在其商业生态系统中的贡献、互动、参与和影响都将被记录在区块中，其价值认定会以数字加密货币的形式自动显示在其区块链钱包中，价值分配过程将通过智能合约等自动实现，从而免去了所有确认、审核和实施等中间环节，大大降低了信任成本，提高了经济效率。

64 什么是比特币？它有哪些重要的特征？①

比特币是点对点形式的数字货币。其概念最早由中本聪在 2009

① 汤镇霆:《比特币的基本特征和变现形式》,《中小企业管理与科技》2018 年第 12 期,第 43—44 页。

年提出，是依据特定算法，通过大量的计算而产生的，比特币使用整个 P2P 网络中众多节点构成的分布式数据库来确认并记录所有的交易行为，并使用密码学的设计来确保比特币在各个流通环节的安全性。我国对比特币也作了相关解释说明，认为比特币虽然叫“货币”，但却不是货币，因为它没有国家作为发行方，不依靠国家生产力为基础发行，而是通过虚拟的网络计算能力产生，具有很强的虚拟性，现阶段可以将其看作一种特殊的虚拟商品。但由于比特币不具有法偿性和强制性，不能以货币的称谓流通于市场，也不具有和传统货币相提并论的地位。

比特币的基本特征可总结如下：（1）完全去中心化。它并不依赖某个特定的组织或机构，而是依靠分布式的数据库节点，使用整个 P2P 网络来记录和识别交易。比特币的网络系统不受控于任何一个中央机构或部门，而是分布在拥有比特币节点的计算机中，这些计算机遍布全球，整个网络系统由各个节点、计算机和记载完整的交易流程的系统组成。（2）非主权国家发行。比特币由网络中众多“矿工挖矿”产生，不依靠任何国家机构和组织的信用，依靠的是参与其中的大众群体，而这些人是全球互联网使用者的一部分，无国界且跨境，换句话讲，比特币是非主权国家发行的。（3）匿名性。这种匿名性的核心特点可以用三个“不”来概括：查不出身份（non-identifiable）、追踪不到痕迹（untrackable）、找不着人（unreachable）。很多人将这种匿名性当作比特币的一大“亮点”，因为用户可以任意地、随性地通过比特币进行转账交易，而不用像普通银行转账那样需要核验我们的各种身份信息，比如身份证、手机短信验证码、密码、人脸识别等。（4）价格波动大。（5）2017 年 5 月左右，比特币的交易价格仅略高于 2 000 美元。到 2017 年年底，便翻了近 10 倍，达到 20 000 美元的历史新高，市值也突破了 3 250 亿美元。然而，在 2018 年的一季度，整个加密货币行业迅速“冷静”下来。在 2018 年 7 月，比特币的交易价格大约为 8 400 美元，市值也已经跌落到 1 430 亿美元。（5）支付透明。比特币的系统是公开且透明的，每一枚比特币的来源、去处均有据可循。比特币系统任何一个全节点的数据库中，都保存着目前为止已开发的所有比特币从生产到转账的每一笔交易信息，这也是比特币支付具有透明性的一个体现。（6）无限拆分。传统意义的纸币有最小单位，低于最小单位的交易就只能依靠四舍五入来解决，而比特币是基于网络的电子货币，可以无限拆分，很精确地流通于市场交易中，也解决了比特币有数量限制的这一问题。

65 除了比特币之外，还有哪些重要的加密货币？[①]

除了比特币之外，目前还有如下重要的加密货币。以下一一作简要介绍。

① 蒋勇、文延、嘉文：《白话区块链》，机械工业出版社 2018 年版，第 53—59 页。

（1）以太币。它是以太坊使用的加密货币。以太坊是一个开源的、基于区块链技术的、具有智能合约功能的公开分布式计算平台。为维持平台的有效运作，以太坊发行了数字货币——以太币来作为支持。以太币可以用来在以太坊价值网络的节点间传递，同时也可以用作参与节点共识计算活动的“燃料”，俗称“Gas”。Gas是以太坊内部交易成本机制，用来防止过度无用交易，防止垃圾交易和网络资源浪费。每一笔交易背后都包含着成本，这点让以太坊成为众多去中心化的分布式应用所青睐的底层区块链基础架构——任何流转都有费用，可以打上价格的标签出售。

（2）比特币现金（BCC/BCH）。它是2017年8月1日因比特币扩容争端而硬分出来的一个比特币变种。其最大的特点是完全继承原比特币设计和技术架构，除了简单地将区块链的区块大小从原来的1 MB扩容到8 MB。硬分叉出来后的比特币现金和原来比特币区块链的主要差别是：硬分叉后有243个区块链被挖出（开挖区块数量比原链少904块）；新比特币现金区块链的阴影里难度只是原链的13%；原链的区块链大小增长比比特币现金链多了920.19 MB；挖比特币现金的收益比挖原链的收益高30%。

（3）莱特币。它实际上是从比特币的源码进化而来，是比特币的一个简单变种。相对于比特币，其主要做了以下一些改变：货币发行总量增加到8 400万枚，而比特币只有2 100万枚；区块出产的理论提高到2.5分钟，而比特币是10分钟；“挖矿”基础算法由比特币的SHA256变更为Scrypt，这种算法需要使用到大量的内存，因此一度能抵御集成电路“矿机”的高性能“挖矿”。

(4) 大零币。它也叫 Zcash，前身为 Zerocoin 项目，这也是一种基于区块链的加密数字货币，并且它的总量跟比特币一样，也是 2 100 万枚，也通过 PoW 算法进行“挖矿”发行。Zcash 最大的特点是提供了交易数据的隐匿性。它会隐藏交易的发送方、接收方和交易金额，只有具备查看密钥的用户才能访问这些信息。

66 什么是稳定币？稳定币是如何实现“稳定”的？①

稳定币即币值稳定的数字货币。其设计原理是通过某种锚定机制，将数字货币对特定资产或价值的比价固定在某一比例。根据锚定机制的差异，稳定币可以大致分为三类：法币抵押发行的稳定币、数字资产抵押发行的稳定币，以及算法规则发行的稳定币。

目前几种稳定币的发行借用了最古老的货币发行理念。人类货币先后经历了实物货币、金属货币、纸币和电子货币等形态。稳定币的发行，类似金本位时期的金属货币兑换券，但由于在发行主体上更加多元（不一定是金融机构），又类似最初商业银行发行的银行

① 王华庆、李良松:《简析数字稳定代币》,《中国金融》2018 年第 19 期,第 45—46 页;莫涛:《区块链世界的桥梁:稳定币的认识与展望》,《现代商业银行》2018 年第 13 期,第 24—29 页。

券，而且货币形式发生了根本变化。稳定币是在中央银行制度存在且已经发行法币的情况下出现的代币发行。中央银行建立后，多数都会垄断货币发行权，除非是不完全的央行制度，如我国香港地区的金管局属货币局制度。还有一些特殊的情况：虽然我国在国民政府时期于1928年成立了中央银行，但当时很多商业银行都在发行银行券；中国银行、交通银行等商业银行在1942年才被取消发钞权；1979年中国银行曾发行外汇兑换券，这种券和人民币1∶1同值，在中国境内流通，但是仅在特殊场合使用。如果不同种类的稳定币大规模发行，将使得中央银行制度变得不完整。此外，如果与美元挂钩的稳定币GUSD获得成功，则美国其他地方政府也会批准类似的稳定币，而其他国家和地区可能也会推出相应法币担保的各种稳定币，如近期中国香港地区发行的离岸人民币稳定币WIT。各种稳定币之间将会出现类似于过去的银行券竞争，最终可能会造成混乱局面。

数字货币的巨幅波动虽然给了一些炒币者短期投机的机会，但从长远来看，这让数字货币与法币世界缺乏稳定的价值锚，使它们不能成为价值尺度和流通媒介，从而阻碍了数字货币在现实世界的应用。因此，稳定货币在一定时期内是法币世界和数字货币乃至区块链世界的连接桥梁。从数字货币交易和投资角度来看，个人投资者进入币圈，需要通过稳定币作为入场媒介；作为机构投资者，做风险对冲、套利和头寸管理时，都需要稳定币；另外，在美国等对数字货币与法币交易收税的国家和地区，稳定币交易可以作为一种避税的手段。

67 Facebook 推出的 Libra 是什么？它有哪些特点？①

2019 年 6 月 18 日，Facebook 发布 Libra 白皮书。在西文中，Libra 意为“天秤座”，同时又是“自由”的词根，Facebook 选用这样一个词来命名自己的加密货币，可谓颇有深意。Libra 区块链的软件是开源的，所有人都可以在此基础上开发构建产品，并通过其服务实现增值作用，而且创始人和组织机构将构建一个开放、可彼此协作的金融服务生态系统，帮助人们和公司持有或转移 Libra 以供日常使用。基于此，在 Facebook 发布的白皮书中，Libra 向全世界郑重宣告了自己的雄心：要建立“一套简单的、无国界的货币和为数十亿人服务的金融基础设施”。

作为一种加密货币，Libra 有很多特点：（1）在交易方式上，设有交易准入制度。其任何一笔单项交易均需获取管理机构的认可。部分用户可能会因信用问题被拒入市。（2）货币价值与主流法定货币（FIAT Money）挂钩，无固定币数总量，市场大小由管理机构结合市场需求决定。Facebook 承诺币值会相对稳定。Facebook 称 Libra 将采取一对一的方式进行价值转换，即当用户购买一枚 Libra 货币的时候，就会有相对等的主流货币价值进入资金池来确保价值

---

① 王林曦：《Libra 的基本特性和前景展望》，《金融市场研究》2019 年第 9 期，第 30—38 页；张锐：《“超主权货币”Libra 的基本认知与前景判断》，《南方金融》2019 年 9 月网络首发。

的稳定。它在Libra白皮书中也提到，总部设于日内瓦的非营利性组织Libra协会（以下简称LA）会根据市场的实际需求来实时增（减）币量，达到稳定价值的原始目的。（3）存在发行监管组织的存在。Libra的发行监管机构为LA，目前由28个成员公司/组织构成，囊括了在线支付、通信、共享出行、风险投资等行业的全球顶尖企业。其主要责任为“协调验证者节点之间的工作，以发展和保护网络安全，并推动他们实现普惠金融的共同愿景”。LA的存在相当于Facebook为Libra数字货币网络设置了“门禁系统”，用户在数字货币市场的进出和交易都必须获取来自LA的授权。

另外，Libra没有像以太币、莱特币等数字货币那样完全复制比特币的成长与管理路径，而是设计与发明了自己独有的更科学、更有效的技术应用程式、推演方法与维护机理。与比特币等相比，Libra的不同之处主要集中于以下几个方面：（1）货币产生的方式不同。Libra根据市场需求制造出来，即只有当实体使用者用相应的法定货币购买Libra时，相应价值的Libra才被创造出来，因此，Libra无须采用耗电模式，其生产过程更为节能且更加经济。（2）货币发行的效率不同。Libra由需求者在各个交易场所兑换产生，既不存在总量限制，且整个交易过程还须遵循相应时序，同时Libra采用的是拜占庭容错（BFT）共识机制，即容错率达到三分之一才可决定货币的数量，并且Libra的区块链网络节点数量要比特币网络节点数量少得多，使得BFT网络不用像PoW网络那样受限于处理能力最低的节点，实际带来的全网吞吐量就大得多，整个处理过程不仅延时更低，而且效率更高。（3）货币的储备管理不同。Libra依靠的联盟链即货币的管理职能，由一个类似“中央银行”的会员组织——

LA 来承担，协会成员都是创始人，它通过建立在 BFT 共识机制基础上的集体决策来管控货币的供应与收储数量，但自身并不直接参与交易，而是支持授权经销商为 Libra 的兑换者提供服务。（4）币值的稳定程度不同。Libra 追求的目标是成为一种稳定的数字货币，其对应的全部是真实资产，如银行存款、政府证券以及一篮子货币，真实储备与抵押的背后其实获得的就是主权国家的共同背书；不仅如此，LA 每发行或者销毁一个单位的 Libra，都需要储备或者除去对应价值的资产，而且为了避免通货膨胀，Libra 必须使用法定货币按 1∶1 的比例购买。可以看出，由于受到“低波动性”资产的有效支撑且解决了比特币缺乏信用背书的短板，Libra 不会出现比特币那样大幅波动的市场乱象。

68 Libra 的应用，可能会对世界各国的宏观调控政策产生什么影响？①

Libra 对各国宏观调控政策的影响表现在如下几个方面。

（1）可能对传统的货币管理体制造成冲击。

Libra 由协会成员集体创造，原有中央银行的铸币职能必然边缘

① 张锐：《“超主权货币”Libra 的基本认知与前景判断》，《南方金融》2019 年 9 月网络首发。

化，同时全球性流通的Libra也必然分流、替代一部分主权货币的使用，并且随着Libra使用范围的不断扩大，主权货币使用量将逐渐下降，最终削弱货币当局对主权货币的控制力。很显然，无国界的Libra作为一种新的全球支付手段，已经客观上与全球主权国家法币形成一种鲜明的竞争关系。一方面，尽管Libra已经明确声明会选择美元、欧元和某些其他主要货币进行计价，但沿袭已久的美元霸主地位随着Libra的圈城掠地而遭遇侵蚀却是不可避免，甚至Libra会衍生成一种强大的“去美元”力量。因此，在美元霸权红利还没有被榨干之前，美国监管当局绝不会允许Libra这样的新物种横冲直撞。另一方面，Libra盯住的一篮子货币中，美元处于绝对优势，而且这种态势很长时间不会改变，也就是说，Libra走到哪里，美元就会到哪里，Libra为美元插上了“无形翅膀”，助其深入与覆盖到原本不可触及的国家和地区，同时击穿弱势主权货币。而正是由于可能出现这样的结果，非美国家必然对Libra予以高度警戒与设防。

（2）可能弱化各国的货币政策调控效果。

虽然LA表示自己不会制定独立的货币政策，也无意进入货币政策领域，但只要掌握货币铸造大权，就等于掌控了货币政策的核心，其对主权国家货币政策独立性的影响将不可避免。比如，Libra流通量的增大，势必降低主权货币的流通速度与货币乘数，监管当局使用货币工具的调节力度必然随之越弱，最终影响货币政策的有效性，扭曲货币政策传导机制。另外，当Libra发行量不断增加时，它会增加对储备货币的存款及低风险债券的投资，这将重塑全球资产配置。结果就是，全球资金从非储备货币国流进储备货币经济体，带动储备货币利率下降，削弱储备货币国家紧缩货币政策的效果，同时，也可能削弱非储备货币国家宽松货币政策的效果，反之亦然。

（3）可能成为宏观调控不稳定因素与风险源。

一方面，LA中科技大佬与金融巨头云集，加之Facebook拥有27亿用户，因此LA作为一种组织存在，无论其行为结果是否会酿成金融垄断进而给各国金融市场秩序造成负面影响，首先都会让人心生戒备。另一方面，作为一种商业机构，LA是否能够恪守自己的道德底线，在此基础上排除利益驱动进而确保不出现“货币超发”以维护币值稳定，同样让公众打上问号。不仅如此，LA作为各方法币兑换交易中的中央对手方，也是整个清结算体系中信用风险、流动性风险、操作风险和商业风险的终极源泉，在方便跨境支付和交易的同时，是否可以确保不出现洗钱、诈骗以及非法集资等威胁全球金融稳定的行为，外界更是对此充满忐忑。

69 Libra的发展面临怎样的困难？① 其前景会怎么样？②

Libra面临的发展困境主要包括如下几个方面。

① 王林曦：《Libra的基本特性和前景展望》，《金融市场研究》2019年第9期，第30—38页。

② 张锐：《“超主权货币”Libra的基本认知与前景判断》，《决策与信息》2019年第10期，第60—70页。

（1）立法层面的不确定性。多位美国国会议员对 Libra 项目提出了包括数字货币定义、法定授权、监管机制，甚至涉及非法恐怖主义渗透等层层质疑。同时，Libra 项目在国际范围内的推广也遇到阻滞。2019 年 8 月 5 日，来自英国信息委员办公室（ICO）和澳大利亚、加拿大、欧盟、阿尔巴尼亚等国家和地区的数据安全委员会联合发布了一起针对 Facebook Libra 的声明，并对 Libra 计划的安全性和合法性提出了严肃质疑。日本和新加坡两国的央行均对 Libra 项目持保守态度并要求 Facebook 在安全方面提供更多实质性的细节。

（2）数据安全和管理大型系统的经验欠缺。基于广大 Facebook 用户基础的 Libra 项目将在未来轻易地获取海量用户更为隐私且核心的数据，包括背景资料、偏好、消费和交易内容等，加上 Facebook 现有的数据获取能力，使得未来 Libra 的使用者在 Facebook 平台下将再无任何隐私可言。虽然 Facebook 在 Libra 白皮书中并未明确指出 Libra 项目中获取的客户数据是否会同 Facebook 平台本身的数据相融合，但我们必须要正视这一极大可能性的存在。大数据的获取和深度挖掘，的确能大幅提升 Libra 金融服务的投送能力和精确度，对运营商和用户而言均有益处，但如何妥善地保管用户信息，确保不在未经授权的情况下被任意攫取和利用，是 Facebook 的 Libra 计划能否顺利实施的一个关键问题。同样，Facebook 在管理大型互联网金融系统方面也缺乏经验，除了在近几年尝试同金融机构合作研究利用 Facebook 聊天工具 Messenger 提供可能的基础金融服务外，Facebook 目前并未积累实质性的大型互联网金融管理经验。在实施 Libra 计划后，面对巨大的金融用户体量，Facebook 是否有能力维持运营 Libra 这个巨型金融平台也是市场对 Facebook 存在的一项重要质疑。

（3）传统金融行业的抵触。Libra 开放性的体系设计和动辄几十亿的潜在用户群体，将对传统金融行业带来现象级的冲击。世界银行 2017 年的数据调查统计显示，全球尚有 21%的人口还未拥有银行账户或接受过金融业服务，在部分拉美和非洲国家这一比例甚至高达 80%以上。这么一块亟待开发的市场缺口是任何金融机构都会积极争取的未来新拓市场。相较传统金融行业对新市场渗入的速率和成本，Libra 的介入将会使这块“蛋糕”的争夺变得毫无悬念，因为 Libra 系统的设计将使新用户在获取金融服务时无需移动，无需同任何金融机构沟通，唯一要求的仅为一台能使用 Facebook 的智能设备和接入互联网的端口。这样的便利性和零成本的普及渠道是任何传统金融服务机构所无法给予的。此外，如果 Libra 系统成功进入运营阶段，得益于 Libra 币值的稳定性和迅捷的市场铺开速率，储值、转账和支付这三种基础的金融服务内容将迅速占领市场成为主流（支付宝和微信支付在中国市场的巨大成功已对此作出了高质量的诠释）。更可以预期在初步的市场普及和客户群体受教后，Libra 会进一步跨入信贷、投资、理财等业务板块并极有可能主导市场，如此一来，传统金融行业赖以生存的市场空间将不复存在。所以，现有金融机构代表和政府决策层中金融业的政策代言人必将对 Libra 的推广实施反作用力，力阻 Libra 入市的脚步。

虽然 Libra 面临不少发展困境，但其前景亦不容小觑。具体而言，我们或可以从以下几方面展开畅想。

（1）Libra 会带动市场对数字货币进行重新认知，校准与勘正虚拟货币的商业定位。受到区块链技术的作用与支撑，截至目前全球繁衍出了 1 200 多种数字货币，这些数字货币的共同特征是缺少抵押与担保资产支持，因此价格波动剧烈，甚至成为投机炒作的对象，有的还沦落为洗钱、金融诈骗与集资的护身符。因此，即便是像比特币这样的币种能够流通与交易，但其投入与应用的范围却十分狭窄，公众的认可度也非常低，同时，还会由于干扰与扭曲了金融市场秩序招致不少国家的凌厉监管与政策抑制。但是，Libra 追求稳定币的行为目的表明，数字货币不应该只是投资与投机品种，而应当可以作为实用型货币，像法定货币那样发挥价值尺度、流通工具以及储藏手段的职能，同时为实体经济进行降低成本与提高效率等多方面赋能，这是对数字货币发展方向的第一次校准。由此可以预见，一旦像 Libra 这样的数字货币成为币圈主流，虚拟货币市场就可能产生自我出清的效果。

（2）Libra 会驱动区块链技术的广泛应用，催生与激发更多的数字货币创造势能。目前来看，由区块链技术以及数字货币衍生出的主要群体还是以炒币群体为主，虽然也有少数区块链应用公司在积极寻找与开发实体性商业用户，但大多处于十分艰辛与困难的阶段。而 Libra 的出现，直接覆盖了几十亿的用户群体，惠及发展中和不发达国家的长尾市场人群，等于直接把区块链技术推向了广大用户群，由此必然引起更多公众对区块链技术的关注与学习。而且，开源技术势必会将更多用户导入区块链平台，在类似 Move 语言等简易技术的辅导下进行各种应用的开发，这种用户群的聚合效应也会进一步倒逼与启示更多机构投入区块链的研究和应用开发，区块链生态可能由此进入欣欣向荣的发展阶段，更多面向用户、企业与行业服务的数字货币也将由此被创造出来。当然，基本前提是，数字货币的创新与创造能够给市场与民众带来便利、普惠、节约、高效的良好效果。这样一来，监管层不仅不应打压，反而要给予充分的支持与引导。

（3）Libra 将拓展数字货币开发视野，倒逼与推动国家法定数字货币的开发步伐。从技术的角度审视，全球数字货币开发目前在私链与公链两条轨道上同时进行，实际中表现为私人数字货币与国家法定数字货币共存共进。但相对而言，私人数字货币的开发进度还是要快于法定数字货币的进程。除了 Libra 外，像摩根大通的“JPMCoin”以及沃尔玛的“Walmart Coin”都是影响很大的数字货币品种，而在法定数字货币方面，虽然尼日利亚、突尼斯等非洲国家已率先进入民众应用状态，但由于这些国家非主流货币国身份的限制，实际示范效果其实很小。不过，Libra 希望成为“超主权货币”的行为表明，私人数字货币和法定数字货币的开发其实并不是对立与排斥的关系，相反，国家可以在技术路线上引用“赛马”机制，从指定的数字货币研发机构中优中选优，或者进行技术上的多元有机整合，依托市场力量完成法定数字货币的开发；同时，国家还可以采取购买服务的方式，从已有技术成果的机构中采购现成产品，直接将成熟的私人数字货币改造升级成法定数字货币。

（4）Libra 可以通过微观试验寻求“超主权货币”的突破口，推进与扩展后续应用范围。从落地应用的角度看，一些主流货币国家的货币政策有着很强的独立性，同时，这些国家谋求自身在国际货币体系中的话语权诉求也更强烈，Libra 进入这些国家其实很难。但是，一些经济脆弱的国家因为市场动荡频繁，自身货币价值很不稳定，历史经验表明他们往往会更易寻求外来货币品种的替代性支持（如 20 世纪 90 年代很多通货膨胀严重的国家就纷纷选用美元来代替本国的货币，最近几年委内瑞拉扩大选用人民币、卢比的比重以及开发“石油币”等）。基于此，作为一种策略性选择，Libra 可以从落后国家阵营中选择出自己的理想着陆地，并将其作为当地法定数字货币的“试验田”，一旦 Libra 在这些国家得到认可与普及，就等于抛下了一个新兴货币之锚，接下来便可发动更大范围的远航，稳健而踏实地拓展覆盖区域。

（5）Libra 将牵引 Facebook 的商业模式发生深度转型，衍生和架构全新的商业空间动态判断。虽然美国监管机构对 Libra 试图成为“超主权货币”展开了围堵与拦截，但作为一个企业的技术成果，Libra 在自身商业领域以及合作机构之间的应用扩展空间却不会因此被禁止与抹去。目前来看，几乎全部营收都来自广告收入的商业模式已经成为 Facebook 的硬伤。不过，Facebook 拥有着 27 亿的惊人用户量，约占世界总人口的 40%左右。虽然“超主权货币”难成，但 Libra 完全可以像比特币那样成为应用于 Facebook 内部的流通货币，由于 Facebook 平台存量用户很容易对 Libra 投出赞成票，只要用户将法定货币兑换 Libra，Facebook 就会赢得一笔巨大的现金储备。更为重要的是，从用户的名字、ID、地址、电话号码到社交爱好等，Facebook 都了如指掌，因此，Libra 无需 KYC（了解你的客户），只要以此为基础，Facebook 便可以像微信与支付宝那样打开用户进入数字金融和数字生活的入口，并开发出诸如网络借贷、保险、资产管理等各种金融新产品。不能忽略的一点是，作为 Libra 创始成员的 100 家商业机构及与其业务相关的数千万家企业，还被允许通过 Calibra 工具与 Facebook 的用户使用 Libra 进行直接交易，Facebook 由此赚到的不仅仅是人气，更有十分可观的服务性收入。

70 相比于《Libra 白皮书》,《Libra 白皮书 2.0》对 Libra 系统的设计提出了哪些重大更改?

2020 年 4 月 16 日，Libra 协会发布了《Libra 白皮书 2.0》。其中，Libra 协会声明，已经与监管机构、中央银行家、民选官员及世界各地的各种利益相关方合作，以确定将区块链技术与公认的监管框架相结合的最佳方式。其目标是使 Libra 支付系统与当地货币和宏观审慎政策顺利整合，并通过启用新功能、大幅降低成本以及促进金融包容性来补充现有货币。它绝不是模仿其他系统，而是通过协会会员和分布式技术，以及使用分布式治理创新方法来创建一个开放且可信赖的系统。

为了应对此前引起特别关注的监管问题，《Libra 白皮书 2.0》在 Libra 的支付系统设计方面做出了几项重大更改。

（1）除了多币种代币之外，Libra 还将提供单币种稳定币。

尽管 Libra 协会一直希望 Libra 网络能够补充法定货币系统，而不是与之竞争，但很多国家的监管机构似乎都在关心一个重要问题：如果 Libra 网络达到相当大的规模，并进行大量 Libra 币（≋LBR）支付，则多货币背书的 Libra 币（≋LBR）可能会干扰货币主权和货币政策。

针对这一问题，Libra 协会决定添加单币种稳定币来扩展 Libra 网络。具体来说，Libra 协会最先会从原 Libra 一篮子锚定货币中的一些法定货币（例如，LibraUSD 或≋USD，LibraEUR 或≋EUR，LibraGBP 或≋GBP，LibraSGD 或≋SGD）开始。每一个单币种稳定币都会得到储备金的完全支持，储备金包括现金或现金等价物，以及以该法定货币计价的、非常短期的政府证券。随着时间的推移，Libra 协会希望与世界各地的监管机构、中央银行和金融机构合作，进一步扩展 Libra 网络上的可用单币种稳定币数量。Libra（≋LBR）不会成为一种与单币种稳定币剥离的数字资产，而是将成为 Libra 网络上可用的、某些单币种稳定币的“数字复合物”（digital composite）。Libra 将会以固定的名义权重来定义，这类似于国际货币基金组织（IMF）维护的特别提款权（SDR）。

（2）通过强大的合规性框架提升 Libra 支付系统安全性。

根据《Libra 白皮书 2.0》，Libra 的目标是开发一个确保遵守适用法律和法规的系统，同时要支持 Libra 的开放性和金融包容性。Libra 将提供综合保障措施，使个人和企业可以信任 Libra 支付系统的安全性和完整性。Libra 协会已经吸收了监管机构的反馈意见，并会持续开发一个满足金融合规性和全网范围风险管理的框架，并制定反洗钱（AML）、反恐怖主义融资（CFT）、制裁合规以及防止非法活动的标准。

这包括建立“金融情报功能”（FIU-function：Financial Intelligence Function），以帮助支持和维护网络参与者的运营标准。Libra网络将参与者分为四类：①指定经销商；②在金融行动特别工作组（FATF）成员管辖区中注册成为虚拟资产服务提供商（VASP，包括交易所和托管钱包），或在金融行动特别工作组成员管辖区注册，并被允许在该等许可下执行 VASP 活动（受监管的 VASP）；③已完成由协会批准认证程序的 VASP（认证 VASP）；④寻求通过 Libra 网络进行交易或提供服务的所有其他个人和实体（非托管钱包）。非托管钱包可以实现金融包容、广泛的竞争以及负责任的创新，从而促进为无银行账户人士创建服务。但是，由于它们的活动可能会带来更大的风险，因此它们将受到余额和交易额方面的限制。最初，该网络将只对指定经销商和受监管的 VASP 开放，而 Libra 协会则根据从监管机构收到的反馈，继续开发其他 VASP 的认证流程以及针对无托管钱包的合规框架。Libra 协会打算在相关合规框架最终确定之后，允许经认证的 VASP 和非托管钱包使用 Libra 网络。

(3) 在保持主要经济特性的同时，放弃向无许可公有链系统的过渡计划。

关于 Libra 网络的控制范围，监管机构提出了问题，尤其是需要防止未知参与者控制 Libra 系统并删除关键合规性规定的潜在风险。Libra 协会认为，可以通过开放、透明和竞争激烈的网络服务和治理平台来复制无许可系统的关键经济属性，同时兼顾协会成员和验证人对许可系统的尽职调查职责。

（4）为 Libra 的资产储备建立强大的保护措施。

Libra 协会表示，已经与监管机构就如何应对极端情况进行了建设性的讨论，尤其是储备金将如何在压力较大的情况下发挥作用，以及能为 Libra 代币持有者提供哪些主张和保护措施。Libra 已经在储备金设计和结构中纳入了基于其他系统方法的策略。储备金将持有短期到期、低信用风险和高流动性的资产，还将维持资本缓冲。

71 我国为什么要研发 DC/EP?

DC/EP 是中国人民银行待发行的数字货币的简称，它与比特币、Libra 等私人发行的加密数字货币不同，是我国央行主导研究、有待发行的数字货币。中国人民银行前行长周小川曾这样介绍 DC/EP："DC（digital currency）是数字货币，EP（electronic payment）是电子支付；中间是一个斜杠，意味着两者既可以是'和'的关系，也可以是'或'的关系。也就是说，数字货币和电子支付并不需要对立起来，其目的都是为了实现支付体系的效率、低成本和安全可靠。"我国自从 2014 年开始成立了专门的数字货币研究项目组。2018 年 3 月 9 日，时任央行行长的周小川在十三届全国人大一次会议的记者会上，正式透露了央行正在研发法定数字货币的消息，并透露了这款法定数字货币的名称将为DC/EP。

中国人民银行加强数字货币研究并拟推出DC/EP，有其技术、金融背景。从技术角度看，区块链技术的快速发展为我国发行DC/EP提供了技术基础。区块链技术具有难以篡改、自由开放、数据高度可信任的特点，同时可以作为支付机构与商业银行之间的接口技术，改变了过去个人跨境转账需要跨越支付机构、银行和国际间结算网络的方式。①所以尽管我国目前尚未明确DC/EP架构的技术基础，但是区块链技术的上述特点优势，以及区块链技术更迭和私人加密数字货币的发展，为应用于DC/EP提供了技术可能。正如姚前在其文章中介绍的，"基于数字钱包、分布式共享账本和共识机制的比特币创新设计使数字货币技术实现了新的飞跃，引发了全球大规模的数字货币试验。各国在加强虚拟货币监管的同时，正加快央行数字货币的研发进程"。②可以说，区块链技术带来了货币发行和支付方式上的巨大变革，为我国DC/EP的发行，提供了技术基础。

从金融角度看，发行法定数字货币对完善一国中央银行监管制度，建立新的世界货币体系，具有重要意义。

一是可以在很大程度上弥补传统货币的缺陷。传统货币从特点上看，具有弱可追踪性、同质性和实时性的特点。③央行只能在发行

---

① 《黄奇帆：中国央行很可能在全球第一个推出数字货币》，中华全国工商业联合会网站2019年10月29日，http://www.acfic.org.cn/fgdt1/zjgd/201910/t20191029_144281.html。

② 姚前：《数字货币的前世与今生》，《中国法律评论》2018年第6期。

③ 姚前：《央行数字货币——对货币体系的优化及其发行设计》，《国际金融研究》2018年第4期。

时对货币进行控制，一旦货币进入市场、投入流通，则央行难以实时追踪货币的流通状况，不能具体把握货币的流向，导致央行对货币的监管具有一定程度的滞后性、宏观性；央行难以根据货币流通情况，及时调节货币发行量，货币政策也是对货币运行一段时间后问题暴露的被动、宏观回应。从这个角度看，央行发行加密数字货币，可以有效弥补传统现实货币的缺陷，提高央行监管效率，避免金融风险，为经济调控提供有益的手段。

二是可以摆脱美国利用美元构建的金融体系的控制。20 世纪 70 年代布雷顿森林体系瓦解以后，各国货币与美元脱钩，货币发行与国家信用密切联系起来，而美国凭借强大的军事、经济实力，通过美元垄断了全球石油美元结算和大部分国际贸易结算，美元成了事实上的“全球货币”。①虽然随着欧元的发行、IMF 宣布人民币加入 SDR，世界货币体系有了一定的变革，但是美元独大、美国通过美元操纵国际金融市场的现实还是没有得到撼动，鉴于传统货币的特点，美元超发货币给全球金融体系带来的潜在风险长期存在。由各国央行发行数字货币，并将数字货币与国家货币等主权信用相结合，围绕数字货币设计良好的定价机制，利用数字货币优势，有望挑战美元一家独大的局面。

三是各国央行均蓄势待发，准备发行主权数字货币。目前，美国、俄罗斯、印度、法国、德国、土耳其、日本、新加坡、加拿大

① 《黄奇帆：中国央行很可能在全球第一个推出数字货币》，中华全国工商业联合会网站 2019 年 10 月 29 日，http://www.acfic.org.cn/fgdt1/zjgd/201910/t20191029_144281.html。

等国也都在为发行自己的主权数字货币积极准备，以便在新的世界货币体系建立过程中抢得先机。尽管美国政府对 Libra 亦表示了谨慎的态度，但 Facebook 依托庞大的用户群体，若 Libra 能不仅仅与美元挂钩，而与几国货币相挂钩从而保持相对稳定，或有利于挑战美元一家独大的局面。但 Libra 作为私人发行的数字货币，是否能够得到主权国家的支持，仍有待观察。在这种国际背景下，我国更应当做好准备，在合适的实际推出 DC/EP。

72 DC/EP 的运营架构可能会有哪些特点？

中国人民银行前行长周小川曾经明确指出，数字货币的发行与运行仍然应该基于“中央银行—商业银行”体系完成。2019 年 8 月 10 日，在第三届中国金融四十人论坛上，中国人民银行支付结算司副司长穆长春介绍了央行法定数字货币 DC/EP。穆长春介绍说，单层运营体系，是中国人民银行直接对公众发行数字货币；而中国人民银行先把数字货币兑换给银行或者其他运营机构，再由这些机构兑换给公众，这就属于双层运营体系。①

① 穆长春：《重磅！央行数字货币呼之欲出，设计理念和技术架构首次曝光》，链闻 2019 年 8 月 11 日，https://www.chainnews.com/articles/191159570804.htm。

单层和双层运营体系各有利弊。使用单层运营架构模式，有利于中国人民银行增强调控能力，但是同时可能颠覆现有的双层运营体系模式，中国人民银行将凭借更可靠的信用商业银行基础市场，引发不可估量的金融危机。此外，中国人民银行还要面对个人用户隐私、信息安全等方面问题，对货币发行提出了技术挑战。

目前，世界大多数中央银行都采取双层运营体系的模式，即中央银行不直接面向公众，而是通过商业金融机构向公众分发。即使面对数字货币，目前各国中央银行在法定货币运行上仍然体现出选择传统的货币框架的倾向。穆长春副司长在发言中也对我国采取双层运营模式进行了详细解释：中国幅员辽阔、人口众多，各地经济、技术发展情况不同，直接采取央行面向公众发放会引发公众获得货币不均衡的现象；可以继续发挥商业银行现有基础资源的优势，不必中国人民银行再重新建立渠道资源发行货币。

73 DC/EP的使用可能会带来怎样的影响？

DC/EP 的影响可以从用户层面、市场层面、宏观层面、国际层面以及法律层面来分析。

从用户层面看，DC/EP 的影响不会太明显，支付方式从微信、支付宝切换到数字货币，实质上仅换了一种支付方式而已。然而，它在一些细节上可能会带来一些不同，例如可以克服某些商家拒收的情况、实现离线支付，以及更好地保证匿名等。

一方面，现有的第三方支付体系很可能会受到一定的影响。人们热衷于使用第三方支付，很大原因在于第三方支付比纸币便利。而当电子化的法定货币也具有便利性时，人们会自然地转向法定货币。当然，和尚未成熟的DC/EP相比，现有的第三方支付本身仍有不少优势，例如它可以向用户提供一定的利息，并为使用者提供一定的信用积分，而目前来看DC/EP尚不具备这些属性。类似优势的存在，可以帮助第三方支付平台在一定程度上抵挡DC/EP的冲击。

另一方面，DC/EP对商业银行和整个金融体系也会带来一定的影响。尽管从现在披露的信息来看，DC/EP的总体运行框架和现在的“中央银行—商业银行”体系十分类似，表面上商业银行的角色不会发生改变，但是随着DC/EP的运行，央行能掌握更多原本难以掌握的大数据，其对商业银行的掌控力将比原来更大。与此同时，虽然DC/EP在发行上依然是中心化的，但其属性却决定了它在流通上会体现出显著的去中心化特征。这在客观上有可能淡化商业银行的渠道角色，并对商业银行的很多现有业务产生一定的解构作用。与此同时，DC/EP会让央行更有能力对商业银行和其他金融机构的行为进行监管。尽管DC/EP在个体交易上是匿名的，但其交易过程留下的各种大数据可以让央行及时了解各种情况，从而及时对商业银行和金融机构的业务进行干预和指导。而对于洗钱等违法行为，央行和监管机构更是可以直接介入和处理。

从宏观层面看，DC/EP的应用将可以帮助央行更好地制定和实施货币政策，对抗经济中的不确定性。央行通过货币政策对经济中的货币流通量进行调控。但事实上，央行对于货币的调控方法很有限，其作用也是间接的。央行直接控制的只有所谓的“高能货币”，即 M_0，以及商业银行放在央行的准备金。但是一旦“高能货币”进入了市场，银行和金融系统再如何通过贷款来创造货币，央行就无法直接控制了，而只能通过调整基准利率、存款准备金率等方法来实施间接调节。这意味着，对于现实中出现的状况，央行的货币政策都会鞭长莫及。

DC/EP不仅能让央行的货币政策变得更精准、更有针对性，其技术特征还能够帮助央行解决很多原本难以解决的问题。例如，现有的现金是以零利率为下限的。在一些极端经济条件下，金融资产的回报可能会下降到零以下，此时人们就会倾向于将资产换成现金。此时，央行就难以再用利率调节的方法对经济进行刺激了。而在采用了数字货币的情形下，这一问题就很容易破解。

从国际竞争层面看，DC/EP可以为人民币的国际化创造更为有利的条件。尽管Facebook推出的Libra并非美国官方的产物，但正如扎克伯格在国会听证会上所阐述的那样，它会体现美国的利益，会帮助扩展美元的霸权。在这种情况下，DC/EP的出现将会有助于对抗Libra等其他数字货币对中国带来的冲击，也可以为人民币的国际化创造更为有利的条件。

从法律监管角度看，DC/EP的推广使用，将会带来新的法律监管问题。DC/EP发行交易所依据的技术基础，会对我国法定货币立法、民法、税法、数据保护等立法提出挑战。数字资产的法律界定、去中心化应用的法律规范、智能合约的法律效力、区块链技术的数据信息保护和法定数字货币相关立法等议题有待解决。此外，法定数字货币的跨境流动，必将引发各国国际监管合作的问题，并挑战现有世界货币立法体系。可以预见，这一创新的货币形式，在带来新的便利和机遇的同时，也将给现有法律秩序带来大的变革挑战，因而亟须加强研究。

74 什么是“数字美元”？与其他国家的央行数字货币相比，它有什么特点？

顾名思义，“数字美元”（Digital Dollar）就是数字化的美元，是美国的央行数字货币（CBDC）。它将享有美国政府的全部信用和信誉，代表美国央行货币的第三种形式，并可以与美联储票据（银行纸币或现金）和储备完全互换。

根据数字美元基金会（Digital Dollar Foundation）与埃森哲于2020年5月28日发布的《数字美元白皮书：数字美元项目——探索美国CBDC（中央银行数字货币）》（以下简称《白皮书》），未来的“数字美元”将可能具有如下特点：

（1）在技术上，建议采用分布式账本技术来实现美元的通证化。

虽然数字货币的概念与区块链技术密不可分，但是由于性能和潜在的安全问题，各国央行对于使用区块链技术一直比较谨慎，大部分国家（如中国、法国、英国等）的央行数字货币大概率不使用区块链技术。而此次公布的《白皮书》则明确表明数字美元将是通证化的，并且建议采用分布式账本技术来实现这一点，这是十分具有特色的。

(2) 在运营上，将采用双层架构。

根据《白皮书》，数字美元将采用与中国的DC/EP类似的双层架构进行运营。在这种架构下，数字美元将会通过美联储向银行发放，终端用户既可以将资金存储在他们的银行账户中，也可以将这些代币化的美元保留在自己的数字钱包中。银行也可以借贷用户账户中的资金，同时这种双层架构系统类型可以确保个人和实体在商业银行中存储资金。

《白皮书》认为，双层银行系统保留了当前的货币分配体系结构，以及相关的经济和法律优势，同时还能确保创新和可及性不会受到影响。

(3) 在隐私保护和监管之间将进行权衡。

在美国，隐私保护是被高度重视的。《白皮书》中专门讨论了对隐私的保护问题，指出既不能采用完全匿名、无法追踪的系统，也不能设计全面监视和追溯的系统，因为这违背了关于隐私保护的《第四修正案》，同时可能难以吸引用户使用，从而减少对美元的需求。

基于以上原因，《白皮书》认为应切实考虑如何划定界线以尊重个人隐私权，同时适当启用必要的合规和监管程序（如 AML/KYC）。其中，跨 KYC、AML、伪造和欺诈等多个维度的事务安全性问题是必须考虑的因素。

（4）不排除计息的可能性。

按照替代现金的逻辑，计息是银行账户的功能，央行数字货币是不计息的。目前，包括中国的 DC/EP 在内的各国央行数字货币在设计时都没有讨论计息问题。但在《白皮书》中，却专门对计息问题进行了讨论，对计息与不计息的利弊进行了比较。从这一点上看，不能排除数字美元进行计息的可能性。

75 什么是“量子霸权”？“量子霸权”的出现是不是意味着区块链的没落？

所谓“量子霸权”，是指量子计算拥有的超越所有经典计算机的计算能力。2019 年 9 月 20 日前后，多家英媒披露，谷歌一篇内部研究报告声称在全球首次实现“量子霸权”。报告显示，其研发的量子计算机成功在 3 分 20 秒的时间内完成目前最先进的传统计算机（Summit）需 1 万年处理的问题。①“量子霸权”是一个量子计算发展

① 徐毅：《探索打造新型科创中心——从“量子霸权”说起》，《浙江经济》2019 年第 21 期。

程度的标志，意思是指当量子计算机发展到50个左右量子比特时，其计算能力将超越世界上最快的传统计算机，从而“称霸”于计算领域。2017年底，IBM公司抢先发布了研制成功50量子比特计算机样机的消息。2018年初，英特尔公司宣称已经生产出了49量子比特芯片，谷歌公司紧随其后发布了72量子比特计算处理器，微软也宣称近期将发布里程碑式的重大成果。在不同的模式下，加拿大的D-Wave公司甚至推出了2 000量子比特的计算机模型。尽管目前所推出的量子比特数接近或超过“量子霸权”所要达到的指标，但量子纠缠操纵精度、相干特性等质量上的不足，使其大打折扣，与之相配套的软件、算法也刚刚起步，因而距“量子霸权”还有很长的路要走。①

由于区块链技术的有效性很大程度上依赖于高计算强度的算法，因此“量子霸权”的出现将有可能对区块链技术产生不小的影响。例如，包括以太坊在内的很多区块链项目都采用了椭圆曲线数字签名算法，而“量子霸权”的特性则非常适合用来破解这类算法。

不过，面对“量子霸权”对区块链的威胁，已经有很多技术专家开始研究对策。例如，由非营利组织QRL基金会运营的量子抗性账本在项目中采用了基于散列的签名方案——扩展默克尔签名方案（extended merkle signature scheme，XMSS），就可以比较好地避免量子计算机的攻击。从这个角度看，虽然“量子霸权”会对区块链技术造成一定的冲击，但这一冲击很大程度上可以通过技术革新来

① 杨建：《积极应对“量子霸权”》，《解放军报》2018年11月2日。

抵御。因此，“量子霸权”不仅不会彻底消灭区块链，反而会倒逼区块链技术革新。

76 目前世界上有哪些高校开设了区块链相关课程？

2018年10月，CoinDesk公布了全美开设区块链课程排名前十的高校，斯坦福大学、加州大学伯克利分校、哈佛大学、麻省理工学院等纷纷上榜。①从开设的课程数量上来看，康奈尔大学位居全美第一，共开设了24门相关课程，斯坦福大学开设了17门，普林斯顿大学和加州大学伯克利分校开设了9门。US News 2019年排名前十的美国高校都开设了2门以上区块链相关课程。以下具体介绍几所具有代表性的大学。

康奈尔大学。康奈尔大学开设的课程中跟区块链、数字货币相关的课程有7门，另外17门涉及加密学。其中较为有名的课程是阿里·朱尔斯（Ari Juels）和拉斐尔·帕斯（Rafael Pass）教授的“区块链、加密货币和智能合约”、史东（E.Shi）教授的“分布式共识和区块链”。康奈尔大学学生还组织了康奈尔大学区块链俱乐部。学校和教员发起了加密货币与合约倡议（IC3）。学校还积极寻求与金融

① 见 https://www.coindesk.com/blockchain-university-rankings/。

领域的企业、专家等展开合作，致力于将关于区块链的创新计划落地。

斯坦福大学。斯坦福大学在区块链教育领域处于领先地位，跨学科课程“数字货币和网络犯罪”贯通了商学院、法学院和计算机学院。斯坦福大学也因为拥有多名区块链和加密货币行业的知名教授而建立了自己的巨头地位，很多区块链领域的商业领袖也被吸引到此开设课程。此外，很多区块链产业的企业也资助斯坦福成立了区块链研究中心。

普林斯顿大学。随着金融领域对区块链技术的兴趣日益浓厚，普林斯顿大学2015年开始提供比特币和加密数字货币技术的免费在线课程。除了开设数字货币课程，普林斯顿还发布了名为《比特币与数字货币技术》的教科书。

加州大学伯克利分校。加州大学伯克利分校于2016年起就推出了区块链本科教育。作为美国顶尖的工程院校之一，它开设了几门有关这一学科的高级计算机科学课程，主要关于区块链基础和区块链开发。同时也致力于提供区块链跨学科教育，比如开设“区块链、加密经济学、技术、商业和法律的未来”课程，汇集了计算机学院、计算机学院和法学院的师资力量。此外，活跃的学生组织还创建了区块链相关的产品，为空客和高通等大公司提供有偿咨询服务。法学院和商学院均有与区块链相关的社团。

麻省理工学院。麻省理工学院是最早开设区块链课程的大学之一，所开设的课程多是为比特币核心开发人员开设的高水准的技术类课程，让学生可以接触到最新的技术发展动态，例如闪电实验室前首席技术官塔吉·德里亚（Tadge Dryja）和麻省理工学院数字货币项目（DCI）主任尼哈·纳鲁拉（Neha Narula）共同开设了“加密货币工程与设计”课程。商学院也开设了“区块链和货币”等课程，将技术与商业、金融等知识融合。

就中国国内的情况而言，随着区块链技术的发展，人才匮乏问题逐渐显现，高等院校逐步开展区块链课程，以期从源头上解决人才问题。根据陀螺研究院、深圳大学区块链研究中心、深圳区块链协会发布的《2019 中国区块链产业发展报告》统计显示，截至 2019 年 11 月 10 日，已经约有 30 所高校开设了区块链相关的课程，大部分集中在北京、上海，北京高校更是占据其中的 42%。随着区块链上升为国家战略，预计未来还会进一步增加。以下为其中一些学校的课程开设状况。

北京大学。2018 年 6 月，北京大学信息科学技术学院成立了北京大学区块链研究中心，意在推动区块链相关的技术研究。同年，北京大学光华管理学院也推出了首期有关区块链领域的付费课程“前沿应用与价值创造”。授课嘉宾包括北京大学光华管理学院金融系主任、光华区块链实验室主任刘晓蕾，中国人民银行数字货币研究所所长姚前，比特大陆 CEO 吴忌寒，中国万向控股有限公司副董事长肖风，北京大学信息科学技术学院教授陈钟等人。

清华大学。2018 年 5 月，清华大学成立了青藤链盟，旨在建立全国高校区块链联盟，在联盟院校建立节点，形成各个高校分布式计算网络，建立科研矿池，搭建区块链网络实验室，并推动科研成果的落地与实践。

中央财经大学。2016年7月，中央财经大学与某企业合作设立了国内第一个校企联合的区块链实验室，并在同年秋季学期开设了区块链相关的课程。

同济大学。同济大学在2017年就成立了人工智能与区块链智能实验室，致力于人工智能和区块链相关的研究。它还参与了央行早期的数字货币研究，并孵化了多个区块链创新创业项目，后续还推出了教练式区块链培训班。

西安电子科技大学。2018年4月，西安电子科技大学创新创业学院与区块链企业合作开设了“区块链技术原理与开发实战”课程。该课程不仅有理论知识，还引入了应用创新方面的实战训练，学生开发的优秀项目将有机会获得投资进行孵化。

西安交通大学。2018年7月，西安交通大学开设了“区块链原理与应用”课程，该课程主要由信息工程学院和软件学院共同发起，并邀请到了多位区块链行业资深人士授课。

浙江大学。2018年秋季学期，浙江大学开设了主要面向计算机学院和软件学院高年级本科生和研究生的“区块链与数字货币”课程，作为金融科技方向的模块课程，旨在培养“区块链技术+金融”方向的优秀人才。

中国政法大学。2018年9月，中国政法大学商学院开设了“区块链与数字经济”课程，主要是关于区块链技术和区块链在金融领域应用的研究。

北京理工大学。2018年10月，北京理工大学面向计算机学院和软件学院的学生开设了“区块链技术”课程，旨在帮助学生掌握区块链的基本理论和关键技术。

北京邮电大学。2017年8月，北京邮电大学成立了区块链研究实验室，主要研究区块链技术与5G的结合与应用，同时兼顾区块链核心技术原理、电商平台应用、隐私保护技术等研究。

除了上述10所高校，复旦大学、北京师范大学、武汉大学、深圳大学等高校也在积极布局区块链的科研与教学事业。

77 区块链有哪些弊端?①

尽管比特币应用前景广阔，但是它也有不少弊端不容忽视。总的来看，主要体现在如下几个方面。

第一，区块链仍存在效率难题，短时间内难以解决。分布式记账需要每个节点都保存一份数据库，而且区块链网络中的任何一笔交易都需要各个节点认证和记录，导致区块链系统的效率并不高。当网络上同时有2个或以上节点竞争到记账权力，网络中就会产生2个或以上区块链分支，等到下一个记账周期才能最终确定哪个有效，交易数据有延迟性。效率问题尤其在数据交换频繁的场景下更加突出，例如支付交易中，Visa平均每秒5万笔，支付宝峰值每秒20万

① 任仲文:《区块链——领导干部读本》,人民日报出版社2018年版。

笔，比特币每秒6—7笔，以太坊每秒约20笔，速度差异十分明显。因此区块链技术应用于大规模交易时，速度仍需要大幅度的提升，但这个技术难题较难在短期内解决。

第二，共识机制尚不完善。区块链1.0比特币的共识机制采用了PoW（工作量证明）机制，却造成了算力强的成了强权，形成了另外一种形式的中心化。区块链2.0以太坊采用了POS机制，不再以算力来作为权利的分配，而是以股权投票的形式来决策，但安全性下降了一个层次，区块分叉时容易产生“无利害关系”N@S（nothing at stake）攻击问题。区块链3.0还未上线，将会有机制的调整，但是否能真正解决问题，还有待检验。

第三，区块链也存在相应的安全问题。以太坊The Dao事件以来，数字货币安全事件频发，让众多持币者感到恐慌，区块链安全问题受到关注。2017年7月多重签名钱包Parity发布安全警报，警告其钱包软件1.5版本及之后的版本存在一个漏洞，易被盗取资产。2019年1月，新西兰的小型交易所Cryptopia遭遇黑客攻击，被盗取数字货币，原因据说是交易所把私钥存储在某个服务器上，黑客通过攻击该服务器获得了私钥。安全事件频发，表现为以下三个问题：

（1）可能发生51%攻击。51%攻击并非只是一种不可能发生的假设，2018年，Verge、比特币黄金（BTG）等加密货币就相继遭到了所谓的51%攻击，这表明区块链的安全并非牢不可破。随着全网算力的增加，越来越多的“矿工”组成了“矿池”，将分散的算力统一管理。这在提高了算力集中度的同时，也极可能让一些“矿池”的算力达到整个系统的51%，从而获得控制权并威胁系统安全。虽然目前51%攻击对较大型区块链项目威胁不大，但对一些小型区块链项目的安全威胁不容忽视。

（2）密码算法本身的漏洞影响较大。区块链技术涉及了哈希算法、数字签名算法等多种密码算法，对区块链技术至关重要。但是算法本身并非绝对安全，如果算法本身存在后门或漏洞，将会对区块链系统产生致命的打击。很多算法的弱点可能会随着技术和运算能力的进步逐渐暴露出来，这是区块链技术必须面对和防范的重要风险。

（3）数字钱包的安全性问题。数字钱包并非宣传中的绝对安全，可能在设计上存在缺陷或者在钱包中包含恶意代码，手机、电脑等丢失或毁损也可能会造成数字钱包中的财产损失。

第四，区块链的匿名可能是“伪匿名”，容易引起隐私保护问题。区块链技术的匿名性一直被认为是保护隐私的优点，但因为区块链上的交易都会公开记录在所有区块的账本上，通过相应的数据挖掘手段，仍旧可能识别出很多用户身份信息。虽然对于监管机构来说，这种身份识别有利于开展监管执法行动，打击洗钱、非法交易等犯罪行为，但对于用户来说，真实身份一旦被泄露，其所有交易信息都会被公众所知，隐私权将受到较大的侵害。区块链系统的运行如何保护好用户的隐私，是当下亟待解决的重要问题。

第五，资源消耗问题。区块链系统的运行依赖网络节点贡献的算力，但是区块的生产往往需要“矿工”进行无意义的计算，非常耗能，容易产生算力浪费问题，电力资消耗也较大。根据The Outline的数据，比特币“挖矿”需要5 000兆瓦的电力。这一数字接近全球发电量的近 1%。目前为止，区块链占用了很多计算和存储资源，但仍难以应对大规模交易。

第六，上链信息的真实性存疑。区块链解决了在信息保存环节的篡改问题，但无法解决信息采集过程中的造假问题，这就很难真正解决信息不对称问题。如果录入的数据本身造假，即便流通环节不能篡改，也失去了区块链技术的意义。

第三篇

理论篇

78 什么是“中心化”和“去中心化”？区块链是怎么实现去中心化的？

所谓“中心化”和“去中心化”，最早是用来刻画网络拓扑结构的术语。1964 年，美国兰德公司发布了一份关于分布式通信的报告，提出了三种网络结构（如图 22）。①其中，（a）类结构被称为“中心化星型网络”，（b）类结构被称为“去中心化网络”，（c）类结构则被称为“分布式网络”。“中心化”和“去中心化”由此得名。不过，在后来的文献中，图 22 中的（b）（c）两类结构通常都被称为“去

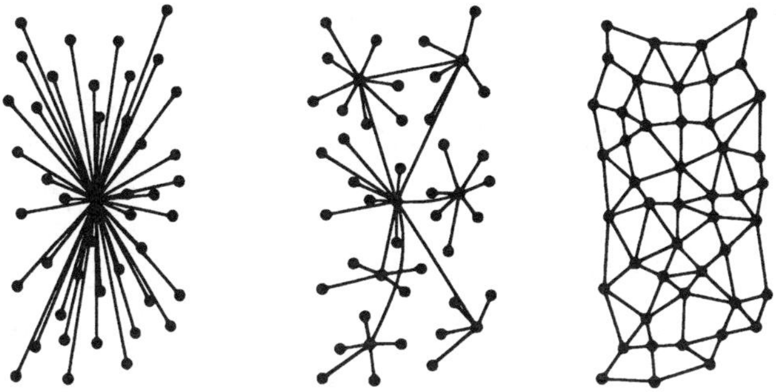

图 22　三类网络拓扑结构

资料来源：Baran，P.，1962，“On Distributed Communication”，https://www.rand.org/content/dam/rand/pubs/papers/2005/P2626.pdf。

① Baran，P.，1962，“On Distributed Communication”，https://www.rand.org/pubs/2005/P2626.pdf.

中心化”的，并且（c）类网络通常被认为是更为典型的去中心化结构。需要指出的是，在网络科学中，网络拓扑结构通常是和权力联系在一起的。中心化意味着网络的权力集中于单一的中心节点，而去中心化则意味着网络的权力分散在多个节点。①

中心的重要性不言而喻，它是一个集中所有资源和数据的地方，是所有路径的交错点。中心的意义在于控制。尤其是在工业时代，人们将生产和工作都集中在一起，从而达到完全控制的目的。然而，中心化也有致命的弱点。在这样的系统中，所有的信息和决策都需要经过中心节点。各个节点的信息必须经过层层上报，集中到中心，经过中心处理之后，再返回到各个节点。在信息的上报过程，很可能会产生扭曲，中心节点利用这种扭曲的信息，很难作出正确的决定。即使信息没有扭曲，中心节点作出的决定也是非常正确的，但它的指令经过重重层级传回到各个节点后，也可能会产生严重的扭曲。与此同时，中心化系统非常脆弱。一旦中心节点被攻破，整个网络系统就会陷入瘫痪。此外，中心化还会造成信息的过度集中，因而也增大了信息泄露等各种风险。

为了防止中心化的种种问题，人们一直在探索去中心化的方案。在这些方案中，最具代表性的就是互联网。最初，互联网是出于军事用途而设计的。为了预防战时指挥中枢遭到破坏的威胁，互联网采用了去中心化的结构。在互联网技术“军转民”之后，这个特性给人们带来了很多希望。不少人认为，借助互联网，所有人之间都

① Jackson，M.，2008，*Social and Economic Networks*，Princeton University Press.

可以进行点对点的交流，从而可以很好地实现去中心化，进而规避中心化所导致的种种问题。

然而，事实证明这种想法完全是一厢情愿。在现实中，互联网将太多的人联结了起来，这固然让人与人之间的直接交流成为了可能，但是如何在网络之中找到自己需要交互的人却成了问题，这需要巨大的搜寻和匹配成本。为了解决这一问题，互联网平台应运而生。从最为一般的定义上讲，平台就是为人们提供交易、撮合服务的场所、机构或个人。作为一种组织形式，平台不是现在才有的，但在传统条件下，受制于地理条件、交易成本等因素，平台模式一直不太重要。而互联网技术正好让平台的发展突破了以上限制，因而一批平台得以迅速崛起。平台的兴起，一方面大幅提升了匹配效率，让人们的生产和生活变得更为便利了，但另一方面，也让原本去中心化的互联网重新归于中心化，而一些大型平台就成为了整个互联网的中心。

区块链技术的出现，让人们重新看到了去中心化的希望。人们之所以对区块链抱有这样的希望，主要还是由于区块链本身的技术结构决定的：一方面，区块链采用的是 P2P 网络。从拓扑结构上看，其网络结构就是去中心化的（更确切地说是分布式的），任何节点之间都可以实现互联。另一方面，更重要的是，区块链通过时间戳、智能合约等技术有效地解决了人与人之间交往的信任成本。在传统的交互中，信任成本是一种非常重要的交易成本。而在互联网上，人们之所以需要平台，很大原因就是信任问题难以解决，需要平台这个第三方来提供担保。而区块链则通过技术手段实现了“去信任化”，从而让人们可以抛开中介，直接进行交互。这样一来，就让

"去中心化"变得更加可行了。

正是基于以上技术条件，人们才认为区块链技术的成熟将有效地推进"去中心化"的进程。

当然，区块链本身只是一种技术，它本身只能带来去中心化的可能，而不一定会带来去中心化的现实。更为重要的是，区块链能实现的，其实只是一种交互方式的去中心化，对于交互背后的权力去中心化，则无能为力。事实上，现在世界上的几大区块链项目都出现了算力的高度集中，一小部分用户可以通过巨大的算力掌握对区块链的绝对控制权。从这个意义上讲，区块链要实现真正的去中心化，可能还任重而道远。

另外值得一提的是，尽管人们十分向往去中心化，但其实中心化本身依然是十分重要的，它在很多时候可以带来更高的效率。因此，我们绝不能一味迷信去中心化，而是应该用好包括区块链在内的新技术，实现中心化与去中心化的有机统一。

79 有人说，区块链技术的出现是对社会信任的一次革命。应该如何看待这一说法？

从人类社会发展的角度来看，信任是人类社会运行的润滑剂。

区块链技术的发明是一次尝试依赖数学和技术重建信任的实验，引发了经济领域的重大变革，也正在引发一种社会思潮。学界有必要从各个角度重新审视和思考区块链技术带来的影响，从而更好地理解这项新技术，使之更好地为经济和社会服务。

在传统社会中，交往主要是在熟人之间进行的，因而信任关系也主要是基于血缘、地域等人际关系建立的人格信任。从理论上讲，这种信任的基础是重复博弈。生活在传统社会中的每一个人都是一个博弈的参与者，他们的一言一行都会被周围的人观察、记录，然后通过口口相传让整个社区的人知道。如果他品行端正，大家就会信任他，乐于和他打交道；如果他品行不端，大家就不会信任他，拒绝和他来往。通过这种机制，人与人之间的信任就建立起来了。这种基于重复博弈建立起来的信任虽然简单，但有不少优点：它并不需要第三方的力量来担保，凭借社群成员自身的力量就可以维持。

然而，这种信任的缺点也十分明显，即它十分依赖于人与人之间的交互频率。如果两个人的交互十分频繁，博弈的重复率就很高，信任就很容易维持；但如果两人的交互频率较小，博弈重复率较低，这种信任就很难建立起来了。社会学家费孝通曾经提出过一个“差序格局”理论，认为传统社会中人们“以己为中心，像石子一般投入水中，和别人所联系成的社会关系……像水的波纹一样，一圈圈推出去，愈推愈远，也愈推愈薄”①，说的其实就是这个道理。很显然，利用这种机制建立起来的信任所能支持的范围很小。一旦超出

① 费孝通：《乡土中国》，人民出版社 2008 年版。

了熟人的范围，这种信任机制就失效了。

随着社会的发展、贸易的发达和城市的诞生，人与人的交往范围开始迅速扩大。在这种情况下，基于熟人社会的信任机制就不再适应于现实的需要。为了在更大范围内的陌生人之间建立信任关系，人们发明了很多工具。

第一种工具是货币。借助货币，传统的、基于人格的信任关系变成了系统信任。在合作中，人们不再需要去信任某个具体的个人，而只需要去信任他手中的货币。①第二种工具是企业。在陌生人社会中，传统社会的信任机制之所以失效，原因就在于和同一个人进行重复博弈的机会少了。而企业的出现，就在一定程度上解决了这一问题。经济学家克瑞普斯曾经说过，企业是声誉的载体。②面对某个个人，如果他在合作中不诚信，我们可能很难惩罚他。但如果他是隶属于某个企业的，他的不诚信行为就会损害企业的声誉，未来人们就不会再和这个企业进行交往。为了保持自己的声誉，企业就会设法让自己的员工保持诚信。第三种工具是第三方中介机构。在现实中，人与人之间建立信任是需要巨大的成本的。为了解决这一问题，就有一部分人专门独立出来，为人们的交互和交易提供担保。这样一来，建立信任的成本就降低了。正是由于有了这些工具，人们才得以在陌生人社会比较有效地建立了信任，让大规模的协作可以有效地得到开展。

---

① 卢曼：《信任：一个社会复杂的简化机制》，上海人民出版社 2005 年版。

② 见 Kreps，D.，1990，“Corporate Culture and Economic Theory”，in J.E. Alt and K. A. Shepsle（eds.）. *Perspectives on Positive Political Economy*，Cambridge University Press，90—143。

不过，在现代社会中，信任的建立大多是需要诉诸（至少是部分）中心化的。它需要企业、中介机构等第三方的力量，而个人与个人的直接沟通仍然是困难的。这不仅增加了交易成本，还衍生了隐私泄露等问题。基于以上问题，人们一直在寻找一种更为去中心化的信任问题解决方案。

区块链技术带来的分布式账本技术应运而生，成为互联网时代陌生人之间信任问题的解决方案。具体来说，区块链技术解决了三个重要问题，即如何记账、由谁记账、如何保存账本。基于此，它试图建构一种建立在数学基础科学之上的，基于数字算法的安全可靠且不可篡改的算法信任。陌生人在互联网数字世界中通过一定的合约机制，不再需要一个中间方，就可以达成信用共识。分布式账本技术可以实现真正的共享经济市场，排除中介和中心机构，消费者和服务商可以通过去中心化点对点网络进行交易。伦敦大学区块链技术中心基于此提出了“区块链是引领公平交换经济的技术管理制度”的观点。

区块链技术的核心在于通过分布式记账、加密算法、点对点传输等技术，确保数据不可篡改且可追溯，从而解决互联网数字世界中陌生人之间的信任难题。区块链技术看似解决的是技术问题，本质上解决的是陌生人之间的信任问题，是基于账本和代码的信任、不可篡改的信任、全网广播的信任，在一个缺乏信任的环境下建立信任和传递信任的问题。在互联网的虚拟数字世界，陌生人之间的交往是一种常态。如何在万物互联的世界打造一个可信机制，已是亟待破解的课题。

区块链技术正是在“去信任”的环境中去构造一种新信任机制和交易规则。它是现有社会人格信任和系统信任的一种加强和优化，具有低成本、不可篡改等优点。

综合以上原因，区块链技术或许可以帮助人们提供一套去中心化的信任解决方案，从而引发关于社会信任的一次革命。

80 区块链的出现会对现代经济学带来怎样的影响？

区块链技术的兴起导致了很多新的经济现象，也为经济学提出了很多新的课题。

（1）区块链项目的设计和治理会涉及很多经济问题，这些问题都需要经济理论帮助解决。

首先，如何在既有的技术和成本条件下设计一个区块链项目本身就是一个经济问题。在前文中，我们列举了很多区块链的优良特性，例如去中心化、安全、不可篡改等。然而，这些特性的实现并不是没有成本的，它们都要以牺牲系统效率为代价。普林斯顿大学的两位学者约瑟夫·阿巴迪（Joseph Abadi）和马库斯·布鲁纳米尔（Markus Brunnermeier）曾提出过一个所谓的“区块链不可能三角”，认为在既定技术条件下，区块链的正确性（corretness）、去中性化

(decentralization）和成本效率（cost efficiency）之间不可能同时实现，如果要实现其中的一个或两个特性，就必须牺牲另一个特性（如图 23）。①其他一些学者也提出过类似的“不可能三角”，尽管在不同的版本中，三角形三个顶点所对应的特性各有不同，但其思想是一致的，那就是某一技术条件下的区块链项目不可能同时实现所有良好特征。这一点，我们从既有的区块链项目中就可见一斑。例如，比特币项目在“正确性”和“去中心化”这两点上做得较好，但其系统效率就较低；EOS 利用 DPoS 共识机制大幅改进了系统效率，但其中心化程度却大幅提高了。

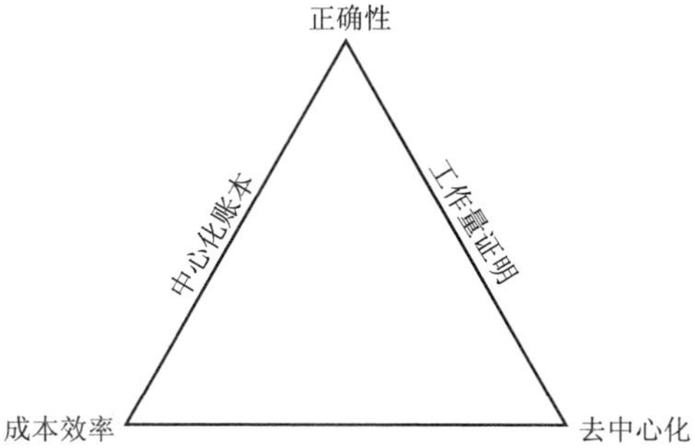

图 23　区块链的不可能三角

由于有以上“不可能三角”的存在，在设计一个区块链项目时，设计者就先设定某个目标函数，然后在既定约束条件下进行有效的权衡（trade-off)，考虑究竟应该强化哪些特性、牺牲哪些特性。

① Abadi，J.，and M.，Brunnermeier，Blockchain Economics，NBER Working Paper，No.25407.

其次，在区块链项目的治理过程中，经济学中的博弈论、激励理论和机制设计理论可以有很大的用武之地。一个区块链项目就是一个经济系统。如何对这个系统进行有效治理，让资源在这个系统中实现有效分配，激励成员更好地为系统作贡献，同时防止人们对系统的恶意破坏……所有这些问题，经济学理论都可以发挥一定的作用。

在实践中，有不少项目都借鉴了经济学的工具。例如，一些学者将机制设计理论应用到比特币系统的交易费用定价研究当中，从而设计出了一些新的定价方案。①又如，还有一些学者利用博弈论的工具对“自私挖矿”等行为进行了分析，指出这些行为虽然符合既定的共识机制，但可能对系统带来不良影响，并给出了一些针对性的解决方案。

再次，很多区块链都采用通证来作为治理和融资的工具，在很多项目的通证设计和发放过程中，都用到了经济学的工具。

一个有代表性的例子是著名的区块链协议平台——Algorand。Algorand 由著名计算机专家、图灵奖得主希尔维奥·米卡利（Silvio Micali）发起，由于采用了全新的共识机制，其系统效率和安全性表现都十分良好。这个项目发行通证来进行融资和治理。为了让通证的分配更有效率，米卡利借鉴了拍卖理论的思想，采用了“荷兰式拍卖”来作为分配通证的机制。这个设计十分成功，在短短的 3 小

---

① 见 Huberman，G.，J. Leshno，C.C. Moallemi，2017，*Monopoly Without a Monopolist：An Economic Analysis of the Bitcoin Payment System*，Social Science Electronic Publishing；Lavi，R.，O. Sattath，A. Zohar，2019，Redesigning Bitcoin's Fee Market，The World Wide Web Conference，2950—2956。

时37分钟内，首批2 500万枚ALGO就被销售一空。

(2) 作为一种新技术，区块链的应用普及引发了很多经济后果，这些后果需要经济学的研究和评估。

第一，区块链被称为“信任机器”，它的应用大幅降低了交易成本，这会促使企业和组织的结构发生重大变化。这种变化的方向究竟会是怎么样的，又会带来怎样的影响，都亟待研究。科斯在《企业的本质》中曾经提出，企业的边界是由市场的交易成本和企业内部的管理成本的权衡决定的。交易成本越高，人们就更倾向于用层级制的企业来取代市场；而管理成本越高，人们则会更倾向于用市场来代替企业。现在，区块链可能会同时减少市场的交易成本和企业的管理成本，这究竟会带来怎样的影响？这些都需要进一步的经济分析。

第二，区块链的应用也可能带来市场结构的变化，究竟这会让市场变得更为竞争化，还是更为趋向于集中和垄断，这是需要研究的。目前，关于区块链会对市场结构发生什么影响，还存在着很大的争议。一种观点认为，区块链普及所带来的“通证效应”有利于小企业的成长，可以在一定程度上对冲“网络效应”带来的垄断，因而可以让整个市场的竞争变得更为激烈。而另一种观点则认为，区块链的算力集中可能会强化某些企业的市场支配地位，并且在联盟链和私有链上，这些企业“滥用市场支配地位”的行为会变得更加容易。①

第三，区块链这种新技术对于收入分配的影响是十分值得经济

① Schrepel, T., 2019, “Is Blockchain the Death of Antitrust Law? The Blockchain Antitrust Paradox”, *Georgetown Law Technology Review*, 281(3).

学研究的。新技术的出现往往会对收入分配状况产生重大的影响。根据技术进步偏向性的不同，各个阶层、集团在技术进步中获得的收益是迥然不同的。例如，当某项技术是劳动偏向型的时候，在社会中处于弱势的劳动者群体就可能从技术进步中受益更多，整个社会的收入分配状况就会趋于改善；而如果这项技术是偏向资本的，那么劳动者群体从技术进步中获得的收益就会更少，社会的收入分配状况就会趋于恶化。那么区块链究竟是一种劳动偏向型的技术还是一种资本偏向型的技术呢？关于这个问题，存在着很大的争议。一种观点认为，区块链让整个市场更为去中心化，它可以让劳动者绕开大型企业和平台，直接寻找工作、发生交易，因而是更有利于劳动者群体的；而另一种观点则认为，区块链技术的使用需要有大量资本的投入，因而资本家才是区块链技术的掌握者，他们会从区块链技术的发展中获益更多。①究竟以上两种观点孰是孰非，还需要进一步的经济学研究才能给出答案。

第四，区块链本身是一种通用目的的技术，各个领域都可以在其基础之上实现各类创新，这些创新都对原有的经济学理论提出了挑战。例如，在金融领域，人们在区块链基础上创造出了加密货币和ICO，这些都是传统金融学中所没有的，它们的性质都需要新的金融经济学理论来解释。②又如，人们借助区块链技术让共享经济、零工

---

① Novak, M., 2019, "The Implications of Blockchain for Income Inequality. Blockchain Economics: Implications of Distributed Ledgers-Markets", *Communications Networks, And Algorithmic Reality*, 235—250.

② Hacioglu, U., 2019, *Blockchain Economics and Financial Market Innovation Financial Innovations in the Digital Age*, Springer.

经济等就业形态变得更为普及。这些新的经济形态究竟会给社会带来怎样的影响？这也是需要新的经济理论来分析、研究的。

81 加密货币究竟是不是一种货币？①

加密货币究竟是不是一种货币，关键要看它是不是具备货币的几个基本职能。从经济学上看，货币具有三大职能：交换媒介、价值尺度和价值储藏。交换媒介是货币最基本的职能，意味着人们可以从其他接受这种货币的人那里获取价值相当的财物。价值尺度要求货币可以衡量商品和服务的价值，使市场上的不同产品具有可比性。价值储藏是指货币充当购买力的暂息所，能供人们保存、持有价值。

首先，加密货币已经被诸多市场主体接受并使用，作为支付商品和服务的工具，因此它显然具有了交换媒介的职能。

其次，要发挥价值尺度职能，必须具备真实的内在价值或具备维护币值稳定的机制。金属货币因其货币材料具有消费或者工业用途而具备真实价值。法币由于央行制度的存在，其币值得到维护。而

① 该问题的答案主要参考漆彤、卓峻帆：《加密货币的法律属性与监管框架——以比较研究为视角》，《财经法学》2019 年第 4 期；孙兴隆：《论加密货币带来的社会经济效应及潜在的金融冲击》，《现代信息科技》2018 年第 2 期。

加密货币在产生过程中存在电力以及人力成本，但其是否具有内在价值目前存在争议，且加密货币币值不稳定，目前它无法发挥价值尺度的功能。尽管目前的一些加密货币，例如 Libra，试图通过盯住某些法定货币来实现价值的内在稳定，但从根本上讲，它只是借用它所盯住的法定货币来衡量价值，而不是自身具备了价值尺度职能。

最后，判断加密货币是否具有价值储藏功能，关键在于它是否稳定且可信赖。去中心化的加密货币不受通货膨胀的影响，其受市场而不是政策调节，相较于传统货币而言更具有储藏价值。尽管如此，考虑到加密货币价格具有较大的波动性、技术问题可能导致加密货币无法运行、加密货币的法律地位不确定等因素，加密货币目前不具有价值储藏的功能。

综上所述，加密货币拥有货币三大职能中的交换媒介职能，但不拥有价值尺度和价值储藏职能，因此它至少不能被视为传统意义上的货币。

那么，究竟应该如何定性加密货币呢？我们可以利用国际清算银行（Bank for International Settlements，BIS）的“货币之花”来加以说明（如图 24）。“货币之花”从如下四个维度来对货币和类货币资产进行了分类：货币发行者（中央银行或其他机构）、货币形态（电子或实物）、可获取性（有限制和无限制），以及转账机制（集中或分散）。可以看到，现在的加密货币主要是满足了货币形态的电子化，以及转账形式的点对点，它和我们熟悉的货币，以及其他类货币资产在其他维度上或多或少都有着差异。从这个意义上讲，目前最好的分类策略，应该是将加密货币作为一种单独的资产加以看待。

所有关于加密货币的相关政策都应该考虑到它的这种特殊性。

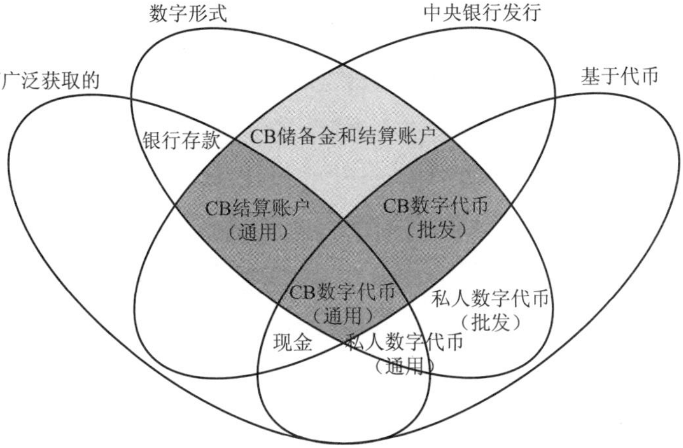

图 24　“货币之花”

注：CB 代表中央银行。
资料来源：BIS 网站。

82 有人说，比特币、Libra 等加密数字货币的出现是“货币的非国家化”理论的实践。这里的“货币的非国家化”是什么意思？加密数字货币真的实现了这点吗？

所谓的“货币的非国家化”，是诺贝尔经济学奖得主弗里德里希·哈耶克（Friedrich von Hayek）提出的一个思想实验。哈耶克在1977年前后成型的《货币的非国家化》一书中提出一种革命性的货币思想：既然自由竞争是资源配置的有效方式，那么在货币也应如此。①他认为人们在享受单一货币带来的交易便利的同时，要忍受因滥发货币而人为地制造通胀的恶果。自发秩序是哈耶克理论体系的核心概念。自生自发秩序由自由、竞争和一般性规则等要素构成，自由是核心，竞争是基础，规则为保障。哈耶克在《物价与生产》一书中详述了中性货币论：货币处于经济的中心地位，只有当货币处于中性状态，才不会对相对价格产生影响，不会扭曲价格信号，对经济有利。

哈耶克的货币非国家化思想的精髓是主张废除国家对货币发行权的垄断，允许私人发行货币，在自由市场机制下充分竞争，市场在优胜劣汰过程中将选择合意的货币体系。在开放条件下货币竞争将使相对价格水平保持稳定，从而使经济自动达到新均衡。他认为政府对货币发行权的垄断，必然会损害经济的健康运行。政府货币管理机构无法拥有完全信息，经常扭曲价格信号，在短期内形成虚假的繁荣，只会让通货膨胀持续时间越长，萧条到来时的损失也将越大。哈耶克主张货币非国家化，而历史也证明私人货币曾受人偏爱，能提供令人满意的货币，尽管这样的货币不被允许长期存在。哈耶克还进一步分析了私人发行合意货币的缘由，他认为货币私人发行机构若不符合大众预期，将丧失大众对其信心，进而失去发钞业务，这种对公信力丧失的恐惧会给发钞机构提供保持币值稳定的激励，每家发钞机构为维护自身利益，会妥善约束自身行为，使其

① 弗里德里希·哈耶克：《货币的非国家化》，姚中秋译，新星出版社2007年版。

发行的货币购买力大体保持稳定。货币发行机构任何不负责任的行为，都会导致人们抛弃此种货币，在自由竞争条件下，马上会涌现另一批合意货币。

哈耶克认为币值稳定将使人们形成一个正确预期，有利于将经济波动中的不确定性最小化，不会扭曲价格信号，从而引起错误激励，使得资源优化配置失效。从长期来看，人们将选择最能保持币值稳定的货币，私人提供的竞争性货币更能够成为合意货币。这就是哈耶克货币非国家化思想的整体逻辑。

从某些角度看，一些加密货币的运作确实体现出了哈耶克“货币的非国家化”的思想。以比特币为例。比特币系统以公开对等、共识主动性为基准，能够自我运行、自我完善。公开对等意味着开放的、以用户群为核心的信息交流体系。正如哈耶克“进化论理性主义”所主张的那样，理性是有限度的。由于每个人都可能掌握独一无二的信息，这种信息只能为自己所利用作出决策，不存在全能的机构安排每个人的决策。开放社会中个体与个体的相互作用，在不断的创新与模仿过程中，通过自发行动，产生有利于自己和他人的结果，形成高效合作机制。这也是比特币系统的基本理念。比特币正是一个通过自发性秩序实现自我完善的体系，其不依赖中心维护，“矿工”正是出于对自身发行比特币权利的关注而努力为大众提供合意的货币，依靠社会中存在个体践行共识主动性理念和对等网络技术的运用，自发地对系统进行保养与维护。

比特币体系不会因滥发而导致通胀，比特币发行按其算法的自我设定增长率来增长，随着时间的推移，比特币新开采量递减。这种体系的货币发行能保持相当程度的货币中性。比特币是一个去中心化的货币体系。其发行受算法控制并由比特币所有网络节点进行集体管理，没有任何一家机构能进行控制，这种安排和哈耶克的货币非国家化思想颇为契合，在某种程度上可以视为私人发行货币的一种尝试。

不过，正如我们在前一个问题中所指出的，加密货币本身是否是货币这一问题，目前尚不能定性。因此，要说加密货币就是货币的非国家化，这一点可能还有待商榷。另外需要说明的是，加密货币只是一类资产的统称，不同加密货币的性质之间有很大差异。像比特币这样的加密货币完全由私人发行，依靠算法来保持其价值，这在性质上很类似于私人发币；但像 Libra 这样的加密货币，其价值的维持主要是靠盯住法定货币来实现的，因此它从根本上就没有“非国家化”，而是实实在在的“国家化”了。

83 有人说，区块链的出现会有助于突破现有的商业巨头垄断，尤其是平台巨头的垄断。但也有人说，它可能会巩固巨头的垄断。应该如何看待这两种观点？①

区块链对于市场竞争的影响是多方的、不明确的。区块链技术

① Schrepel，T.，2018，“Is Blockchain the Death of Antitrust Law?，The Blockchain Antitrust Paradox”，*Georgetown Law Technology Review*，281(3)。

似乎能够通过“去中心化”“分布式记账”的特点直接降低市场集中度并削弱平台经营者的市场力量，从表面上的确很难发现区块链技术可能会产生限制竞争的影响。但不可否认的是，这里存在一个悖论：即以“去中心化”为特性的区块链技术运用可能会对市场竞争产生正向促进作用，甚至可能在某些相关市场消除垄断；但同时，区块链技术的运用可能在一定程度上造就垄断者和市场支配者反过来限制竞争。

（1）区块链的促进竞争效应。

传统互联网平台企业通过技术基础设施将多个用户群组进行整合，因信息优势、外部网络效应、转移成本高昂等三个因素而获得持续增强的市场垄断力量。与之不同，区块链技术的应用在信息优势、外部网络效应、转移成本三方面促使市场竞争更为充分。

其一，区块链技术的运用能够使所有区块链成员平等地访问任何有关交易的信息，并且每个人都对交易数据公平享有而排斥独占。这便为潜在竞争者和新晋竞争者扫除了信息获取和信息复制的障碍，使得市场竞争更为公平，突破了利用信息市场多个方面的不对称而使自身具有优势的传统互联网的弊端。

其二，区块链技术的运用能够有效克服网络效应带来的竞争负面影响。区块链技术允许平台设计者设计数字生态系统，使得平台用户增长的利益由不同的利益相关者共享，这些利益相关者包括平台用户、应用程序开发人员和关键资源的提供者。区块链平台将通过使用通证来激励早期用户或早期开发人员在平台上投入时间和资源。因此，当平台较小时，这种平台特定代币可能价值较小甚至毫无价值，但随着平台的扩展，加密代币的价值将随之上升，而参与其中的早期贡献者将自动从中获得奖励。这使得网络效应下的“强者恒强”规则得以打破，一些用户或开发人员可能基于激励机制而放弃一些市场主导平台，转而选择投入小平台中以获得发展利益，从而促使市场竞争更为充分。

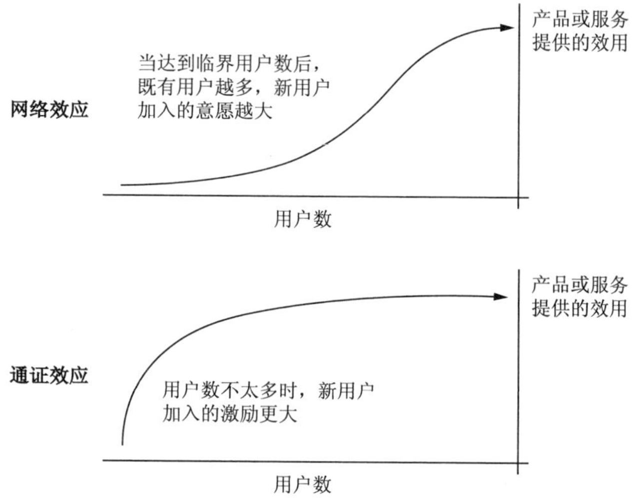

图 25　通证效应与网络效应的对冲

资料来源：Schrepel，T.，2019，“Is Blockchain the Death of Antitrust Law? The Blockchain Antitrust Paradox”，*Georgetown Law Technology Review*，281(3)。

其三，区块链技术的运用越来越注重减少用户切换平台的成本，并允许基于不同协议构建的应用程序进行数据交换甚至直接相互交易。当前，越来越多的公共区块链构建为开源代码，允许其他应用程序和平台在符合协议要求的前提下与之无缝连接。更为重要的是，许多区块链平台都有本地代币，这种代币不仅方便在平台上进行交流，也使得不同代币之间的资产转换极其容易。加密货币交换则允许用户以最小的代价交换不同的代币。

（2）区块链的反竞争效应。

对于区块链的运用，不能因其可能存在的正向竞争效应，而忽略其技术运用可能带来的限制竞争效果。

其一，技术标准垄断问题。具体到区块链领域，技术标准的存在使得经营者之间的互联互通得以实现，可互换甚至共同操作的产品也极有可能受益于该技术标准得以达成。经营者之间达成或颁布的区块链技术标准可能会产生垄断问题。例如，当某一技术标准的形成只有利于某些经营者而不利于其他竞争对手时，鉴于区块链技术的“匿名性”，这种技术标准极有可能通过不透明的方式予以应用。产品所有者及经营者的利益因此“模糊”，那么经营者借助该技术标准便可能通过行业“锁定”来增强或创造市场力量。

其二，经营者之间的共谋。私有区块链参与者可能使用他们的交易数据来设定或监控价格，或使价格下降到“不利”水平。对于大多数区块链合作而言，最大的反垄断风险多涉及共谋。参与者极有可能会利用区块链技术达成或履行更为隐蔽的垄断协议，以实施操纵价格、分配市场或客户、不当分享竞争敏感性数据等行为。在私有区块链技术基础之上，如果竞争对手间共享诸如价格、数量、客户特定功能和规格等竞争敏感性条款，可能会增加反垄断风险。事实上，私有区块链可能提供分享信息或监控参与者是否遵守协议条款的渠道，从而促成反垄断违法行为，竞争者也可能利用私有区块链促成价格固定协议。

其三，区块链企业并购。区块链领域的并购极有可能会对市场竞争带来威胁。区块链从出现到发展至今，行业内部已经发生了多起重大收购，企业合并的直接后果是导致相关竞争领域的经营者数量直接或间接减少，而合并后的企业在相关市场内具有更强大的市场力量。

84 区块链的出现会给社会学带来怎样的影响?

区块链技术的出现，可能会同时对社会结构、社会过程、社会治理方式都产生巨大的影响。很多社会学理论可能都要为之更新，甚至改写。

（1）区块链技术对社会结构的影响。

社会结构是社会学研究的中心话题。它有很多维度，例如家庭结构、社会组织结构、城乡结构、区域结构、就业或分工结构、收入分配结构、消费结构、社会阶层结构等都是重要的子维度。在所有的这些维度中，社会阶层结构是最为核心的，也是社会学研究最为关注的。

在过去的制度和分工体制下，社会结构是相对稳定且不容易发生改变的。以最为重要的社会阶层结构为例，现在决定社会阶层的最关键因素还是收入，而决定收入的根本因素则是生产资料的分配状况。由于资本的回报率通常会高于劳动的回报率，以资本为主要收入来源的群体的收入会持续高于以劳动为主要收入来源的群体，因此随着时间的推移，由此造成的收入分配差距就会越来越大。更为重要的是，在这种环境下任何人要想实现社会阶层的跃迁都是十分困难的。即使一个人十分有能力、有想法，有潜力成为企业家，但由于他很难凑集到相应的资本，就很难通过创业来改变自己的现状。

区块链的出现，似乎为个人实现阶层跃迁，进而在宏观上改变社会阶层状况提供了一种可能。区块链所使用的 P2P 网络可以帮助人们在全社会领域内更好地实现分工。每一个有一技之长的人都有机会找到更多、更好的工作机会，而无需加入任何企业或组织。这样一来，就给予劳动者以更多的收入来源，也让他们可以更好地避开资本的“剥削”。对于那些具有企业家才能的人，更是可以通过区块链提供的底层架构，以 ICO、STO 等方式筹集资金、招揽伙伴，在缺少资本支持的条件下实现自己创业的理想。通过这些途径，整个社会的流动渠道就可以在一定程度上被打通，阶层固化的情况也可以得到一定的缓解。

除了对阶层结构的影响之外，区块链技术还有可能改变收入结构、就业结构等诸多结构。而这些改变的过程，都应该是社会学所关注的问题。

（2）区块链对社会过程的影响。

社会过程是社会学研究的另一个重要议题，它指的是人类团体互相交接，并因而彼此建立社会关系的各种活动。社会过程包括很多形式，竞争（competition）、冲突（conflict）、顺应（accommodation）、合作（cooperation）与同化（assimilation）都是其形式。

很显然，区块链技术的应用对于以上各种形式的社会过程都会产生重要影响。以合作为例。过去，人与人的合作是建立在信任的基础之上的，因此一部人类合作史从某种意义上说就是信任的发展史。如前所述，在人类社会的早期，信任关系主要在熟人之间建立，因而合作的范围和规模都比较小。后来，人们发展出了专门的第三方机构来帮助信任的建立，陌生人之间的信任建立才由此成为了可能，合作的范围和规模才由此变大。不过，借由第三方建立的信任带有很强的中心化色彩，它需要以第三方机构作为中心才能展开。离开了这些中介，个体之间就难以开展合作。

区块链技术的应用显然将会改变以上局面。基于区块链技术，人与人之间可以很容易地实现点对点的互动，并可以通过智能合约等手段来达到"去信任化"。换言之，未来人与人之间的合作将不再需要建立信任。很显然，这样的合作方式将会和传统的合作方式有着根本的不同，而这些不同就需要社会学来研究。

类似地，区块链技术的应用也会对竞争、冲突、顺应、同化等其他社会过程产生影响。这些影响的机制到底如何，又会产生怎样的后果，都需要相应的社会学理论来进行分析。

（3）区块链对社会治理的影响。

社会治理是近年来社会学的热门研究领域，也是社会学理论最重要的实践领域之一。区块链技术的应用，给社会治理提供了很多新工具和新方法，这些工具和方法对社会治理的影响，以及这些影响的作用机制，都有可能成为社会学研究的新热点。

区块链原本展现的特质仅仅是一种基于计算机和互联网的信息存储技术，但它却表现出能够对传统合同、企业组织和市场等主要治理机制实现更为高效的功能性拓展乃至替代。这些特性对于社会治理都有十分重要的意义。目前，有助于体现区块链能够发挥治理功能的核心特质包括两个方面：一是区块链系统的分布式存储，区块链是一种数字化存储的、公共的，人们可以据以与他人订立合同的分布式账本；二是区块链系统的可自动执行性，区块链可以通过计算审查来自动执行已验证的交易或合同。这两个特质表明，在没有第三方机构的情况下，个体也能够以复杂的方式自我组织起来。显然，这些现象为自组织（self-organization）、自治理（self-governance）等理论提供了极为鲜活的案例，它们有可能成为启发全新的社会学理论的现实源头。

85 区块链的应用会给法学理论带来怎样的影响?

作为一种新的技术，区块链是在缺乏相关法律法规规范的环境下发展、成长起来的。在这个过程中，势必会引发很多的法律问题，需要法学理论的回应。从目前来看，区块链引发的法学问题中有如下几个最为值得关注。

（1）区块链监管中的主题认定问题。

区块链不应该是法外之地，自然需要有相应的监管。但是，区块链独特的技术构造所引发的区块链内部关系结构界定的困难，给监管带来了很大的挑战。这不仅反映在“链内”不同类型节点控制者及其电子代理法律关系的界定上，更表现为“链外”监管者不能轻易探知区块链参与者的实体及其治理角色。

共识算法机制与自动执行规则造成了区块链监管的困难。通过对信任的锁定、社区的共识和交易的公开，区块链系统不会出现单点故障，所以法律介入区块链面对的是整个区块链网络，这使得法律很难找到介入区块链的着力点。如果出了问题，究竟是抓一个点，还是抓一条链，这是个十分现实却难以回答的问题。

一个典型的例子就是所谓的“The DAO 事件”。在对该事件的处理中，美国证监会认为 DAO 币属于美国证券法上的证券，但在选择是让投资者还是发起人或第三方承担违法责任的问题上却争议很大。虽然美国证监会最终选择了发起人或第三方作为责任主体，但这一认定引发了较大的争议。①

（2）智能合约的法律性质问题。

在区块链的六层架构中，智能合约作为区块链交易的执行机制而存在。借助智能合约，各方能利用代码来记录有约束力的商业关系的部分或全部条款，并利用软件来管理合同的履行。这在很大程

① 见 https://www.sec.gov/litigation/investreport/34-81207.pdf。

度上降低了现实中的交易成本，从而对经济发展起到了很大的促进作用，但与此同时这也带来了复杂的法律难题。

智能合约是否是法律上的合约？对此问题，学者们的争议很大。一些学者认为，典型的合同涉及一个或多个当事方未来的履行义务，而智能合约只是在区块链上运行并与区块链交互的代码的一个特定名称。它由区块链交易触发，并在该区块链的数据库中读取和写入数据。因此从本质上看，它既不“智能”，也非“合约”，不应纳入合同法的调整范围。①而另一些学者则认为，虽然区块链技术构建起全新的去中心化信任机制，但并未改变智能合约的合同本质，其构造仍然符合传统合同中所具有的“要约—承诺”结构，仍属于法律上的合同，只是当事人意思表示常须由解释来发现。②因此，究竟智能合约在法律上应该被如何定性，还需要进一步的研究和探讨。

（3）区块链基础上的金融创新的属性和监管问题。

从当前的情况看，区块链在金融领域的应用是最多、最成熟的。利用区块链，人们构建出了数字货币这种全新的资产形式，发明了ICO、STO等全新的融资方法。但是，对于这些新发明应该如何定性，如何将它们纳入现有的法律框架，却是一个难解的问题。例如，我们在前面的问题中已经提到，关于数字货币究竟应该算是货币还是其他类别的资产，争议很大。类似地，关于ICO应该被视为等同于IPO还是别的性质的活动，也存在着迥然不同的意见。关于这些

---

① 见 Kolber，A.，2018，“Not-So-Smart Blockchain Contracts And Artificial Responsibility”，*Stanford Technology Law Review*，21(2)，210—212。

② 赵磊、孙琦：《私法体系视角下的智能合约》，《经贸法律评论》2019年第3期。

问题，都需要新的法学理论来予以回答。

除了法律定性，在实践当中应该如何对这些金融创新进行监管则是一个更为现实和迫切的问题。从现有的法律看，关于 ICO、STO 的性质还没有明确界定，在这种条件下，对于这些活动应该明令禁止还是全面放开，抑或是采用更为稳妥的“沙箱监管”？不同观点的争议很大。究竟这些观点孰是孰非，也是亟待回答的一个问题。

除了以上几大问题之外，区块链引发的法律问题还有很多。例如，区块链究竟会怎样影响竞争和垄断？区块链的时间戳技术在证据法上的定性究竟如何？这些都是十分现实的问题，也都需要相应的法学理论给出答案。

86 区块链的应用会给伦理学带来怎样的影响？

作为一项全新的技术，区块链对现有世界带来的影响和冲击是全方面的。在这个过程中，也会和现有的伦理规则产生很多冲突，从而引发很多伦理问题，这些问题，都需要伦理学来予以回应。具体来说，区块链可能引发的伦理问题有如下几个方面。

第一，“挖矿”能源消耗不可持续。区块链的算法工作机制对于区块链内部的安全性是至关重要的，但也正是这个工作机制导致人们对区块链具有强烈的批评声，当然这些批评首先是针对比特币的，人们认为要维护区块链的能源消耗是不可持续的。随着比特币越来越少，“矿机”所要解决的问题也越来越困难，那么所需要的“矿机”也要越来越先进，所消耗的电力越来越多，能源消耗越来越大。因此，“矿机”的升级在所难免，这就造成了“矿机”设备的消耗量和废弃量也增长得很快（绝大多数“矿机”的有效期为3—6个月）。

第二，区块链会对就业带来冲击。区块链技术也可能产生重大的社会影响，从而引发伦理问题。显然，人工智能可能导致的大规模失业将是一个重大的社会影响，这将会带来进一步的经济、社会和政治后果。区块链技术极强的智能化，会使人逐渐偏离工作需求。区块链在金融领域的运用会导致某些工作几乎完全由计算机完成，以人类无法匹配的速度运算。随着金融行业越来越多地使用区块链技术，人们最终可能失去自己完成各种体力及智力任务的能力。另一个引发更深刻伦理问题的是我们可能失去自身很有价值的一些技能和能力。

第三，引起隐私暴露风险。区块链技术虽然一定程度上能够保护个人的信息，但还是存在一定的漏洞使他人获取隐私信息，其中还包括金融信息。同时，隐私的泄露可能会导致一系列后果，如收到骚扰信息或垃圾文件等。当前关于区块链隐私泄露的事件没有进入大众的视野，一方面是由于区块链技术本身的复杂性导致一般人很难对区块链保护的隐私进行“窃取”，另一方面是由于区块链自身技术的安全性导致现阶段外部力量很难攻破区块链技术的壁垒。但是，这并不能完全保证区块链以后不会发生隐私泄露的问题。

第四，技术成为犯罪工具。在比特币诞生初期，监管部门就开始关注比特币是否会成为洗钱或购买非法物品的工具。这种想法并非空穴来风。比如，有个网站名为“丝绸之路网站”，主要售卖非法药物，其上的许多商品以比特币定价。由于比特币系统的匿名性导致执法部门可以追查到每笔比特币交易的流转信息，但无法继续追查犯罪人员，执法难度加大，增加了出现新型犯罪模式的可能。

第五，金融风险更快传播。资本的目的是实现自我增值。区块链技术能够使得金融交易的结算在很短的时间内发生，这就意味着倘若区块链内部出现了金融风险，由于“羊群效应”，盲目的市场参与者会快速交易，使得风险快速传播。因此，在金融资本的推动下，全球性的金融危机更容易发生。

第六，犯罪追踪难度加大。由于区块链技术下的操作都是不可逆的，因此会产生无法追踪犯罪的风险。此外，如果一些交易是不合法的或是在欺骗条件下进行的，法律在追踪时便会由于区块链技术的不可撤销性无法追讨资金。

第七，无法消除恶的本源。区块链技术的特点之一是其他人无法自由地篡改数据，这的确保护了数据，但并不意味着原始数据就是真实的。借由区块链的这种技术，一些不法分子可能会故意上传反动、不良的信息，这些恶的信息无法被监管部门删除，从而使得区块链技术变为恶的技术。

第八，逃避税收。比特币因其匿名性（税收部门无法追查真实信息）使得区块链技术具备避税功能。随着区块链技术在金融领域的逐步发展，未来的金融交易或许会在区块链上大行其道，给国家征税带来困难。

显然，以上的所有问题，都涉及大量利益主体的博弈。究竟应该如何平衡这些不同主体之间的利益？在平衡这些利益的过程中，究竟应该采取哪种价值取向？是功利主义、平等主义，抑或是其他的什么价值观？所有的这些，都有待伦理学的研究来予以解答。

第四篇

政策篇

87 习近平总书记在中共中央政治局第十八次集体学习时指出，“区块链技术的集成应用在新的技术革新和产业变革中起着重要作用”。对于习近平总书记的这一论述，应该如何理解？

习近平总书记在主持中共中央政治局第十八次集体学习时强调，区块链技术的集成应用在新的技术革新和产业变革中起着重要作用。区块链行业具有巨大的发展潜力和广阔的应用前景，区块链技术的集成应用在推进新技术革新和产业变革中的重要作用不可低估，是我国核心技术自主创新的重要突破口。习近平总书记的这一重要论述，为我国区块链技术与产业发展指明了方向。

一是要把区块链作为核心技术自主创新的重要突破口，在区块链技术与其他技术集成发展上着力，驱动我国新的技术发展变革。习近平总书记指出，我们要把区块链作为核心技术自主创新的重要突破口，明确主攻方向，加大投入力度，着力攻克一批关键核心技术。习近平总书记的这一论述切中了区块链技术的本质，区块链实质上是基于复合性技术的、面向复杂经济社会场景的综合性方案，区块链技术与其他技术集成，可能会产生颠覆性的技术变革，催生出新业态，所以区块链技术自问世便引发了各国的重视，无论是区块链技术发达的美、英、日等发达国家，还是印度等发展中国家，均高度重视区块链技术的布局与发展。根据国家工业信息安全发展研究中心对美国、欧洲、日本等国家和地区的 102 家专利授予机构的著录项目统计，截至 2019 年 12 月 31 日，全球区块链相关专利已经达到 19 568 件。我国在区块链领域拥有良好的技术基础，有条件也有能力把区块链作为核心技术自主创新的重要突破口，从申请人国别来看，中国申请人区块链专利 13 023 件，占全球的 66%，展现出较强的技术发展实力。在此基础上，我国应当进一步加快区块链和人工智能、大数据、5G、物联网、量子计算、生物医学等新技术融合创新，引领新模式进一步向纵深方向发展，沿信息技术的深度融合，推动集成创新和融合应用。

二是加强和创新区块链技术在产业变革中的应用。习近平总书记的讲话切中我国及世界区块链技术应用的要点，即如何将区块链技术与实体产业相结合，如何促进产业的变革发展。目前，我国区块链技术的应用场景已延伸到数字金融、物联网、智能制造、供应链管理、数字资产交易等多个领域。我国中央和地方层面都出台了政策，引导、促进区块链技术的应用，推动区块链技术在教育、就业、物流、养老、政务、医疗健康、产品溯源、食品安全、社会救助、电子取证等领域的应用，鼓励企业在这些领域的投入、探索、创新发展。同时我们也应当看到，在众多创新应用中，多为小范围试点应用，并未大规模推广，暂未对传统经营模式带来颠覆式改变。在习近平总书记讲话的指导下，我国应当进一步创新政府监管和治理方式，结合我国实际和新的发展实践推动区块链技术创新，推动区块链更为广泛和深入地与经济社会融合发展，从试点应用转化为市场应用，使区块链技术在建设网络强国、发展数字经济、助力经济社会发展等方面发挥更大作用。切实做到习近平总书记所指出的，进一步推动区块链和实体经济深度融合，利用区块链技术探索数字经济模式创新，探索“区块链+”在民生领域的运用，推动区块链底层技术服务和新型智慧城市建设相结合，利用区块链技术促进城市间在信息、资金、人才、征信等方面更大规模的互联互通，探索利用区块链数据共享模式等方向。

88 什么是“新基建”？为什么说区块链也是一种“新基建”？

所谓“新基建”，即新型基础设施。这个概念，最早出现于2018年的中央经济工作会议。此后，这一概念先后多次出现在中央和部委的会议文件中，但这些文件都没有专门解释“新基建”究竟是什么。直到2020年4月20日，国家发改委才对“新基建”给出了比较明确的定义。

根据发改委的定义，新型基础设施是以新发展理念为引领，以技术创新为驱动，以信息网络为基础，面向高质量发展需要，提供数字转型、智能升级、融合创新等服务的基础设施体系。

目前来看，新型基础设施主要包括三个方面内容。一是信息基础设施。主要是指基于新一代信息技术演化生成的基础设施，例如，以5G、物联网、工业互联网、卫星互联网为代表的通信网络基础设施，以人工智能、云计算、区块链等为代表的新技术基础设施，以数据中心、智能计算中心为代表的算力基础设施等。

二是融合基础设施。主要是指深度应用互联网、大数据、人工智能等技术，支撑传统基础设施转型升级，进而形成的融合基础设施，例如智能交通基础设施、智慧能源基础设施等。

三是创新基础设施。主要是指支撑科学研究、技术开发、产品研制的具有公益属性的基础设施，例如重大科技基础设施、科教基础设施、产业技术创新基础设施等。

可以看到，根据发改委的定义，区块链属于信息基础设施类别中的新技术基础设施。区块链以P2P对等网络和码学技术为基础，重在数据存储与数据交互，相对而言更为底层、抽象。由于它具有不可篡改、去（弱）中心化等特点，区块链能在不可信的互联网环境中建立信任，搭建信任基础设施，消除中心化架构带来的信息不对称，从而降低经济生活中的信任成本。依托互联网P2P对等网络架构，融合加密验证、共识机制等技术元素，区块链为互联网环境中创建信任提供了新思路，区别于传统可信第三方的中心化信任，区块链无需可信第三方就可在多方节点间创建信任联系。

在数字经济时代，数据正在成为一种关键的生产要素。随着5G、人工智能等技术的成熟，数据的搜集和处理瓶颈已经得到了重大突破，但是庞大的工业级数据产生之后如何支撑商业化应用仍然是一个重要难题，而这个难题的破解需要诉诸于以区块链等技术的应用。从这个意义上讲，在数据经济时代，区块链将会是一种必不可少的新型基础设施。

89 目前，我国国家层面已经出台了哪些涉及区块链的政策法规？

随着区块链技术的发展及其应用范围的日益广泛，国务院及各部委加强相关政策制定，涉及产业引导、金融监管、内容监管等方面。

国务院高度重视区块链技术及产业发展，2016 年在国务院《“十三五”国家信息化规划的通知》中首提区块链技术，并将区块链作为战略性前沿技术写入规划。随后，在国务院发布的《关于新一代人工智能发展规划的通知》《关于积极推进供应链创新与应用的指导意见》《关于进一步扩大和升级信息消费持续释放内需潜力的指导意见》《关于深化“互联网 + 先进制造业”发展工业互联网的指导意见》《交通强国建设纲要》等文件中，均提到了促进区块链技术，促进或者探索区块链技术在相关领域的运用，体现了对区块链技术的重视。

我国工业和信息化部、教育部、商务部、国家邮政局等部委都在相关政策文件中对促进区块链产业化或促进区块链技术在相关产业、服务的应用作出部署。工业和信息化部 2016 年在《软件和信息技术服务业发展规划（2016—2020 年）》中提出“区块链等领域创新达到国际先进水平”的要求；2017 年在《云计算发展三年行动计划（2017—2019 年）》中提到要“开展大数据、物联网、人工智能、区块链等新技术、新业务的研发和产业化”；2018 年在《工业互联网发展行动计划（2018—2020 年）》中提到“鼓励推进边缘计算、深度学习、区块链等新兴前沿技术在工业互联网的应用研究”，在《2018 年信息化和软件服务业标准化工作要点》中提出“推动组建全国信息化和工业化融合管理标准化技术委员会、全国区块链和分布式记账技术标准化委员会”。教育部发布《教育信息化 2.0 行动计划》，提出积极探索基于区块链、大数据等新技术的智能学习效果记录、转移、交换、认证等有效方式，形成泛在化、智能化学习体系，推进信息技术和智能技术深度融入教育教学全过程，打造教育发展国际竞争新增长极。国家邮政局出台《关于推进邮政业服务“一带一路”建设的指导意见》，提出“与沿线国家交流邮政业和互联网、大数据、云计算、人工智能及区块链等融合发展的经验，联合开展科技应用示范”，商务部在《进一步推进国家电子商务示范基地建设工作的指导意见》中要求“推动示范基地创业孵化，促进大数据、云计算、物联网、人工智能、区块链等技术的创新应用”。

鉴于区块链技术在虚拟货币领域带来的风险，我国将区块链纳入金融监管领域，出台相应政策。2013 年中国人民银行、工业和信息化部、中国银监会、中国证监会、中国保监会等联合发布了

《关于防范比特币风险的通知》，提示比特币风险，要求各金融机构和支付机构不得开展与比特币相关的业务。2017 年互联网金融风险专项整治工作领导小组办公室发布《关于对代币发行融资开展清理整顿工作的通知》，要求全面停止新发生代币发行融资活动，建立代币发行融资的活动监测机制，防止死灰复燃；对已完成的 ICO 项目要进行逐案研判，针对大众发行的要清退，打击违法违规行为。央行等七部委发布的《关于防范代币发行融资风险的公告》要求即日停止各类代币发行融资活动，已完成代币发行融资的组织和个人应当做出清退等安排等。2018 年 1 月，银保监会、中央网信办、公安部、中国人民银行、国家市场监管总局联合发布关于防范以“虚拟货币”“区块链”名义进行非法集资的风险提示，警惕投资者尤其要防范境外发币机构由于缺乏规范而存在的系统安全、市场操纵和洗钱等风险，同时也指出，为“虚拟货币”交易提供支付等服务的行为均面临政策风险，投资者应主动强化风险意识，保持理性。

在信息内容监管方面，面对区块链可能带来的信息监管难题，我国及时出台政策。国家互联网信息办公室于 2019 年 1 月发布了《区块链信息服务管理规定》，对区块链信息服务作出界定，并对区块链信息服务提供者从技术条件、管理制度、用户真实身份信息认证、信息内容合法等方面作出要求，规定区块链信息服务提供者备案制度，并规定相应罚则。

90 我国都有哪些地方出台了与区块链相关的政策？

截至2020年1月，我国内地共有28个省、直辖市、自治区出台了与区块链相关的政策，大多体现为在鼓励引导创新技术发展、应用及产业化支持性政策中，将区块链作为方向之一，部分地市、区县也针对区块链发布了相关鼓励性措施。从政策内容来看，各地方重视促进区块链技术发展，将区块链技术作为产业创新的新引擎，加强区块链技术研发，推进区块链在各行业的应用，各省市自治区根据自身发展重点和优势，分别积极探索区块链技术在金融、环保、贸易通关、物流、工业互联网、数据交易、医疗、能源、零售、产品溯源等领域的应用。

部分地市、产业园区专门针对区块链发展制定了专项鼓励性政策。2017年贵阳市人民政府发布了《关于支持区块链发展和应用的若干政策措施（试行）》，在主体、平台、创新、金融和人才五方面对区块链产业提供政策扶植。青岛市北区政府在2017年印发了《关于加快区块链产业发展的意见（试行）》，颇有远见地提出要加强区块链理论研究和底层技术的突破创新，围绕政用、民用和商务领域的重大需求和主要痛点，鼓励区块链技术在政府管理、民生项目、跨境贸易、金融投资、企业信息化管理等行业开展先试先行，推动区块链理论技术与应用场景的有效结合，并从工作重点、保障措施等方面作出了规定。同年，苏州高铁新城发布《区块链产业发展扶持政策》，从人才落户支持、经营扶持、平台支持、应用支持、人才扶持、培训支持、金融扶持、活动扶持、一事一议等九个方面作出了规定。广州市黄埔区也在2017年出台了《广州市黄埔区广州开发区促进区块链产业发展办法》，核心条款包括七个方面，涵盖成长奖励、平台奖励、应用奖励、技术奖励、金融支持、活动补贴等。上海市杨浦区于2018年印发了《促进区块链发展的若干政策规定（试行）》，就区块链行业的发展给出了12条政策性支持，包括开办费补贴、办公用房补贴、联盟支持、融资支持等。2018年，贵阳国家高新区印发《促进区块链技术创新及应用示范十条政策措施（试行）》，从入住支持、运营补贴、贡献奖励、创新支持、成果奖励、人才扶持、培训补贴、融资补贴、风险补充、上市奖励等几方面提供奖励政策。同年，长沙市经济技术开发区管委会发布《长沙经开区关于支持区块链产业发展的政策（试行）》等，从资金扶持、人才、技术鼓励等20个方面专门就本地区、园区推进区块链产业发展作出部署。

91 目前美国对于区块链的态度如何？出台了哪些相关的重要法律政策？

美国是世界上区块链技术、产业发展最为活跃的国家，从总体上看，美国为区块链技术发展提供了宽松的创新环境，美国从事区块链业务的企业数量居世界第一，截至2019年上半年，美国有27家比特币交易所，是比特币交易最为活跃的国家。①美国联邦政府虽然尚没有发布区块链国家级战略，但是政府各主要部门已对区块链的重要性达成共识。2018年美国国会针对区块链召开几次听证会，听证会上，SEC主席和美国商品期货交易委员会（CFTC）主席发言作证，表示区块链技术有着极大的潜力，国会研究处方面的发言提到美国总务管理局和国土安全局正在将区块链作为一种提高当前政府业务效率的方式来考查。②2019年7月，美国参议院商业、科学和交通委员会批准《区块链促进法案》，要求在联邦政府层面成立区块链工作组，旨在推动区块链技术定义及标准的统一，以及区块链在非金融领域更大范围的应用。③目前该法案仍在审议过程中，如能获通过，将是美国联邦层面针对区块链的第一部统一立法。

美国高度重视区块链技术带来的机遇的同时，制定法律政策，对新技术予以法律认可并进行监管。美国联邦和州层面都针对区块链出台了相关法律政策，内容涉及促进区块链技术发展、加密数字货币、反洗钱、税收、智能合约法律地位等方面。

---

① 具体数据参见BitFury，2019，“Report on International Bitcoin Flows 2013—2019”，https://crystalblockchain.com/assets/reports/International%20Bitcoin%20Flows%20Report%20for%202013-2019%20-%20by%20Crystal%20Blockchain，%20Bitfury.pdf。

② 参见仇江鸿：《区块链“美国共识”已经形成》，OneTV微信公众号2018年2月16日。

③ 见https://congress.gov/bill/116th-congress/senate-bill/553。

（1）联邦层面。

美国联邦层面法律政策的重点在加密数字货币及相关交易的监管上，相关监管机构主要是 SEC、CFTC、美国国家税务局、美国财政部等，这些机构各司其职、相互配合，加强加密数字货币及发行交易监管，进行反洗钱规制，提供了较为完整的监管框架。SEC 与 CFTC 于 2018 年 1 月联合发布《关于对虚拟货币采取措施的联合声明》，其中提到，不论是以虚拟货币、代币还是其他名义开展的违法违规行为，SEC 和 CFTC 都要进行穿透分析，判定其业务实质并依法采取监管措施。①SEC 又于 2019 年 4 月 4 日发布了《数字资产投资契约分析框架》，意在帮助市场参与者确定数字资产是否符合美国联邦证券法的证券资格，并要求参与者需在监管机构注册。②2019 年 7 月 18 日，SEC 又与美国金融产业监管机构（FINRA）联合发布声明，强调“保护客户原则”的重要性，要保护投资者避免财产损失，帮助 SEC 降低潜在的欺诈，联合申明回答了市场参与者关于数字资产托管的问题。

在税收规则方面，美国针对虚拟财产交易制定完善的税收法则。2014 年 5 月，美国国税局发布《关于虚拟货币在美国联邦体系中被定义为财产的指引和财产交易应用的税务通则》，将虚拟货币交易纳入税收规制范围，从税收法律规则的角度认可了虚拟货币的财产性质，而非货币，并从五方面进行了税收的一般规定。美国国税局又

---

① 邓建鹏、孙明磊：《区块链国际监管与合规应对》，机械工业出版社 2019 年版。

② 参见“Frameworkfor‘Investment Contract’Analysis of Digital Assets”，https://www.sec.gov/files/dlt-framework.pdf。

通过第 525 号公告、第 544 号公告、第 551 号公告等制定虚拟货币作为支付手段、虚拟货币交易损益的计税方法、“挖矿”所得虚拟货币的计税方法等。2019 年 10 月 9 日，美国国税局发布《加密数字货币纳税指南》，以澄清实践中关于加密数字货币纳税的争议及新问题，再次重申虚拟货币并非流通货币，并指出区块链硬分叉。同年 10 月 12 日，美国国税局根据上述指南发布新的关于额外收入和收入调整的 1040 表格草案，并首次向纳税人询问其加密活动。

在国防领域，2019 年 7 月，美国国防部在四年路线图中发布了区块链计划，名为《国防部数字现代化战略：国防部信息资源管理战略计划 FY19-23》。美国国防部高度评价了区块链技术蕴含的巨大潜力，认为其有望推动未来的军事安全。此外，美国国防高级研究计划局正在进行至少两个侧重于网络安全的探索性区块链项目。①

（2）州层面。

在州政府层面，美国大多数州对区块链技术持重视态度，部分州出台了区块链相关法律政策。

一方面，这些州通过法律承认区块链记录、智能合约的合法地位。目前，亚利桑那州、特拉华州、怀俄明州、田纳西州、俄亥俄州、加利福尼亚州等都出台了相关法律，认可区块链记录的法律地位。特拉华州于 2017 年通过法律，允许公司通过区块链技术存储信息并向股东传输通知、记账。2018 年 3 月，田纳西州签署议会法案

① 参见“DoD Digital Modernization Strategy: DoD Information Resource Management Strategic Plan FY19-23”，https://media.defense.gov/2019/Jul/12/2002156622/-1/-1/1/DOD-DIGITAL-MODERNIZATION-STRATEGY-2019.PDF。

1662号，修订《田纳西法典注释》，承认区块链技术和智能合约在进行电子交易时的合法地位，根据新的规定，“任何与生意业务有关的合约都不能仅仅因为其中包括一个智能合约条款而被剥夺法令效力、有效性或可执行性”，“保护通过区块链技术存储的信息所有权”。2019年9月，加利福尼亚州议会通过第2685号法案，该法案重新定义适用于在州内发生的电子记录的法律，认可区块链交易、数字签名和智能合约为合法的记录形式。科罗拉多州则通过法令推进区块链技术在保存政府记录中的应用。佛特蒙州允许创建“基于区块链的有限责任合伙”①，从法律上认可区块链带来的新型合作形式问题。

另一方面，美国部分州进行监管创新，通过税法、监管方式改革等，鼓励使用加密数字货币。如怀俄明州通过法令豁免针对加密数字货币征收财产税，俄亥俄州允许使用比特币等加密数字货币缴纳税收，2018年，亚利桑那州在美国诸州中首推“监管沙盒”，指导州内金融科技、区块链、数字货币等新兴产业的发展。该政策实施为金融科技创新者上市新产品减少了监管压力，有关公司可以试行产品长达2年，在取得正式牌照之前服务最多10 000名用户。②

部分州则加强加密数字货币监管，防控加密数字货币交易中的风险。纽约州是美国各州立法中最早出台加密数字货币监管的州。2018年12月21日，纽约州通过《数字货币研究法案》，成立了数字

① 参见Block Chain Law Report，http://blockchain-law-report.com/。

② 参见 https://www.globallegalinsights.com/practice-areas/blockchain-laws-and-regulations/usa。

货币研究工作组。随后，在2019年12月30日，纽约州政府出台了《加密数字货币上市审批框架指南》，将修改新加密数字货币上市审批程序，进一步规范相关审核流程。2016年7月，北卡罗来纳州修订《货币转移法》，明确阐释了该州对虚拟货币的立场，认为“虚拟货币是价值的数字代表，可以用来交易和存储价值，也可以充当交换媒介或记账方式，但在美国并不具备法律地位，不能充当本国法币”。美国先后有十几个州针对消费者发布了类似警告通知，提示风险。2019年3月，加利福尼亚州议会多数党领袖伊恩·卡尔德隆（Ian Calderon）提出了议会法案1489，将管理加密数字货币业务活动，创立类似于纽约州BitLicense的审批制度，要求企业在该州进行与加密相关的活动时，必须通过审批程序。

92 目前日本对于区块链的态度如何？出台了哪些针对区块链的政策？

日本是世界上对区块链技术态度最为积极的国家之一，最早针对区块链和虚拟货币进行立法，也是第一个承认加密数字货币为合法支付手段的国家。2016年，日本修订《支付服务法》，专门增加“虚拟货币”一章，承认虚拟货币为日本合法的支付手段。2018年6月，日本内阁宣布采用沙盒监管政策，在金融服务、医疗保健和运输等多领域试验 AI、物联网、大数据与区块链等前沿技术，政策欢迎日本国内外的组织和公司申请创新项目进行试验。2019 年 6 月，日本政府又在“未来投资会议”上通过《成长后续战略方案》《创新工作实施方案》，提出促进区块链等技术采用的方针，进一步推动区块链技术与各应用领域的融合。日本政府对区块链的正向鼓励态度为其区块链产业发展创造了良好的环境，其国内各大金融机构和互联网公司等都积极介入区块链行业，日本区块链市场呈现繁荣发展态势。

但日本并没有放松对区块链发展带来风险的监管，尤其是面对加密数字货币可能引发的金融风险，日本专门设立了监管虚拟货币交易的平台制度。后再度修改《支付服务法》“虚拟货币”一章，对虚拟货币实行更为严格的监管措施。此外，该修正草案将加密数字货币运营商进行了分类，以区分从事保证金交易的运营商和发行初始代币令牌的运营商，以保护投资者的交易安全，并鼓励更多合法公司将代币令牌用作发行工具。

2019 年 9 月 30 日，日本金融服务局发布了《金融工具业务运营商综合监管指南》的修改草案。①修改主要涉及基金投资加密数字货币。日本金融服务局表示，预计将来会形成投资于加密资产的金融产品，对加密资产的投资正在鼓励投机活动。因此，监管机构建议投资者应谨慎对待此类资产投资信托的设立和出售。②

---

① 参见《金融商品取引業者等向けの総合的な監督指針（本編）》，https://www.fsa.go.jp/news/r1/shouken/20190930.pdf。

② 参见《日本金融服务局发布对加密数字货币的投资指导意见草案》，https://tokenpost. com/Japans-Financial-Services-Agency-issues-draft-guidelines-for-funds-investing-in-cryptocurrencies-3693。

与加密数字货币的法律性质定位相适应，日本在税收方面也给予加密数字货币与真实货币同等的对待。2017年之前，日本针对加密数字货币征收消费税。与修改《支付服务法》相一致，日本税法也进行了修改，日本国家税收机构宣布，根据修改后的税法规则，加密数字货币收入归入“杂项”收入，纳税人不应再享受消费税的抵消政策，也就不能将销售或者使用加密数字货币的支出抵消收入，同时将加密数字货币纳入遗产税的征收范围。

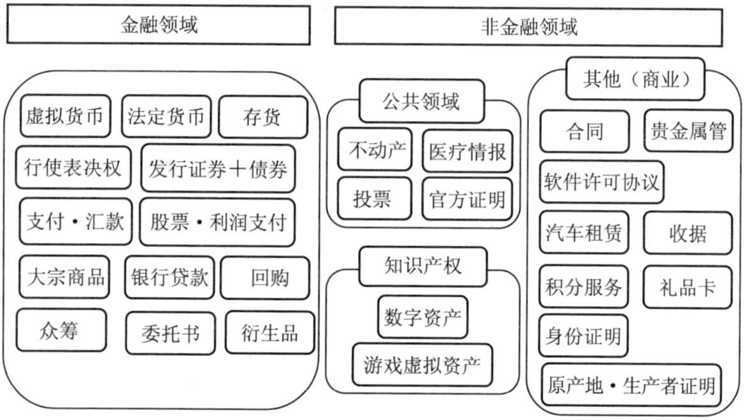

图 26　日本金融厅对区块链技术应用的指导意见

资料来源：作者根据日本金融厅相关资料整理。

在货币转账和反洗钱监管方面，日本也构建了较为完善的监管制度。依据日本现行法律，只有获得授权的银行或者基金交易运营商有权从事货币转账业务。根据日本最高法院的判例，加密数字货币不属于基金的范围，但是，如果虚拟货币的汇款实际是通过法定货币交易的，则也被视为货币转账。基于此，日本加强虚拟货币的反洗钱监管，避免洗钱交易通过区块链进行，交易提供者负有一定义务，包括厘清客户与实际控制客户从事的交易的主体，记录交易并保存交易记录至少 7 年，向相关机构及时汇报可以交易等。

93 目前韩国对于区块链的态度如何？出台了哪些针对区块链的政策？

韩国较为重视区块链技术及其应用，采取多种措施鼓励区块链及其应用的发展，而对虚拟货币领域的态度却基本上是先扬后抑的，由鼓励发展转变为严格监管，但近期韩国逐渐放开虚拟货币监管，政策有回暖趋势。总的来看，韩国目前对区块链持鼓励发展的态度。

2016 年，韩国金融服务委员会（FSC）公布金融领域科技发展计划，提出逐步实现虚拟货币监管制度化。2017 年 7 月，《韩国外汇交易法》修订版通过，实现比特币汇款方式合法，允许金融科技公司在金融监管局进行注册后，可以处理价值最高 2 万美元的比特币，要求地方交易所平台保留至少 43.6 万美元的资本金，必须具备用户识别和反洗钱数据处理设施。至此，韩国对虚拟货币一直持支持发展态度。

但很快，在 2017 年 9 月，韩国政府对虚拟货币的态度就发生了较大变化。FSC 为打击虚拟货币欺诈行为，禁止国内公司参与 ICO。韩国随后又接连发布禁令，禁止外国人和未成年人交易加密数字货币，禁止公职人员持有、交易虚拟货币，随后于 2018 年 1 月发布规则，要求虚拟货币交易应当进行实名制。2018 年，韩国政府虽解禁 ICO，但仍保持严格监管措施。

韩国在整体区块链法律政策上尚没有实质性进展，但随着全球各国对区块链技术的逐渐重视，韩国对区块链技术及其应用的态度开始逐渐回暖。首尔、釜山先后成为区块链监管自由区，政府在旅游、金融、物流和公共安全领域加大区块链应用，同时加大资金支持，鼓励区块链项目发展，现任韩国总统文在寅也表示将要在区块链监管方式上进行创新，以鼓励技术的发展。①2018 年 6 月，韩国科学技术信息通信部发布了《区块链技术发展战略》②，目标是到 2022 年筹集 2 300 亿韩元（约合 2.07 亿美元）的资金，培养 1 万名区块链专业技术人才和 100 家公司，涉及房地产、在线投票、航运物流、房地产以及国际电子文件分发等领域，并在韩国商务部的支持下扩大现有的 6 家区块链试点项目，最终使其盈利。

---

① 参见《韩国总统强调区块链领域监管创新的重要性》，https://cointelegraph.com/news/south-korean-president-regulatory-innovation-is-question-of-survival。

② 参见韩国科学技术信息通信部：《区块链技术发展战略》，https://www.msit.go.kr/cms/www/policyCom/report/_icsFiles/afieldfile/2018/06/26/%EB%B6%99%EC%9E%843.%20%EB%B8%94%EB%A1%9D%EC%B2%B4%EC%9D%B8%20%EA%B8%B0%EC%88%A0%20%EB%B0%9C%EC%A0%84%EC%A0%84%EB%9E%B5%20%EC%A0%84%EC%B2%B4%EB%B3%B8_1.pdf。

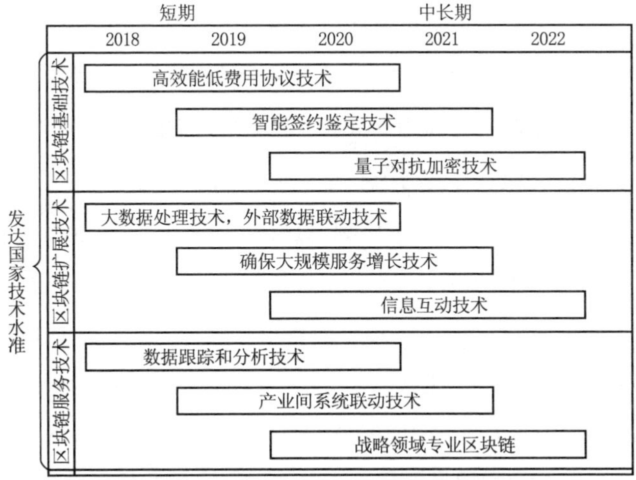

图 27　韩国区块链技术发展路线图

资料来源：作者根据韩国科学技术信息通信部《区块链技术发展战略》整理。

94 目前印度对于区块链的态度如何？出台了哪些针对区块链的政策？

印度虽为互联网大国，但与大多数国家一样，对区块链技术及其应用持既重视又谨慎的态度。印度对区块链的谨慎监管主要体现在对加密数字货币监管方面，而对区块链技术在其他领域的应用则持鼓励态度，采取措施加强引导，探索区块链技术发展及应用路径。

印度针对加密数字货币方面持谨慎监管态度。2013 年 12 月，印度储备银行针对虚拟货币发布声明，提示用户、虚拟货币持有者及交易者虚拟货币带来的风险。2017 年 1 月，印度储备银行发布名为《在印度银行和金融部门使用区块链技术》的白皮书，随后在同年 2 月和 12 月，又再次发布声明提醒用户注意虚拟货币风险。印度财政部长阿伦·贾特利（Arun Jaitley）在 2018 年的国会预算会议上发言，表示印度政府不承认加密数字货币的法律地位，但同时强调了区块链的重要性，并承诺政府将引导探索使用区块链技术以迎接数字经济。①2018 年 4 月，印度储备银行发布《关于发展与监管政策的声明》，禁止储备银行管理的银行交易虚拟货币或者为便利个人或企业交易虚拟货币提供便利或服务。该规定引发行业不满，印度最高法院针对该声明先后举行两次听证会，仍尚无结论。

印度鼓励区块链技术在其他领域应用。目前印度政府正在加紧制定在金融和贸易等各领域应用的国家区块链政策。2019 年 10 月，印度电子和信息技术国务部长发布《印度政府电子与信息技术部部长关于区块链技术运用的问题答复》（以下简称《答复》）。②《答复》强调了区块链的重要性以及如何将其应用于包括政府部门、网络安全和金融行业在内的不同领域。《答复》指出印度的区块链技术发展目标主要包括：围绕研发组织、政府部门和学术界发展生态系统，以培育区块链技术；在行政管理、银行、金融与网络安全领域

① 参见《印度的区块链趋势和区块链采用速度》，https://yourstory.com/2019/01/blockchain-trends-the-speed-of-blockchain-adoption-in-india。

② 参见《印度政府电子与信息技术部部长关于区块链技术运用的问题答复》，http://164.100.24.220/loksabhaquestions/annex/172/AU1385.pdf。

进行区块链应用程序的设计、开发和试运行；研究已确定的区块链应用程序相关问题和挑战的应对方案；使用开源实现来满足区块链框架的不断发展；以及区块链技术的能力建设。《答复》还指出印度目前已经实施的一些举措包括：在特伦甘纳邦（Telangana）施行基于区块链的财产注册、云安全保证、金融服务中的账户持有人审查和贸易融资，同时基于区块链的协议来检查学术文件的真实性，以及进行车辆生命周期管理和酒店注册管理。

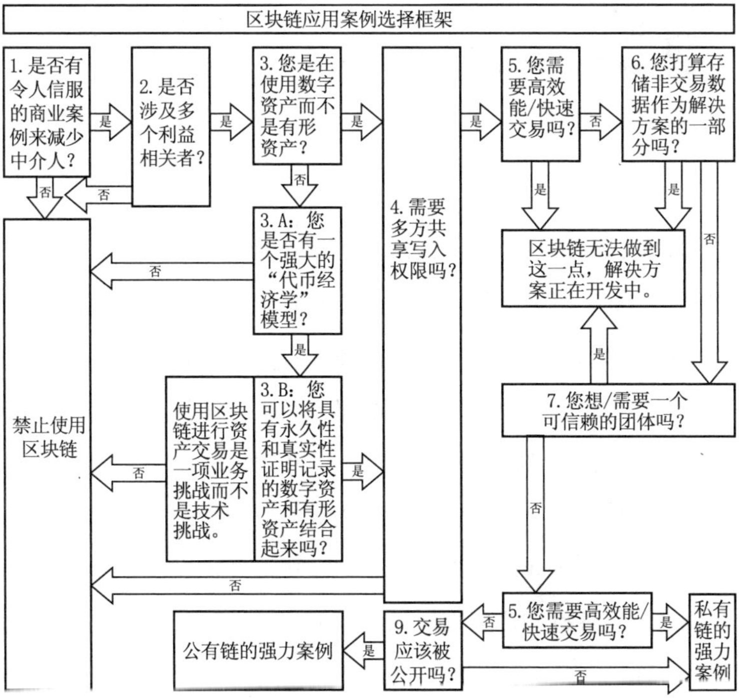

图 28 《区块链——印度战略》区块链应用案例评估框架

资料来源：作者根据《区块链——印度战略》草案整理。

2020 年 1 月，印度政府智库 NITI Aayog 发布了国家区块链政策草案文件《区块链——印度战略》。它对印度区块链应用案例进行了跟踪及应用效果分析，其文件整体内容体现了对区块链技术潜力的认可，也提出了区块链技术应用限制的疑虑，同时对区块链技术应用带来的法律监管方面的挑战进行了阐述。

95 目前欧盟对于区块链技术出台了哪些重要政策及举措？

欧洲是区块链技术发展活跃地区，欧洲国家大多较早开始在区块链领域布局，对区块链整体上持宽松且积极的监管态度。面对区块链等新技术的涌现，欧盟也力图抓住技术发展机遇，振兴欧洲经济。欧盟的区块链政策，旨在将欧洲置于区块链创新和运用的最前沿。在当代新技术快速发展的背景下，欧盟依靠以下主要举措来实现全球包容性发展：在部署基于区块链的应用程序方面加强合作和投资；支持国际标准制定以引领全球区块链技术发展；促进行业利益相关方与监管机构之间的对话，加强监管框架的探索。具体包括以下几方面。

（1）开展论坛推动技术发展。

2018 年 2 月，欧盟委员会启动一项“欧盟区块链观测站及论坛”

机制，旨在促进欧洲区块链技术发展并帮助欧洲从中获益。该机制具有收集与区块链有关的信息、监测和分析相关趋势、探索区块链技术的社会经济潜力并应对相关挑战等功能。

（2）建立欧洲区块链联盟。①

2018年4月10日，22个欧盟国家签署建立欧洲区块链联盟。该联盟将成为成员国在区块链技术和监管领域交流经验和传播专业知识的平台，并为启动欧盟范围内区块链技术应用做准备。联盟成员承诺将共同努力，以实现基于区块链的服务的各种可能性，从而造福社会。欧盟区块链联盟正在建立欧洲区块链服务基础设施（EBSI），它将使用区块链技术提供整个欧盟范围的跨境公共服务。2020年，EBSI将在欧洲部署分布式区块链节点网络，以为特定应用程序提供支持。

（3）开展公私合作。

欧盟委员会认为公私合作对于推进技术进步、确保技术推广普及至关重要，因此于2019年4月3日在布鲁塞尔成立了国际可信区块链应用协会（INATBA）。②协会成员包括分布式分类账技术的供应商和用户，以及来自世界各地的政府组织和标准制定机构的代表。该协会致力于提升区块链应用程序互操作性、法律确定性和信息透明性。

---

① 参见《欧洲区块链伙伴关系》，https://ec.europa.eu/digital-single-market/en/news/european-countries-join-blockchain-partnership。

② 参见《成立国际可信区块链应用协会-INATBA》，https://ec.europa.eu/digital-single-market/en/news/launch-international-association-trusted-blockchain-applications-inatba。

（4）促进建立相关法律制度。①

欧盟委员会认为法律上的确定性是企业在单一市场上开展业务的成功因素，因此建立确定的法律框架对区块链的发展至关重要。对区块链来说，有两个领域的法律确定性亟须实现：其一是智能合约。欧盟委员会将研究当前的法律框架是否足够清晰，以确保智能合约的可执行性，并在发生法律纠纷时阐明管辖权。其二是加密资产的令牌化。欧盟委员会将研究当前的法律框架是否适合发行和交易加密资产令牌。2020 年 1 月 9 日，欧洲证券及市场管理局（ESMA）公布《2020—2022 战略方向》，其中提及 ESMA 将重点推进金融业数据安全工作，并计划将数字货币引入法律框架。2020 年 1 月 10 日，欧盟第五版反洗钱令（AMLD5）生效，该新规要求，加密数字货币领域的交易所和托管服务商要在当地监管机构注册，并且通过实名认证（KYC）和反洗钱（AML）流程表现合规。

在区块链引发的数据保护问题方面，欧盟议会积极探索。2019 年 7 月 24 日，欧盟议会发布题为《区块链与通用数据保护条例：分布式记账是否符合欧洲数据保护法?》的报告。该报告主要就区块链技术与 GDPR 合规性之间的冲突进行了探讨，并讲述了如何使区块链技术的使用符合 GDPR 的规定。此外，报告还建议相关机构采用某些政策来解决区块链与 GDPR 合规性之间的冲突问题。

（5）设立投资资金。

2019 年 11 月，欧盟委员会与欧洲投资基金（EIF）宣布，将推出一个 20 亿欧元的人工智能与区块链技术专项投资基金。2020 年，该基金将先向人工智能和区块链技术领域投资 3 亿到 4 亿欧元。

---

① 参见《欧盟政策：区块链技术》，https://ec.europa.eu/digital-single-market/en/blockchain-technologies。

下列“义务实体”须遵守第五次反洗钱指令：

金融机构
信贷机构
审计师、外部会计师和税务顾问
信托或公司服务提供商
法律专业人员，包括公证员
现金支付金额在 10 000 欧元或以上的货物交易人
房地产经纪人
虚拟货币供应商

图 29　欧盟第五次反洗钱令所列调查对象

资料来源：作者整理。

（6）加强区块链应用研究。

2019 年 10 月 8 日，欧盟委员会联合研究中心（Joint Research Centre，JRC）发布报告——《区块链的当下和未来：评估分布式账本技术的多维影响》，对区块链的基本运作机制、全球区块链发展状态、欧盟政策环境下的区块链，以及区块链应用的未来进行了深入分析。

96 目前英国对于区块链的态度如何？出台了哪些针对区块链的政策？

英国政府高度重视区块链技术，并采取措施助力区块链发展。在区块链领域，英国努力保持宽松、清晰的监管政策，率先采用监管沙盒，鼓励区块链产品创新。英国拥有世界上最多的比特币交易机构。

2016年1月19日，英国政府发布《分布式账本技术：超越区块链》白皮书，充分肯定了区块链的价值。2019年7月伦敦区块链峰会上，英国议员、英国数字和创意产业部部长玛戈特·詹姆斯（Margot James）在题为“利用区块链的变革力量”的主旨演讲中介绍称，英国政府2 000万英镑创新基金GovTech旨在激励英国科技公司为公共部门问题提出新的解决方案。该基金同时也适用于通过分布式分类账技术提供创新的区块链公司。

2019年11月7日，英国议会成立跨党派区块链小组全球专家委员会，该全球专家委员会共14人，同委员会中28位英国议员共同推进区块链的发展，为英国政府的区块链相关政策的规划、发展、制定等提供专业建议。英国议会跨党派区块链小组成员来自英国保守党、工党、自由民主党等议会各党派，这一组合是为了确保英国议会各党派议员能够充分了解区块链和其他分布式账本技术（DLT）将带来的机遇。

2019年11月18日，法律技术传播专家组（LTDP）的英国辖区特别工作组发布《关于加密资产和智能合约的法律声明》，以解决围绕密码资产和智能合约的法律不确定性问题。根据声明，加密资产原则上可以视为财产，智能合约能够满足英国法律下合同的要求，并且可以由法院执行。该声明确定了加密资产和智能合约的法律地位，以支持市场信心和法律确定性。①英国高等法院大法

① 参见《关于加密资产和智能合约的法律声明》，https://35z8e83m1ih83drye280o9d1-wpengine.netdna-ssl.com/wp-content/uploads/2019/11/6.6056_JO_Cryptocurrencies_Statement_FINAL_WEB_111119-1.pdf。

官兼英国联合大法官主席格里·雷·沃斯爵士称，希望该声明能通过加强法律为全球金融服务业至关重要的领域提供市场信心、法律确定性和可预测性。该声明被认为是英国区块链投资和应用的重要里程碑。企业通过清楚地了解加密资产和智能合约的法律地位，可以更坚定地接受其在适应新金融市场和提高效率方面的潜力。①

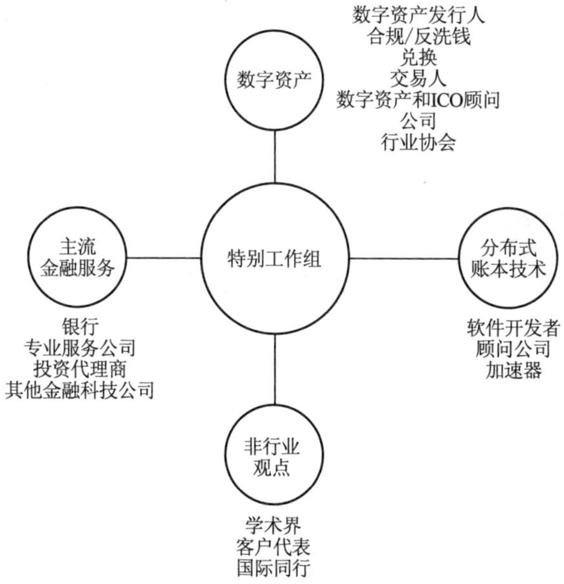

图 30　英国加密资产特殊执法力量组成

资料来源：作者整理。

① 《英国法律专家组认可加密资产的资产属性及加密合同的法律有效性》，https://tokenpost.com/UK-Jurisdiction-Taskforce-recognizes-cryptoassets-as-property-and-smart-contracts-as-enforceable-agreements-4191。

行业分析认为，鉴于英国在银行和金融服务领域居世界领先地位的历史，它在金融和商业领域拥有非常坚实的基础和声誉。因此，如果英国政府可以对区块链作为金融交易和数据存储的应用发展作出充分承诺，那么英国可以继续确保其金融事务领域处于世界领先地位，否则将因为在创新技术使用上滞后而导致发展停滞。如果英国将资源投入优先发展的区块链国家产业战略，同时在优势领域优化和重新定位其现有资源，那么到 2025 年英国将成为数字经济 2.0 的全球枢纽。①

97 目前法国对于区块链的态度如何？出台了哪些针对区块链的政策？

目前法国对于区块链采取的还是较为审慎的态度，主要着手建立监管体系。其监管政策主要体现在两方面：一是加密数字货币，二是数据保护。法国是欧洲国家中最早提出如何解决区块链与现行数据保护规则的国家。

加密数字货币监管方面。法国于 2016 年发布《关于现金券的 2016-520 条例》，允许将区块链技术用于被称为“迷你债券”（Mini-

① 参见《区块链技术在英国·区块链产业概览 2018》，http://analytics.dkv.global/data/pdf/Blockchain-in-UK-Executive-Summary.pdf。

bon）特定类型的零息债券。①该条例的重要影响是在法国法律中首次提供了区块链的定义。2017 年，法国金融市场管理局和审慎监管局向投资者发布联合通知，通知称根据法国法律，比特币和其他加密数字货币不被视为金融工具，因此不属于实际货币的监管框架或在金融市场管理局的监管之下。两局认识到区块链技术能够为企业发展带来潜在好处，但警告加密数字货币投资属于不稳定投资。②法国立法和行政部门积极推进加密数字货币监管。法国议会通过《企业成长与转型行动计划》，法国金融市场管理局于 2019 年 12 月 19 日发布了《适用于数字资产服务商的规则》和《对于数字资产服务商的网络安全要求》，加强数字资产服务提供商许可监管。

加强区块链数据监管。鉴于区块链透明性、分布式记账、数据难以删除等特点，区块链技术对《欧盟数据保护通用保护条例》（GDPR）规定的实施提出了挑战，为解决区块链与 GDPR 规则之间的矛盾，2018 年 10 月，法国数据保护机构——国家信息通信委员会（CNIL）发布了全球首个区块链数据保护指南《从个人数据的角度：负责任的使用区块链技术指南》，该指南集中探讨了区块链与 GDPR 的法律适用问题。该指南分为区块链的定义、区块链的特征与分类及不同种类区块链的特征、区块链的主体、区块链与 GDPR 的相互影响、涉及个人数据的应用场景、技术解决方案、应当特殊注意点、

① 参见《2016 年 4 月 28 日第 2016-520 号关于现金券的命令》，https://www.legifrance.gouv.fr/affichTexte.do?cidTexte=JORFTEXT000032465520&categorieLien=id。

② 参见《法国金融监管机构发布加密数字货币公司监管新规》，https://tokenpost.com/French-financial-regulator-AMF-publishes-new-rules-for-crypto-firms-4633。

解决方案等几部分，针对问题提出了具体的解决建议，如相关组织应该首先仔细审查他们是否需要区块链，特别是公共区块链；如果选择使用区块链，那么在区块链上登记数据时应注意数据最小化原则等。①

98 目前西班牙对于区块链的态度如何？出台了哪些针对区块链的政策？

西班牙在区块链政策制定上相较其他欧洲国家有所滞后，但对区块链技术的发展持积极鼓励态度。

西班牙的国家证券委员会和西班牙银行于 2018 年 2 月发布了有关使用比特币的联合声明，指出西班牙的任何监管机构均未发行、注册、授权或验证加密数字货币。因此，在西班牙购买或持有的加密数字货币不受适用于银行或投资产品的法律法规保护和支持。该声明旨在提醒投资者在此类交易中面临损失或欺诈风险。

但西班牙政府同时仍在考虑通过鼓励加密数字货币的立法，其中包括可能的税收减免，以吸引区块链技术领域的公司。②

① 参见 https://www.cnil.fr/en/blockchain-and-gdpr-solutions-responsible-use-blockchain-context-personal-data。

② 参见 https://www.loc.gov/law/help/cryptocurrency/cryptocurrency-world-survey.pdf。

2018 年 7 月，民众党代表向西班牙下议院提交了与区块链技术相关的提案。根据公开文件显示，该提案建议政府将区块链技术引入行政流程，“以改善内部流程，提升决策的可追溯性、稳健性和透明度”。此外，还建议可以在物流、旅游或基础设施等部门推广这种新模式为当局带来额外收入。此提案还建议建立公共和私人区块链模型，“以便改善商品和服务的二级市场，从而降低成本，提高生产率，鼓励创造专业化就业机会”。

虽然立法机构表示支持区块链技术的应用，但对提案的回应尚不明晰，也未提到任何具体实施计划。①

99 德国近期的区块链法律政策有哪些？

2019 年，德国先后发布区块链战略并出台相关法律，旨在一方面鼓励区块链技术在德国重要领域的应用，另一方面加强加密货币风险的防控。

德国联邦政府于 2019 年 9 月 18 日通过了区块链战略，该战略由德国联邦经济和能源部、财政部等机构共同起草，拟采取 44 项措施

① 蜂窝矿机：《西班牙执政党呼吁在公共行政领域尽快引入区块链技术》，蜂窝 2018 年 7 月 17 日，https://www.fengwo.com/news/detail?id=13。

在德国推广使用区块链技术，焦点是计划中的证券数字化。①德国希望能利用区块链技术带来的机遇，挖掘其促进经济社会数字化转型的潜力。这44项行动措施，涉及五大领域：在金融领域确保稳定并刺激创新；支持技术创新项目与应用实验；制定清晰可靠的投资框架；加强数字行政服务领域的技术应用；传播、普及区块链相关信息与知识，加强有关教育培训等。

战略明确表示“联邦政府将开放德国电子证券的权力”，未来，德国政府希望为数字货币ICO创建一个适用的法律框架。既要允许人们在股票和证券等领域研究区块链技术的应用，又要确保其不会成为国家货币的替代品。

战略中特别提到将要在能源供应领域应用区块链，德国将推动分布式能源行业解决方案的测试，并于2019年启动基于区块链的“利用智能电表网关来记录和控制能源设施”的可行性研究。

战略对加密数字货币保持一定的谨慎态度，它强调，区块链应用不得侵犯国家主权或损害消费者权利。例如，德国政府将在欧洲和国际层面开展工作，以确保新的数字支付方式不会成为官方货币的替代品。②对此，德国联邦副总理兼财政部长表示，在区块链应用中必须保护消费者和国家主权。目前德国不会考虑由私营企业来发

① 《德国发布区块链战略 聚焦证券数字化》，《科技日报》2019年9月21日，http://digitalpaper.stdaily.com/http_www.kjrb.com/kjrb/html/2019-09/23/content_431373.htm?div=-1。

② 参见《德国政府制定区块链战略》，https://www.bundesfinanzministerium.de/Content/EN/Standardartikel/Topics/Financial_markets/Articles/2019-09-18-Blockchain.html。

行数字货币，货币发行权应保持在国家手中。

德国联邦议院已经通过了《实施针对第四欧盟洗钱指令的修订法案》①，该法案将向德国银行开放比特币等加密数字货币。这一新规于 2020 年 1 月 1 日在德国生效，允许银行持有和提供加密数字货币。德国银行业协会（BdB）也对该立法表示欢迎，认为信贷机构在保护客户资产和风险管理方面经验丰富，致力于保护投资者，并始终受到金融监管的控制，有效地防止洗钱和恐怖分子融资。且新规定将使投资者有可能通过国内基金投资于加密资产，而不是将其资金投资于海外。②

100 2019 年，澳大利亚宣布要发布区块链发展路线图，主要内容如何？

2019 年 3 月 18 日，澳大利亚工业、科技和贸易、旅游与投资部宣布要发布国家区块链战略和路线图。截至 2020 年 1 月，正式内容

---

① 参见 https://www.bundesfinanzministerium.de/Content/DE/Gesetzestexte/Gesetze_Gesetzesvorhaben/Abteilungen/Abteilung_VII/19_Legislaturperiode/2019-12-19-Gesetz-4-EU-Geldwaescherichtlinie/0-Gesetz.html; jsessionid = 8C8400867A921698E5C28B002F2B5492.delivery1-replication。

② 参见《德国通过新法案允许银行持有和提供加密数字货币》，https://tokenpost.com/Germany-passes-new-bill-allowing-banks-to-hold-and-offer-cryptocurrencies-Report-4359。

版本的区块链路线图仍未发布，但从澳大利亚官方透露的消息看，该路线图重点关注的政策领域包括：区块链的监管、技术和能力建设、创新、投资以及国际竞争力和合作。根据区块链发展路线图，澳大利亚政府将整合政府投资，发展区块链国际标准。同时，它将在区块链领域投入10万澳元（约合71 200美元）资金。该笔资金将专门用于工业科技部资助澳大利亚公司参与澳大利亚贸易与投资委员会在纽约召开的区块链学会会议。工业科技部、贸易、旅游与投资部将与产业和学术区块链技术专家以及澳大利亚联邦科技与工业研究机构在未来的区块链规划报告中合作开展研究。路线图强调政府要确保澳大利亚及澳大利亚科技企业在世界科技飞速变革中保持领先地位。

101 目前加拿大对于区块链的态度如何？出台了哪些针对区块链的政策？

加拿大一向重视区块链技术对经济的作用，并发布了政策鼓励区块链技术发展。2019年8月，加拿大政府发布《服务和数字政策》，对该国政府服务未来的方向进行了概述，政策中提到区块链技术和人工智能是帮助推动政府部门数字化转型的首选技术。

在监管政策方面，加拿大一直对加密数字货币持宽松态度，运用监管沙盒模式，避免采取一刀切的监管方式扼杀创新。2017 年 2 月，加拿大证券管理委员会（CSA）推出 CSA 监管沙盒，允许金融创新企业在真实市场环境中测试其创新类型产品、服务和商业模式，享受监管沙盒模式的企业类型包括众筹门户网站、基于加密模拟货币或分布式账本技术的风险投资、适用人工智能的交易等。同年 8 月，CSA 发布《工作人员通知 46-307——加密数字货币发行》，文件表示每一个 ICO/ITO 项目都是独一无二的，应根据自身特点评估是否构成证券。

随着加密数字货币交易相关风险增加，加拿大政府考虑加强加密数字货币交易所监管。加拿大民间组织力量也积极推进加密数字货币监管框架的落实。2018 年 5 月的 70 人圆桌会议上，加拿大区块链研究所 BRI 向加拿大财政部就监管框架提交了一份研究详细的建议报告。2019 年 3 月，CSA 联合加拿大投资行业监管组织（IIROC）发布 CSA/IIROC 联合咨询文件 21-402《加密资产交易平台拟议监管框架》，意在就针对加密资产交易平台的多种运营问题公开咨询，并建立完善的加密资产交易平台的监管框架。2020 年 1 月 17 日，CSA 发布第 21-327 号行业指引（加密交易所指南），将加拿大所有加密交易所纳入国家证券法的约束。

102 目前世界各国（地区）对加密数字货币持有怎样的态度？

纵观世界各国（地区）的加密数字货币法律政策，可以发现各国（地区）所持有的监管态度，大致上可以分为如下几类：一是对加密数字货币持严格监管态度，例如伊朗、埃及、尼泊尔等国家，虽然重视区块链及加密数字货币，但是采取从严监管措施，如限制个人持有加密数字货币等。二是采取谨慎监管态度，例如中国、印度等国家目前对加密数字货币风险持相对谨慎态度，采取措施防止相关风险，但对加密数字货币本身仍持重视态度。三是相对中性的监管态度，如南非、印度尼西亚等国家对加密数字货币没有专门的监管政策，政府总体持鼓励态度。四是采取相对宽松的政策，以及有利于加密数字货币发行及交易发展的监管方式，如英国、加拿大等国家，采取沙盒监管策略，为加密数字货币及相关交易提供宽松环境。五是引导发展但加强监管的策略，例如日本，承认加密数字货币为支付手段，但同时制定较为完善、透明的监管政策，引导加密数字货币发展。

随着近几年区块链技术和加密数字货币形式的发展，世界各国对加密数字货币的态度呈现出下列趋势。

一是高度重视央行发行加密数字货币的研究与推进，尤其是在Libra计划推出后，区块链技术发达的国家都在审视、思考是否推出本国的主权加密数字货币。许多国家早已着手相关研究工作，以待时机成熟时推出本国的主权加密数字货币。

二是对加密数字货币的发行与交易限制有放松趋势。例如，韩国等国家由绝对禁止 ICO 转变为取消相关规定；伊朗以前采取绝对禁止加密数字货币交易行为的监管态度，但近期通过监管法律承认加密数字货币的“挖矿”行为合法，并将“挖矿”所得纳入税收的范畴。

三是加强监管以防范、规制加密数字货币发行、交易相关风险。总体上看，越来越多的国家虽然对加密数字货币持宽松态度，但同时加强风险监管，在反洗钱、交易风险管控、消费者保护等方面进行立法探索，不断加强风险管控。

103 目前我国对于加密数字货币的态度如何?

在加密数字货币发展初期，由于加密货币以比特币为主，而比特币发行数目有限，我国对加密货币市场的监管也仅限于禁止金融机构和支付机构开展比特币业务活动方面。2013 年中国人民银行、工业和信息化部、中国银监会、中国证监会、中国保监会等联合发布《关于防范比特币风险的通知》，提示比特币风险，要求各金融机构和支付机构不得开展与比特币相关的业务。

但随着区块链技术的发展，以太坊出现后，加密数字货币发行成本降低，资本大量涌入数字货币圈。据不完全统计，仅 2017 年 8 月，市场上通过虚拟货币的集资总额高达数十亿，规模比 IPO 还要大。打着加密数字货币旗号的诈骗行为也横行于世，据统计，仅 2017 年 1 月至 9 月期间，公安机关就立案侦查 150 余起“虚拟货币”类传销及其他犯罪案件，涉及 60 余个“币种”。2017 年据义乌经侦预警平台整理的 2017 年金融诈骗名单中就有 350 个打着各种旗号的“币”①，广大投资者的投资血本无归。在此大背景下，治理虚拟货币投资市场，防范诈骗，维护社会稳定成为监管的首要任务。

国家高度重视，采取系列举措打击借虚拟货币躲避非法融资监管的行为，保护广大投资者利益，稳定社会秩序。首先，2017 年 9 月，我国相关部委连续出台政策，宣布发行、交易虚拟货币行为非法，互联网金融风险专项整治工作领导小组办公室发布《关于对代币发行融资开展清理整顿工作的通知》，要求全面停止新发生代币发行融资活动，建立代币发行融资的活动监测机制，防止死灰复燃；对已完成的 ICO 项目要进行逐案研判，针对大众发行的要清退，打击违法违规行为。央行等七部委发布《关于防范代币发行融资风险的公告》，要求即日停止各类代币发行融资活动，已完成代币发行融资的组织和个人应当做出清退等安排等。紧接着，2018 年 1 月，中

① 参见牛熊交易室：《亚欧币一年骗 40 亿！2017 年虚拟货币骗局达 150 起，涉 60 多币种》，百度 2019 年 12 月 20 日，https://baijiahao.baidu.com/s?id=1579197015793993410&wfr=spider&for=pc。

国银保监会、中央网信办、公安部、中国人民银行、国家市场监管总局联合发布关于防范以“虚拟货币”“区块链”名义进行非法集资的风险提示，警惕投资者尤其要防范境外发币机构由于缺乏规范而存在系统安全、市场操纵和洗钱等风险，同时也指出，为“虚拟货币”交易提供支付等服务的行为均面临政策风险，投资者应主动强化风险意识，保持理性。

我国对虚拟货币带来的风险进行严格防范，并不意味着我国对加密货币采取拒绝的态度。事实上，我国一直密切关注加密数字货币与我国金融、经济健康发展之间的关系。自 2014 年起，央行成立研究团队开始对数字货币发行和业务运行框架、数字货币的关键技术、发行流通环境、面临的法律问题等展开深入研究。2019 年 7 月 8 日，在数字金融开放研究计划启动仪式暨首届学术研讨会上，中国人民银行研究局局长王信发言，国务院已正式批准央行数字货币的研发，央行在组织市场机构从事相应工作。同年 8 月 2 日，央行在 2019 年下半年工作电视会议上表示将加快推进法定数字货币的研发步伐。

104 目前美国对于加密数字货币的态度如何？

美国对加密数字货币持谨慎监管态度，同时重视加密数字货币给国家经济带来的利益及对世界金融体系的影响。

如前所述，美国完善的法律保障体系、宽松的科技创新环境、发达的风险投资市场以及良性的产业集群效应等，为其区块链技术及加密数字货币的发展提供了良好的发展环境。目前，美国是世界上区块链技术、产业发展最为活跃的国家，其从事区块链业务的企业数量居世界第一，在全球严格监管、虚拟货币交易整体遇冷的大环境下，截至2019年上半年，美国仍有27家比特币交易所，是比特币交易最为活跃的国家。①同时，美国鼓励企业积极探索新的加密数字货币形式，监管机构也给予极大的创新空间。2018年9月，经纽约州金融服务管理局（NYDFS）批准，Gemini和Paxos分别发行“Gemini dollar”（GUSD）和“Paxos Standard”（PAX）两种加密数字货币，两者都与现实美元货币相挂钩。它们相对于比特币更具有稳定性，因而被称为稳定币，GUSD和PAX都以1∶1的比例受美元支持，即单个GUST和单个PAX都等价1美元。2019年6月18日，Facebook发布Libra白皮书，推出天秤币Libra，Libra计划由美元、英镑、欧元和日元这四种法币计价的一篮子低波动性资产作为抵押物。Libra的发行引发了包括美国政府在内的世界各国政府的密切关注。

美国联邦和各州建立了相对完善的加密数字货币的发行与交易监管法律，面对新的技术挑战不断尝试、探索新的监管方式，具体

---

① 具体数据参见BitFury，2019，“Report on International Bitcoin Flows 2013—2019”，https://crystalblockchain.com/assets/reports/International%20Bitcoin%20Flows%20Report%20for%202013-2019%20-%20by%20Crystal%20Blockchain,%20Bitfury.pdf。

可详见美国对区块链出台的法律政策部分。可以说，美国正在加强加密数字货币发行、交易等各个环节的监管。

同时，面对Libra的发行，美国国会正在酝酿一份新的法案——《2020加密货币法案》，以进一步加强监管。另如前所述，美国政府对大型科技公司进入金融领域，表现出了怀疑、警惕的态度。对于Facebook的Libra计划，美国总统特朗普认为，企业应当申请银行执照，并受美国法律监管。而美国国会金融事务委员会则正在讨论《让大科技公司远离金融法案》，该法案将禁止大型平台公用事业公司成为特许、许可或注册为美国金融机构（如纳税人支持的银行、投资基金和证券交易所），或以其他方式与这些金融机构建立联系。法案草案还将禁止大型平台公用事业公司建立、维护或运营数字资产，这里的数字资产指广泛用作交易、账户、价值储存或美联储定义的任何其他类似职能。法案草案旨在维护商业和银行业之间的防火墙，并防止建立由大型私营营利性公司控制的替代性金融货币。①

在对待国家加密数据货币方面，虽然美国财政部长在2019年12月国会听证会上表示美国近5年没有必要推出国家数字货币，但是美联储等机构正加强对国家加密数字货币的研究。2020年2月5日，美联储理事布雷纳德在斯坦福大学商学院的演讲中表示，美联储正在就电子支付和数字货币的相关技术展开研究与实验，已开始研究数字货币发行的可行性。据布雷纳德透露，当前美联储研究的问题包括以下几个方面：数字货币能否使支付系统变得更加简单和安全，

① FMBA：美国国会拟制定《让大科技公司远离金融法案》，FMBA公众号2019年7月19日。

数字货币是否会影响金融稳定，单笔转账功能是否会影响银行收益，如何解决隐私及欺诈问题，数字货币是否能够被视为法定货币等。①

105 目前欧盟对于加密数字货币的态度如何？

欧洲国家对加密数字货币多持支持、鼓励发展的监管政策。欧盟层面则将关注点放在防止利用加密数字货币从事恐怖主义和洗钱等非法活动、保护消费者利益上。同时，受 Libra 发行和国际区块链发展大环境的影响，欧盟也开始探索发行欧洲统一的加密数字货币的可能性。

在反洗钱方面，欧盟自 2016 年开始修订相关立法，加强对加密数字货币交易所和平台的监管。2016 年 7 月 5 日，欧盟委员会提出修订第四次反洗钱指令（AMLD）的提案，提案建议将托管钱包提供商和虚拟货币兑换平台纳入 AMLD 的范围，提供商和兑换平台负有尽职调查的义务，并制定检测、预防和报告洗钱和恐怖分子融资的政策和程序。欧洲议会于 2018 年 4 月通过该提案，已经生效。2020 年 1 月 10 日，欧盟第五次反洗钱令（AMLD5）生效，该新规要求，加密数字货币领域的交易所和托管服务商要在当地监管机构注册，并且通过

① 蒋梦莹：《美联储理事：由于美元的重要地位，已开始研究数字货币可行性》，澎湃新闻公众号 2020 年 2 月 7 日。

实名认证（KYC）和反洗钱（AML）流程表现合规。

在消费者利益保护方面，欧盟金融监管机构在欧洲各国对加密数字货币持宽松态度的情况下，加强消费者投资提醒，并要求欧盟委员会加强评估，以保护消费者利益。如 2018 年 2 月，欧洲证券和市场管理局（ESMA）、欧洲银行管理局（EBA）以及欧洲保险和职业养老金管理局（EIOPA）共同向消费者发布了有关虚拟货币的警告，提示虚拟货币产品是“高风险且不受监管的产品，并且不适合作为投资、储蓄或退休计划产品”。①2019 年 1 月，EBA 在《对欧盟委员会关于加密数字货币的政策建议报告》中提到，现行的欧盟金融监管政策和欧盟金融服务法，并不能完全监管加密资产，以及加密资产托管人的钱包供应和加密资产交易等行为。这些问题将会引发诸如消费者保护、市场完整性和公平竞争等问题。鉴于此，EBA 建议欧盟委员会进行成本/收益分析，以全面评估在现阶段针对加密数字货币应当采取何种欧盟层面的行动和措施。这种成本/收益分析应考虑到分布式账本和加密资产在金融领域以外的潜在应用，并应扩展到加密资产活动的相关影响。欧盟委员会还应当考虑金融行动特别工作组（FATF）发布的最新建议以及任何进一步的标准或指南，以采取措施促进加密资产会计处理的一致性。同时，欧盟委员会应当加强对金融机构的加密资产活动的监控，尤其是面向消费者披露方面。②

① 参见《世界各国加密数字货币监管情况》，https://www.loc.gov/law/help/cryptocurrency/world-survey.php#europe。

② 参见《欧洲银行业管理局对欧盟委员会关于加密数字货币的政策建议》，https://eba.europa.eu/sites/default/documents/files/documents/10180/2545547/67493daa-85a8-4429-aa91-e9a5ed880684/EBA%20Report%20on%20crypto%20assets.pdf?retry=1。

在促进加密资产管理方面，法国、德国、意大利、西班牙和荷兰等国在 Facebook Libra 计划发布后，在欧盟内部采取行动，对 Libra 持抵制态度，呼吁警惕 Libra 成为洗钱工具，同时呼吁欧盟其他国家也通过国内立法禁止 Libra 进入。2019 年 12 月 5 日，欧盟理事会和欧盟委员会发布《关于“稳定币”的联合声明》，该联合声明明确指出，由于 Libra 现在仍存在诸多监管和法律风险，欧盟在没有出台相关明确的法律法规前，不允许 Libra 进入欧盟市场使用，同时，欧盟在接下来会致力于尽快制定一套欧盟通用的包括 Libra 在内的加密资产管理办法。①

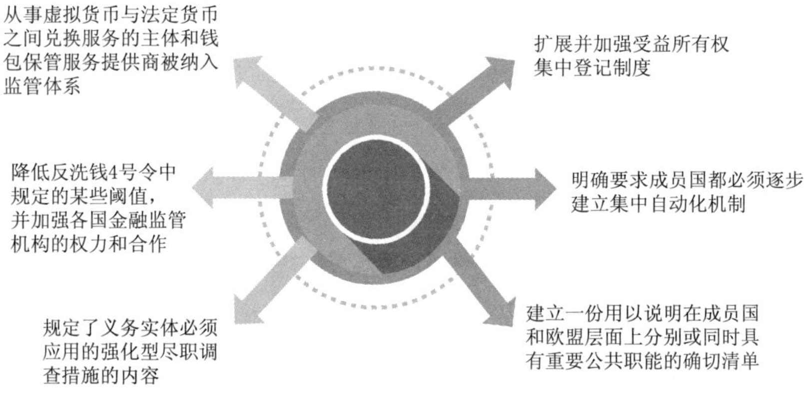

图 31　欧盟第五次反洗钱令较第四次反洗钱令的变化

资料来源：作者整理。

① 参见 https://www.consilium.europa.eu/en/press/press-releases/2019/12/05/joint-statement-by-the-council-and-the-commission-on-stablecoins/。

106 目前日本对于加密数字货币的态度如何?

日本是第一个认可加密数字货币为合法支付手段的国家，极大地鼓励了加密数字货币的发展。但同时，日本围绕加密数字货币交易制定了较完善且严格的监管措施。

日本通过修订《支付服务法》承认加密数字货币为合法支付手段，并施以较为完善的监管措施。在《支付服务法》中，日本将货币界定为：通过电子数据系统交换的，能够用以由不特定的人购买、租赁货物或者取得服务，能够从不特定的人购买或者向不定的人出售的资产价值；或者，通过电子数据系统在不特定人之间为了上述资产价值相互交换的资产价值。《支付服务法》同时规定加密数字货币仅限于用于电子设备储存的资产价值，货币和货币性质的资产不属于加密数字货币。日本围绕加密数字货币和加密数字货币交易制定了完善、严格的监管政策。这些政策包括虚拟货币交易机构强制登记制度，将买卖、交换虚拟货币业务及相关中介、经销、代理行为，以及基于上述行为对交易者的金钱及虚拟货币进行管理的业务，纳入被监管的核心业务，确立交易机构行为规范，对职业交易虚拟货币的限定及财务要求等。

日本现行的加密数字货币政策并没有将 ICO 纳入监管范围，但此方面的风险已引起日本监管机构的重视，日本国内对 ICO 加强监管的呼声也较高。日本金融厅已着手采取措施。2017 年，日本金融厅发布了《关于 ICO——提醒投资者和从业者》，就什么是 ICO 及 ICO 带来的风险提醒广大从业者。2018 年，日本金融厅又成立了研究团队，对加密数字货币交易业务开展研究。同时，日本民间要求加强 ICO 监管的呼声也越来越强烈。日本几家主要银行和证券公司发布了联合规制 ICO 的联合建议，这份建议由七条主要规则和两个指南组成，期待能够为日本规制 ICO 提供建议。①

在 Facebook 推出 Libra 计划后，日本国会和政府针对 Libra 展开了讨论，日本金融厅成立了一个专门的联络会议，负责调查 Libra 对货币政策和金融稳定的影响，会议由日本金融厅、日本银行、财政部组成。日本财政大臣在 G7 峰会上表达了对 Libra 的担忧，提出需要对其可靠性予以密切关注并加强监管。

107 目前韩国对于加密数字货币的态度如何？

韩国对加密数字货币的监管经历了从宽松到收紧再到激励发展的变化。2016 年左右，韩国的加密数字货币业务繁荣。2017 年 7 月，《韩国外汇交易法案》修订版允许金融科技公司在金融监管局

① 参见 https://www.bloomberg.co.jp/news/articles/2018-04-05/P6OS8U6S972B01。

（FSS）进行注册，“为小额资金提供国际货币转账服务”，其中包括比特币；实现比特币汇款方式合法，金融科技公司可以处理价值最高 2 万美元的比特币，要求地方交易所平台保留至少 43.6 万美元的资本金，必须具备用户识别和反洗钱数据处理设施。

2017 年 9 月，韩国金融服务委员会为打击虚拟货币欺诈行为，禁止国内公司参与 ICO。自此，韩国开始进入严格的加密数字货币监管期。随后，2018 年 1 月，韩国金融服务委员会实施新规，取消虚拟货币投机行为的专项措施，要求虚拟货币交易应当进行实名制，并设立了严格的监管程序来审查货币交易者的身份。根据规则，加密数字货币交易商必须与银行就加密数字货币交易签订合同。银行在签署合同之前应当审核交易商的管理和网络安全系统。交易商必须在银行开具账户，交易者必须在交易商开具账户的银行设立账户，银行和交易商都要审核交易者身份的真实性，交易商需要向银行登记交易者的账号。同时，韩国禁止外国人和未成年人交易加密数字货币，禁止公职人员持有、交易虚拟货币。

2018 年后，随着国际对加密数字货币持认可态度，韩国政府也逐渐放松监管。当年 6 月，韩国政府解禁 ICO，但仍保持严格监管措施。同年 12 月，韩国国民议会通过《金融创新支援特别法》，引入沙盒监管。2019 年 4 月，韩国金融服务委员会正式宣布实施沙盒监管，积极探索新的加密数字货币监管方式，韩国加密数字货币监管进入新时期。

对于 Libra，韩国也持较为谨慎的态度。韩国金融服务委员会专门针对 Libra 发布了一份关于了解天秤币及相关趋势的报告，该报告认为目前 Libra 计划的信息较少，并且个人数据有泄露的风险，也可能会成为洗钱的工具。韩国政府目前对国家发行央行数字货币持消极观点，但是同时韩国央行正在加强这方面的研究，探索数字资产和央行数字货币的潜力。

108 目前印度对于加密数字货币的态度如何？

印度目前对加密数字货币采取严格监管态度，禁止印度境内金融机构从事包括加密数字货币在内的虚拟货币相关业务，从严监管，防止涉加密数字货币金融欺诈行为损害消费者利益。但印度同时十分重视加密数字货币对经济发展的潜在促进作用，或考虑发行国家加密数字货币，助力经济发展。

具体来说，在加密数字货币监管方面，印度在 2017 年时便成立了一个委员会来推进此项工作，监管的关注点在于进行交易的加密数字货币的来源及对交易中普通消费者的保护。该委员会由来自经济事务部、电子信息技术部、印度储备银行、印度国家转型委员会、印度国家银行等部门代表组成，对印度及世界的虚拟货币状况进行评估，研究世界监管政策和法律框架，就消费者保护等具体问题提出监管建议，以及研究与虚拟货币相关的其他问题等。在经过多方考察后，印度储备银行于 2018 年 4 月 6 日发布《关于发展和监管政策的声明》，禁止印度储备银行管理的银行交易虚拟货币或者为便利个人或企业交易虚拟货币提供便利或服务，这些服务包括开具账户、登记、交易、结算、清算、借贷等业务，不能使用虚拟货币进行抵押，不能通过外汇账户转让虚拟货币开具虚拟货币，也不能够通过与买卖虚拟货币有关的账户转让或接受货币，并要求已从事上述业务的被监管机构在声明发布后三个月内退出这些交易。印度储备银行发布的该禁令引发了广泛的社会争议，截至 2020 年 1 月，印度最高法院已召开了几次听证会，印度互联网和移动协会等机构提出请愿书，向法院出示大量加密货币促进经济发展的证据，反对印度储备银行的“一刀切”禁令，虽然目前印度最高法院还没有作出裁决，但是从印度社会反应看，废除该禁令已成为必然之势。

2019 年 2 月，针对虚拟货币，印度专门在印度网络取证实验室成立一个分实验室——加密数字货币取证实验室，用以打击与加密数字货币相关的犯罪，如加密数字货币诈骗犯罪行为。

同时，印度政府加强对国家发行加密数字货币的研究，探讨印度中央银行是否有必要发行虚拟加密数字货币，以促进印度经济发展。印度央行副行长 B.P.卡农戈（B.P.Kanungo）在一次政策发布会上承认，基于区块链技术的虚拟货币会潜在地有利于金融普惠性和金融系统的效率，并表示印度储备银行内部已成立了一个委员会来研究中央银行发行数字货币的可行性和必要性并发布报告。①

① 参见 https://www.rbi.org.in/Scripts/bs_viewcontent.aspx?Id=3465，*archived at* https://perma.cc/ZD5A-STF7。

109 目前英国对于加密数字货币的态度如何？

英国作为传统的金融强国，在金融管理等方面积累了丰富的经验，在面对金融科技创新时也表现出了全球领先的监管理念，开创了区块链监管新制度，并为世界其他国家所效仿。2015 年，英国首创加密数字货币“监管沙盒”制度，只要在“沙盒”内，创新企业就可以在一定限度内自由发展，不受管制措施约束。这一制度得到多国承认与认可，目前世界上有近 30 个国家采取了监管沙盒模式，保证了金融科技在可控范围内的发展。2018—2019 年，英国金融行为监管局（FCA）批准了区块链和分布式账本技术相关公司进入监管沙盒，体现了英国金融科技创新的活跃发展。2018 年 10 月，英国加密资产特别工作组发布最终报告，提出了关于英国加密政策的主体思想。工作组报告将加密数字货币确定为“加密资产”这一更广泛类别的子集。

英国承认加密数字货币的资产地位，并且 FCA 于 2019 年 1 月 23 日发布了一份名为《加密数字货币资产指南》的文件。文件指出，根据英国国家监管活动令（RAO）或金融工具指令Ⅱ中市场监管的“金融工具”相关规定，加密数字货币资产可被视为“特定投资”。

至今，英国没有再出台专门的法律法规对加密数字货币进行监管。加密数字货币是否受金融法规的约束，主要看加密数字货币是否落入《2000年金融服务和市场法》（FSMA）规定范围内，或者根据《2017年支付服务规定》（PSR）和《2011年电子货币规定》（EMR）建立的支付服务和电子货币制度下的资金转账和反洗钱要求。可能适用于英国加密数字货币销售的主要销售法规主要包括FSMA对英国招股说明书的要求、2015年《消费者权益法》、《2008年消费者免受不正当贸易法规保护》等。在税收方面，由于英国税收部门将加密数字货币视为一种资产，对其交易所产生的收益将收取资本利得税和所得税。

但是，关于加强加密数字货币监管，保护消费者利益、避免金融风险等问题已引起英国金融监管机构的重视。英国中央银行英格兰银行负有保护和提升英国金融体系的职能，其负责人曾声明认为应当加强对加密数字货币的监管。①2017年9月12日，FCA发布了致消费者关于ICO风险的警告，认为ICO是高风险、投机性强的投资活动，并将其纳入监管范围，表示FCA会根据涉及ICO的案例的具体情况作出判断，若该ICO项目触及FCA管辖范围，则FCA将对其进行严格监管，如市民发现存在诈骗的ICO项目，可直接向FCA进行举报。2018年4月6日，FCA发布《对于公司发行加密代币衍生品要求经授权的声明》，表示为通过ICO发行的数字货币或其他代币的衍生品提供买卖、安排交易、推荐或其他服务达到相关的监管活动标准，就需要获得FCA授权。2018年，英国财政部、FCA

---

① *Bank of England's Carney Calls for More Regulation around the "Speculative Mania" of Cryptocurrencies*，CNBC，参见https://www.cnbc.com/2018/03/02/bank-of-england-mark-carney-cryptocurrency-regulation.html。

和英格兰银行共同组建“加密资产特别工作组”。2018 年 9 月 FCA 首席执行官呼吁加密数字货币投资人采取一种平衡的方式，在获得收益的同时降低风险，不要盲目跟进，也不要盲目退出。这些都体现了英国将要加强加密数字货币监管的趋势。

对于 Libra 计划，英国体现了开放的态度。英格兰银行行长表示，如果 Libra 能够符合英国金融监管要求，则允许 Libra 的实际使用，并表示，Libra 确实可以解决实际货币跨境支付昂贵、速度慢等问题。

110 目前法国对于加密数字货币的态度如何？

在加密数字货币方面，法国承认加密数字货币为公民合法收益，并纳入税收监管范畴。2018 年 11 月，法国众议院金融委员会通过了 2019 年预算法案的修正案，将比特币等加密数字货币的收益税率从 36.2%降至 30%，与非房地产资产形式的资本收益税率持平。

2019 年 3 月，法国议会通过《推动企业成长与转型行动计划》（PACTE），该法案允许法国的保险提供商投资比特币（BTC）等加密数字货币，对投资金额没有限制，并且将围绕 ICO 建立一个监管框架。这不仅将保护投资者，还将允许创新企业在不受银行限制的情况下运营。法国政府针对ICO推出的指导方针，很大程度上激励了法国企业对于区块链融资的信心。2019年12月19日，法国金融市场管理局（AMF）发布《适用于数字资产服务商的规则》和《对于数字资产服务商的网络安全要求》，定义了PACTE采用的新监管框架下被视为DASP的服务类型，并阐明了哪些特定规则适用于加密或ICO服务。

111 目前俄罗斯对加密数字货币的态度如何？

俄罗斯对于比特币等加密数字货币一直持较为保守的态度。根据俄罗斯联邦宪法，卢布是俄罗斯唯一的付款方式。此外，根据2002年《俄联邦中央银行法》，卢布是唯一的本国货币，并且禁止在俄罗斯境内引入其他货币或发行替代货币。加密数字货币正属于此类被禁止的替代货币。

从政府部门及相关官员的公开表态看，俄罗斯对加密数字货币持不认可态度。2014年2月，俄罗斯联邦总检察院办公室发表声明，禁止比特币在国内流通和使用，同年8月，俄罗斯联邦财政部副部长宣布将向联邦会议提议发布数字货币禁令，以保护卢布在俄罗斯联邦货币体系中的绝对权威。2017年9月，俄罗斯银行发布通知信

《关于使用私人虚拟货币（数字货币）》，警告进行非法交易以及与加密数字货币交易相关的风险。2018 年，俄罗斯联邦财政部、信息技术和通信部相继向俄罗斯联邦杜马提交《俄罗斯联邦数字金融资产法案》草案建议，并力促将数字金融立法引入《俄罗斯联邦民法典》。该草案解释了“工业采矿”和“智能合约”等概念，并规定了它们的司法保护，同时对 ICO 准入、持证投资者保护等问题作出了明确解释。但由于俄罗斯政府对加密数字货币持保守态度，该法案至今仍在讨论中。同年 4 月，应普京总统 2017 年 10 月 21 日要求，俄罗斯银行创建金融监管沙盒，以测试各种创新金融技术，避免其触及违反现行立法限制的风险。同时，俄罗斯联邦财政部于 5 月和 7 月分别向纳税人发出信函通知，意在指出，俄罗斯国民应就加密数字货币交易产生的任何经济利益缴纳所得税，明确了政府对于数字货币收益所得的态度。2018 年 12 月，俄罗斯发布了新的国家数字经济计划，并声明俄罗斯计划在 2019 年颁布“实施去中心化登记和合法证书中技术应用管理的监管法案”，以明确对区块链技术的监管。

2019 年以来，俄罗斯政府对于区块链技术和数字货币的管制有了更加具体的表现。2 月，俄罗斯最高法院对关于洗钱犯罪的法院惯例的最高法院全体会议法令（作为低级法院的司法行为）进行了修订，明确指出根据俄罗斯联邦刑法第 174 款和第 174 款第一条规定，任何由犯罪行为而获得的虚拟货币均被视为犯罪所得，从司法层面否定了虚拟货币在俄罗斯的货币属性。3 月 18 日，俄罗斯联邦杜马通过了由财政部于 2018 年提交的《关于引入俄罗斯联邦民法典第一、第二和第四部分变更的法律》，又称《数字权利法》，意在保护加密数字货币硬币和代币的所有者的权利。该文件定义了“数字货币”和“数字权利”，并严格规定相关司法保护，该法案于 2019 年 10 月开始施行。7 月 25 日，俄罗斯联邦金融监管局（FFMS）发布规定，加密数字货币交易所必须遵循俄罗斯联邦法律中的反洗钱和反恐怖主义融资条款，否则将失去经营牌照，这标志着俄罗斯对数字货币交易监管的进一步加强。

从俄罗斯政府对加密数字货币的公开表态看，俄罗斯对其中央银行是否要推出国家加密数字货币持观望态度，虽然政府不准备近期推出国家加密数字货币，但是正在加强这方面的研究。俄罗斯中央银行发布了一份关于中央银行数字货币利弊的报告并指出，现金的作用正在减弱，全球正在走向支付数字化。这一趋势促使许多监管机构考虑推出央行数字货币。报告还指出：“从用户的角度来看，央行数字可能具有许多特点，成为现金和存款的替代品。”在众多潜在的好处中，俄罗斯央行指出了较低的交易成本，并提到这种加密数字货币可能成为一种风险更低、流动性更高的资产，可供广大公众使用。在谈到主要风险时，它指出了网络安全方面的问题，以及对潜在用户是否愿意采用这种新货币形式的不确定。“如果一家央行成为网络攻击的受害者，整个金融体系将受到威胁，这使得数字货币在金融机构不成熟的国家风险太大。”

图书在版编目(CIP)数据

区块链通识:关于区块链的 111 个问题/陈永伟主
编.—上海:格致出版社:上海人民出版社,2020.11
ISBN 978 - 7 - 5432 - 3091 - 0

Ⅰ.①区… Ⅱ.①陈… Ⅲ.①区块链技术-问题解答
Ⅳ.①F713.361.3 - 44

中国版本图书馆 CIP 数据核字(2020)第 178981 号

责任编辑 程筠函
装帧设计 路 静

区块链通识:关于区块链的 111 个问题
陈永伟 主编

出 版	格致出版社 上海人民出版社 (200001 上海福建中路 193 号)
发 行	上海人民出版社发行中心
印 刷	上海商务联西印刷有限公司
开 本	890×1240 1/32
印 张	9.75
插 页	3
字 数	207,000
版 次	2020 年 11 月第 1 版
印 次	2020 年 11 月第 1 次印刷

ISBN 978 - 7 - 5432 - 3091 - 0/F・1280
定 价 65.00 元

博弈心理学

日常生活中的心理策略

米苏◎著

国家一级出版社 中国纺织出版社 全国百佳图书出版单位

内 容 提 要

所谓博弈，就是在平等的对局中根据对方的策略而变换自己的对抗策略，以达到取胜的目的。生活充满了博弈，我们的一切行为都是心理博弈的结果。作者深入浅出地阐述了许多我们习以为常却又总是忽略的心理学现象，并提出了许多切实可行的建议，向没有经济学基础的读者展示了博弈的智慧，告诉我们在社会和人生的大博弈中如何取得真正的成功。

图书在版编目（CIP）数据

博弈心理学：日常生活中的心理策略／米苏著. --北京：中国纺织出版社，2018.1（2019.2重印）
ISBN 978-7-5180-3767-4

Ⅰ.①博… Ⅱ.①米… Ⅲ.①心理学—通俗读物 Ⅳ.①B84-49

中国版本图书馆CIP数据核字（2017）第164335号

策划编辑：郝珊珊　　责任印制：储志伟

中国纺织出版社出版发行
地址：北京市朝阳区百子湾东里A407号楼　邮政编码：100124
销售电话：010－67004422　传真：010－87155801
http：//www.c-textilep.com
E-mail：faxing@c-textilep.com
中国纺织出版社天猫旗舰店
官方微博http：//weibo.com/2119887771
三河市延风印装有限公司印刷　各地新华书店经销
2018年1月第1版　2019年2月第5次印刷
开本：880×1230　1/16　印张：7.5
字数：80千字　定价：35.00元

序　言

读懂了博弈，就能把握人生

在美国普林斯顿大学的酒吧里，四个男生正在商量着如何去追求一个漂亮的女孩。

后来成为博弈论创始人、著名经济学家的约翰·纳什，当年也在该大学读书的他曾经琢磨过："如果这四个男孩都去追那个漂亮女孩，女孩势必会摆起架子来，不会理睬他们中的任何一个。当这几个男孩再去追别的女孩时，其他女孩也不会接受他们了，因为谁也不想做'次品'。可假如他们愿意先追求其他女孩，那个漂亮女孩就不会有很强的优越感，那时再追她就很容易了。"

起初，纳什的脑子里还没有清晰的"博弈论"思维，也没有提出"纳什均衡"，可他用这件事诠释出了一个事实：生活处处皆博弈！

那么，博弈到底是什么呢？

博弈，最初指的是下棋，后来引申为在一定条件下，遵守一定的规则，一个或几个拥有绝对理性思维的人或团队，从各自允许选择的行为或策略中进行选择并加以实施，并从中各自取得相应结果或收益的过程。

听起来似乎有点儿复杂。有一本书里是这样解释博弈的："博弈就是做人该有的非凡心思，博弈就是为人处世的最合适方法，博弈就是恰到好处的智慧抉择，博弈就是决定进退成败的最优谋略。"

博弈针对的虽然是某一件事，背后的操纵者却是人。说到底，博弈就是人与人之间沟通交流、运用策略的过程，最终的落脚点还是心与心的碰撞。我们的一切行为，都是心理博弈的结果，小到一日三餐吃什么，大到婚姻事业的抉择，都在进行着博弈。

在一颗颗复杂多变的心灵面前，你是否想好了如何去与自己的人生博弈？在过往博弈的过程中，你是牢牢掌控着自己的命运，酣畅淋漓地活出了快意的自我，还是一直处于被动的地位，说不清被什么东西操控着，在诸多问题上都无法给自己一个满意的答案？

人生犹如一盘棋，无论我们扮演的是什么角色，都必须面对纷繁复杂的人际关系、形形色色的事物，时时刻刻分析和预测他人的行为，并做出相应的行为选择，在合理的范围内让自己更好地生存下去。

环境是无法改变的，我们唯一能做的就是不断地提高自己的技艺，学会如何选择优势策略，如何洞察他人心理，不轻易被人操控，在未来的人生之旅上，活得更真实、更理性、更惬意、更精彩。

目录

contents

Chapter1

为什么被洗脑的总是你

我们不完全是自己的主人

现在，请你认真思考一个问题：你是自己的主人吗？

这问题似乎不太好回答，对吗？如果承认“我”是自己的主人，有时自己做出的行为却并非完全出于意愿，甚至某些事情是违背内心的意愿做出的选择；如果否认“我”是自己的主人，那就等于放弃了支配自己行为意志的权利，甘愿沦为一枚棋子，有谁愿意如此呢？

对于此问题，完全承认与否都不太合适，只能说每个人都不完全是自己的主人。为什么会出现这样的情况呢？这就牵扯到了“鸟笼逻辑”，它是人类无法抗拒的 10 种心理之一。

甲对乙说：“如果我送你一只鸟笼，并且挂在你家中最显眼的地方，我保证你过不了多久就会去买一只鸟回来。”乙不以为然地说：“养只鸟多麻烦啊，我是不会去做这种傻事的。”

于是，甲就去买了一只漂亮的鸟笼挂在乙的家中。接下来，只要有人看见那只鸟笼，就会问乙：“你的鸟什么时候死的，为什么死了啊？”不管乙怎么解释，客人还是很奇怪，如果不养鸟，挂个鸟笼干什么？最后，人们开始怀疑乙的脑子是不是出了问题，乙只好去买了一只鸟放进鸟笼里，这样比无休止地向大家解释要简单得多。

在人际关系中，思维定式是一个很强大、很顽固的影响力，故事中的乙就是无法忍受被人用习惯思维的逻辑推理误解，最终选择屈服于强大的惯性思维。这种思维影响着生活中绝大多数人的行为模式和思考方式。

依据这一心理效应，我们便能明白，为什么“你不完全是自己的主人”？“你”之所以成为“你”，不仅仅是因为“你”具备了某些内在的特质，更重要的是“你”受到了外部因素的影响，这些因素可能来自父母、朋友、同事，也可能来自整个社会环境。

父母是对孩子产生深远影响的“第一人”。在早期的亲子关系中，孩子通过模仿父母来区分自我和他人，也从父母那里学会对自我的定义和评价。父母如何看待孩子，孩子就会如何看待自己，如果一个孩子是在鼓励和支持中成长起来的，能够参与家庭重要事情的计划和决策，那么他成年后的自尊水平也比较高。倘若父母本身的自尊水平较低，只是通过溺爱或打骂的方式对待孩子，孩子就很难感受到温暖和亲密，他们在日后衡量自己的行为标准方面也会存在偏颇。

心理学家库利曾经指出：一个人的自我是受他人影响的，是由社会决定的。在他看来，自我通过他人的反应和评价来反映。比如说，我们内心很渴望成为一名艺术家，却身不由己地走上了科研的道路，因为所处的情境不允许我们遵从内心的意愿，在这种不情愿的情境中，他人对我们提出各种要求，导致我们的自我概念和行为发生巨大的改变。

鸟笼逻辑是人际关系中外在影响和经验的缩影，它有积极的一面，可以让我们借助先人的经验少走弯路，但我们还要警惕它消极的一面，就是不要完全陷入思维定式中，让外界的影响成为自身发展的枷锁，甚至成为被人操纵和利用的工具。同时，也要少用鸟笼逻辑去推断他人，成为一个墨守成规、顽固不化的人。

你有多少选择是自愿的

W是一家外贸公司的业务员，最近正在跟进一个比较大的项目，整个团队都忙得焦头烂额，W已经连续两周在外地出差，没有回去看望家人。那天，她接到了家里的电话，说母亲不小心烫伤住院了。W心急如焚，就向经理说明事情缘由，询问是否可以请假回家一趟。

当W把母亲受伤的情况说完，刚想提出请三天假的事，经理的神情突然变得很严肃，说："我知道你很想回去跟家人团聚，你母亲这个时候也很需要你，可我们这里现在实在太缺人手了。如果你母亲知道公司正考虑提拔你，我想她应该会理解你。况且，现在医疗很发达，你母亲已经入院，即便你不过去，应该问题也不大。事情已经发生了，就算你真的过去，也帮不上什么忙。我们这个项目需要团队协作，每个人都得倾尽全力，你在我眼里一直是这样的人。不过没关系，如果你真的放心不下，也可以回去一趟，多陪陪母亲。以前我没想到你这么顾家，要是今后真做了项目主管，跟家人聚少离多的情况会更多……”

离开经理办公室，W的心里很是纠结。她在工位上坐了半天，最终拿起电话打给家里，说工作太需要人手，实在离不开，让母亲安心治疗，她稍后会给家里汇过去一万块钱。其实，W很内疚，但是经理最后说的那番话还是让她动摇了。她担心，如果这一次真的离开项目组，会彻底失去晋升的机会，所以只好留下来继续工作。

经理没有明确地说不允许W回家看望母亲，言谈之时似乎还把选择权交给了W，可是W感受到的却是：如果我回家看望母亲，那就说明我消极怠工，不重视自己的工作，还会影响到上司对自己的看法，甚至影响自己的事业和前途。所以，她最后选择自愿留下来。

这样的情形，你有没有遇到过？看起来好像是自己做出的选择，可静下心来时，才发现那根本是迫不得已。为什么会出现这样的状况呢？到底是什么力量促使我们违背自己的意愿去采取某种行动呢？

请注意，这就是一个博弈的结果。通过对语言、行为甚至是感官的设置，创造出具体或理念的情境，如以上的例子中，“回家看母亲 = 放弃晋升”“留下来 = 重视工作”，使得 W 接下来的行为倾向凸显出积极的意义，与“被提升”联系起来。W 之所以留下，是因为她的内心需求被经理描述出的“重视工作”“积极进取”压抑了，经理也就顺理成章地控制了她的行为。

现实中类似的情形有很多，广告、销售、宣传中都运用了这一心理策略，就是为受众创建一个积极的情境，让人们在不自觉中认同他们的观点，并自觉自愿地参与其中。可是，无论操纵者描绘出的情境有多积极，有一个事实是无法改变的，那就是我们依然在被动地接受他人的价值观念，生活在奴役中却不自知，甚至还因为被奴役而快乐。

1961 年，耶鲁大学心理学助理教授斯坦利·米尔格兰姆做了一个“服从权威”的实验，证实人类有一种服从权威命令的天性，在某些情境下，会背叛自己一直以来遵守的道德规范，听从权威人士去伤害无辜的人。

米尔格兰姆告诉被试，他的实验是为了研究惩罚对单词联想记忆的影响，而这种惩罚，便是对作为“学生”的人施加电击。他制作了一个极其逼真的电击装置，一共 30 个按钮，每个按钮都对应着不同程度的电压，最低 15 伏，最高 450 伏。

米尔格兰姆通过观察被试对“学生”最终施加的电击水平，来判定个体的服从权威程度。当然，有一点大家绝对放心，这个电击装置其实形同虚设，任何一个等级的按钮都不会放出丝毫电流，唯一被蒙在鼓里的，只有被试一人。

起初任务很简单，但随着单词记忆数量的提升，“学生”的出错率也开始增加，被试对他施加的电击强度也越来越强。到150伏时，“学生”会发出惨叫，如果被试动摇，站在他旁边的权威就会命令他：“请继续。”到300伏以上，“学生”开始猛烈撞击，被试依然会犹豫地望向研究者，研究者则更严肃地说：“必须继续进行实验。”

你猜猜，在这种情况下，40名被试经历了内心的挣扎后，会做出怎样的选择？

结果对于所有人来说，都是颇具冲击力的，包括米尔格兰姆本人：所有人的选择都在255伏以上，这是猛烈电击的强度，而有26个人选择了把电压等级调到最高！这些被试中没有一个人是虐待狂，也不存在任何人格缺陷，无不良嗜好。可是，在这个实验中，他们都选择了服从权威，没有例外。

是不是嗅到了一丝恐怖的味道？服从权威，大概是每人心中的天性之一，只要情景适宜，它就会被“激发”出来——天使和魔鬼有时只有一步之遥。生活中有很多事情，完全是在道德意识和坏的权威之间做抉择，这是对人性最大的考验。

于普通人而言，遇到实验中的情况毕竟是少数的，但做出“迫不得已”的选择却并不少见。下一次，当你做出了一个违背意愿的决定，或是产生了某种让自己费解的想法时，不要轻易地就服从那股“无形的力量”，暂时跳出来，冲着自己的心问一句：“我真的是自愿的吗？”

在理智的情境下，你听到的那个心声，才是你真实的意愿。

谁都相信自己不是最傻的

1630 年，荷兰人培育出了一些新奇的郁金香，颜色和花型都很特别。物以稀为贵，当时不少王公贵族都以拥有郁金香作为身份和权力的象征。为此，有些嗅觉敏锐的商人开始囤积郁金香，紧接着一场疯狂的郁金香热就掀起了。

在 1633 年，某个品种的郁金香已经飙升到 1000 荷兰盾，到 1636 年则涨到 5500 荷兰盾，这个数字在当时已经足够买下一栋豪宅，或是 25 吨奶酪！ 1637 年 1 月，一个普通的郁金香球茎的价格还是 64 荷兰盾，仅仅过了一个月，就涨到了 168 荷兰盾，已经超过了荷兰人的平均年收入——150 荷兰盾。一些买家为了保证自己的郁金香是独一无二的，甚至愿意付出一切代价买下别人手中的顶级郁金香，然后毁掉。

所有人都忘了郁金香及其种子本来的价值，只知道如果自己不买，那就是别人眼里的傻子。这个国家的所有行业都被忽视了，人人都跑去投资郁金香，不惜用土地、房屋等不动产去换取这种植物，而妇女们也舍弃了穿衣打扮的钱，卖掉心爱的家具去换取种子。他们深信郁金香种子会带给他们想要的财富，人们的欲望已经膨胀到了无以复加的地步。

直到 1653 年 11 月的一天，一个毫不知情的水手来到郁金香交易市场，随手捡起一颗郁金香种子吃了下去，所有人都看傻了。水手奇怪地看着他们，他只觉得这颗“洋葱”的味道有点特别而已。

所有人仿佛都从梦中惊醒了，他们意识到，过去的这些年里，大家仿佛被一种无形的力量控制住了，竟然不断地哄抬一株植物的价格。随后，郁金香开始被大量抛售，价格暴跌不止，许多人都在一夜之间倾家荡产。

“郁金香事件”可以算是人类历史上有记载的最早的投机活动，人们对财富的狂热追求、羊群效应、理性的完全丧失，让郁金香的泡沫越吹越大，最终导致千百万人一贫如洗。大家都知道，郁金香球茎的价格早已超过了它的实际价值，可为什么人们还会热烈追寻呢？

在资本市场中，人们大都有买涨的心理，完全不顾某个商品的真实价值而愿意花高价购买，他们预期未来会有一个更大的笨蛋将花更高的价值，从他们那里把这个商品买走，这就是博傻理论。这个理论告诉我们：在这个世界上，傻不可怕，怕的是做最后一个傻子。

博傻行为不都是一样的，因为“傻瓜”也分为两种。

第一种：感性博傻。这类人在购买某件商品时，不知道自己已经被卷入了一场博傻游戏，更不知道随时都可能崩盘。比如，股市高涨时，庄家在背后人为抬高股价，等一群不明真相的傻瓜砸进去大量资金后，庄家看手里的股价涨得差不多了，就在股价高点抛售逃离，结果很多人跟风抛售，股价一泻千里，被套牢的就是那些在最后高点接盘的傻瓜。

第二种：理性博傻。这类人清楚知道博傻游戏的规则，相信在热潮的情况下，还会有更傻的投资者接盘，因此才会投入少量资金赌一把。玩得不大，就算赔了，也不至于倾家荡产。

理性博傻能赢利的前提是，有更多的傻瓜来接棒，这个判断是千万不能失误的。当大家感觉目前的价位已经偏高，需要撤离观望的时候，真正的高点也就来了。接下来，你是选择撤离，还是在高点上继续等待傻瓜出现？

“不要做最傻的那个人”，说起来很简单，可做起来太难了。然而，明知道难，依然有很多人义无反顾地投身进来，这又是为什么呢？

就像荷兰人说的，似乎有一种无形的力量驱使着他们，这种力量是什么呢?

简简单单一个字：贪！当一个人主观意识认为一旦错失某个机会就会造成遗憾时，即便是优柔寡断的人，也会果断地做出决断，这就是人类的共性，在心理学领域被称为倾向性效应。在博弈中，人们为了得到最大化的利益，总是期待最后一个傻子的出现，结果越贪婪越失去理性，一不小心就成了最后接盘的傻瓜。因此，当贪念涌起时，一定记得提醒自己：这是一个无止境的黑洞，会把人带入破产的深渊！

注意那些别有用心的暗示

加利福尼亚大学精神病理学教授杰根·路易士博士曾经说过:“人类除了语言，还能使用70万种以上的信号来交流意识。”这些语言之外的“信号”，就是暗示。

什么是暗示呢?从字面意思上看，“暗”即对方无从觉察，“示”即一定意图的指示，结合起来就是让对方自然地、无从觉察而又能毫无抵触地接受一种人为有意图的指示，它不是直接命令对方怎么做、做什么，而是让对方自然地接受我方的想法，只要在无意中接收到这个信息，他就会产生相应的观点。

举一些生活中的例子：你跟朋友一起喝茶聊天，刚开始品茶时没觉得对方所沏的茶有什么特别，可听到对方说这种茶如何好、如何来之不易后，同样再品这壶茶，却觉得格外清香；走进一家装潢考究的店铺，虽然没有人看到商品的价格，却自然而然地觉得里面卖的东西价格不菲，档次也很高；更有意思的是，如果哪天有朋友皱着眉头跟你说“你脸色不太好，是不是平时疏忽了保养”，你很有可能回去就买上一堆的护肤品……这样的情况，都是心理学中的暗示现象。

暗示能够影响人们原有的行为方式或心理状态，相信实际上并不存在的东西。任何人都无法抵抗暗示的力量，至少在某些情况下，一个人对于自己的行动在短期内会失去意识上的控制力量。在整个行为过程中，他会以为一切都源于自己的主动性，即便感觉有为难之处，也不会介意，因为那是自己做出的选择。这是暗示最可怕的地方。

为什么暗示会有如此强大的威力呢？在心理机制上，它是一种被主观意愿肯定的假设，这种假设未必有依据，但因为主观上已经肯定了它的存在，心理上就竭力地趋向于这项内容。这种“假设”建立在“自我”的基础上，换句话说，就是你认为会怎么样，是“自我”对待外界人和事的判断和决定。

有个刚毕业的大学生，被一家知名公司录取。正式入职后不久，他就接到了一项颇有难度的任务，就连工作了几年的老员工都没把握能做好，对他来说更是严峻的考验。接收这项任务时，他心里就没底，很怕自己做不好。为了能完成任务，他还是尽全力去做，其中最主要的策略就是向老员工请教。

可是，当他向老员工请教时，有的人只是呵呵一笑，没有多说；有的直接说很难办，没有给他任何建议；还有人给他灌鸡汤，说多想想肯定能做好……如此一来，这位新人愈发觉得自己难以把事情做好，虽然硬着头皮做了，结果却并不理想。

他真的不能把事情做好吗？实际上，他的这种“做不好”是一种暗示的结果，在尚未努力之前，就已经假设了一个结果，此后的一切活动都是围绕着这个假设的结果进行的。虽然他也向别人请教了，可因为那个“假设”的存在，他在心理上会自觉或不自觉地去选择跟这种“假设”相符的内容。

我们之所以会受到暗示的影响，关键在于“自我”的不完善。人都是不完美的，却又有追求完美的本性，因而在做决定的时候，会变得犹豫，渴望从外界获得更好的意见。当我们缺乏自信，不知如何抉择时，就很容易被他人的言语所左右，按照他人的言语去做，从而受到暗示。在有些情况下，这样的暗示是很危险的。

国外有一位年轻的妇女厌倦了自己年迈的伴侣，特别是在丈夫经济出现危机后，就开始处心积虑地筹划自己的将来。她总是有意无意地提醒丈夫，自己和他之间的年龄差，流露出对孩子的渴望。

每当此时，丈夫就对她充满了愧疚感。在一份妻子“无意间”放在桌上的保险广告的影响下，他为妻子买了大额的人寿保险。

终于有一天，夫妻两人在田野里散步时，妻子说起两人在前一天都听过的一则关于自杀的故事，她还故作天真地说：“怎么可能有人能那样把自己打死呢？你做给我看看，是不是有可能？”接着，丈夫真的把猎枪伸进了自己的嘴里……结果，你也猜到了。

这位妻子深谙暗示之道，她一直为夫妻间的年龄差耿耿于怀。而丈夫的自我防御机制使他把这种愧疚和担忧埋在了心里，对于两个人的未来，他的心理意象也很模糊，而妻子借助暗示逐渐让丈夫的愧疚感变得明朗化。接着，她不断地重复同样的话，且制造了一个视觉形象，那就是终日以泪洗面。虽然她没有直接说什么，可丈夫还是感受到了强烈的暗示：“如果不为妻子做点什么，她今后的生活没有保障。”这时，他已经彻底相信自己总有一天会完蛋。

为什么这位先生能够被妻子的暗示控制呢？原因还是我们前面说过的，他的“自我”不完美，内心深处隐藏着强烈的自卑。糟糕的是，妻子看透了他这个人，利用了他的这一心理。如果他能够自信一点，客观地看待这件事，或许就能发现妻子在他经济开始走下坡路后表现出的一切行为都是十分可疑的。

这个特殊的案例提醒我们，一旦潜意识被人操纵，我们就会受制于人而不自知。所以，我们必须学会识别和防范那些别有用心的暗示。

暗示的核心是潜意识，而潜意识通常是在潜移默化中形成的，还带有重复性。所以，当有人经常有意无意地提到同一个问题时，我们就必须提高警惕。同时要明白，暗示作为一种心理战术，不是意志坚定就能摆脱，相反，意志坚定的人反而更容易被催眠。如果你发现某种暗示带有持续性和说服力的时候，一定要多问问“为什么”，让提问者说出他的真正意图。最后一点要说的是，想不被暗示牵着鼻子走，一定要不断强化个体内心世界的自我。

不完整的信息会误导人

英国的《泰晤士报》曾经报道了这样一则消息：世界著名的可口可乐和雀巢公司称他们共同研制出了一款能帮人消耗卡路里的饮料——Envige。消息一经传出，立刻就遭到了营养专家的否定，他们声称这个消息是在误导消费者。

两家公司的研究人员称，这个饮料是复合型饮料，它们中的一些成分是从绿茶和咖啡因中提取的，能够有效地调节人体的新陈代谢，有助于身体消耗热量。然而，健康专家对这方面一直持怀疑态度，他们认为饮用这些饮料可能会让人兴奋，对于心脏病患者十分危险。

临床试验表明，饮用 3 罐这样的碳酸饮料，平均可消耗 106 卡路里的热量。可是，3罐这样的饮料中含有咖啡因，相当于3杯黑咖啡，这显然对人体健康不利。国际营养学家安德鲁·普伦迪斯表示：生产商正在向消费者传递一个错误的信息，就是依靠这些饮料能达到减肥的效果，这是一种误导。

虽然各路专家们纷纷反对，可厂家还是大批量地生产了这些饮料，且用了多种口味来吸引消费者。多数消费者也很买账，他们认为不用运动、节食，畅快地喝饮料还能消耗卡路里，是一件很美妙的事，完全不在乎饮料里有多少咖啡因，更不在意专家的提醒。

坦白说，在夏季减肥的热潮中，你有强烈的减肥欲望，面对这样一款饮料，你愿不愿意尝试一下？相信很多人都会说“是”。为什么绝多数人都会作出这样的选择呢？

其实，这里面牵扯到了信息博弈的问题：看谁说的信息更吸引人！就拿那款减肥饮料来说，虽然营养学家也提出了相应的观点，可似乎对消费者没产生什么影响，消费者更关心的是这款饮料带给自己的奇迹，哪怕要摄入很多咖啡因，也愿意尝试。

就商家而言，他们向消费者传递出的信息其实是不完整的。换句话说，就是只让人看到商品美好的一面，至于缺点和瑕疵，只有在使用过程中才能慢慢了解，精明的商家是绝对不会主动传递出来的。这样一来，消费者就只接收到了不完整的那部分信息，至于信息是对是错，完全忽略了。

记得有一句广告词叫“欧典地板，真的很德国”。哇，听起来是不是觉得挺有品质的，认为它是德国生产制造的？其实，这只是一种错觉。商家抓住了人们对品牌和品质的追求，向消费者传递出了一条错误的信息，消费者又不太了解厂家的情况，就依据广告传递的信息对货物进行判断并做出选择。

这说明什么呢？信息虽然有多种传递方式，可对于传递信息或接收信息的人来说，只有一种理解方式。传递信息的人想要达到传递信息的目的，而接收信息的人，往往会顺着传递信息的人的目的，去认识和了解一些事物。

回想一下过去的经历，找出那些“为什么感觉被骗了”的购物事件，现在是不是有点儿明白了？要知道，在信息传递的博弈中，商家永远在跟市场、竞争对手和客户下一盘棋。他们传递出的信息，让几个对手在短时间内都无法看清，从而为自己商品的信息留下了悬念。这些不完整的信息勾起了人们的好奇心，在信息没有完全披露的时候，这场博弈的胜券早就被他们牢固地握在手里啦！

所以，不要总埋怨自己太单纯、容易冲动，被“洗脑”的不总是你一个人，在面对不完整的信息时，多数人都会跟着商家的思路走。这样想来，是不是略感安慰？

Chapter2

当心！操纵者就藏在你身边

你是容易被操纵的对象吗

在人际关系中，操纵与反操纵是一个永恒的话题。没有谁愿意被操纵，可又总在不知不觉中被隐藏的操纵者控制，尽管我们的大脑没有意识到被人左右的局面，可内心的纠结、两难、犹豫，却让我们深陷痛苦之中。不摆脱这种被操纵的困境，生活就会变成一种折磨。

网上曾经报道过这样一则消息：有位老人终身行善，最终却被慈善机构逼得跳桥自尽。听起来令人震惊，也让人心寒，这到底是怎么发生的呢？

这是一位名叫 Olive 的英国妇人，她的父亲和丈夫在两次世界大战中先后阵亡。从 16 岁开始，Olive 就靠卖罂粟花给阵亡的烈士筹款，以寄托自己对逝去的亲人的思念之情。每年 10 月中旬过后，不少英国人的胸前、汽车上都会佩戴红色的罂粟花，为的就是纪念那些在战争中死去的军人。Olive 把这一善举坚持了整整 80 年，把卖花的收入和退休金捐给了近 30 家慈善机构。

年复一年地为慈善机构捐款，使 Olive 的经济变得捉襟见肘，当她罹患乳腺癌时，竟然连治疗费用都拿不出。面对这样的困境，她没有得到任何的同情和帮助，反倒不断被慈善机构骚扰。他们不分日夜地打电话给 Olive，有时她要花上 1 小时甚至更久的时间来接听，以至于都无法跟家人通电话。另外，Olive 每个月都会收到超过 260 家慈善机构索要善款的信件，为了尽快读完这些信，她经常要花上大半天的时间。

即便如此，Olive 从来没有拒绝过慈善机构的要求，她不想让别人失望，只是面对越来越多的电话和信件，她有点不知所措。在催促捐款的压力下，Olive 开始变得异常压抑和痛苦。直到有一天，她寄给孩子的 250 英镑莫名其妙地丢了，这让 Olive 彻底崩溃。

Olive 说，她已经拿出太多，再也拿不出更多。而后，她从布里斯托的铁索桥上跳下，结束了自己的生命，永远摆脱了 24 小时不间断纠缠着她的慈善机构。

看过这篇报道后，众多网友都表示很难过，忍不住发声。有人说，一辈子乐善好施的人太少了，慈善组织不该抓住这样的人无尽地索取；也有人说，是Olive不懂拒绝，既然对方好意思为难她，她就该好意思回绝；还有人说，用公益进行道德绑架，比抢劫还要可怕!

事已至此，说什么都无法挽回Olive的生命了，但她留给了我们无尽的深思：为什么一个好人会被逼到走投无路的境地？为什么她会轻易被慈善机构操纵？我们的身上是不是也有和Olive一样容易被操纵的弱点呢？

被操纵的人生犹如一场噩梦，禁锢了心灵的自由，也没收了所有的快乐。现在，你不妨对号入座，看看自己身上是否具备下列的特质。若有的话，你就要加小心了，这可是多数被操纵者共有的特质！

◎特质1：习惯讨好

如果你认为自己的存在是为了满足他人的需求，那么你就具备了被操纵者的第一个特质。你的情绪完全跟随着他人对你的期望高度，你答应别人的请求并非完全出于自愿，也不是真心想去帮助他人，只是害怕无法满足他人的期望。其实，你不必活得那么卑微，没有一个生命是为了满足他人而存在的，别人怎么看你、对你有何期望，不是你活着的唯一目标。

◎特质2：负面情绪

当一个人的内心背负太多的负面情绪，如孤独、愤怒、忧郁、焦虑等，就很容易与人发生对立和冲突，继而被人操控。因为他经常会让自己陷入孤立无援的境地，与外界的一切信息隔离。此时，他会很容易接受他人灌输的观念，被人洗脑和操纵。

◎特质 3：不懂拒绝

很明显，Olive 就属于这类人，不懂得拒绝。当他们跟别人说“不”时，内心会充满内疚和罪恶感，总觉得这样做就会令人失望。他们习惯了退让和妥协，让那些试图利用他们的人得寸进尺。要知道，拒绝别人不合理的请求不丢人，这是对自己负责。如果你觉得实在难以启齿，试着保持沉默，或者转移话题，都比委曲求全好得多。

◎特质 4：自我缺失

很多人不清楚自己在一段关系中的位置，也就是我们常说的“没有自我”。自我缺失直接引发的问题就是依附，缺乏完整的独立意识，没有成为真正的自己，很容易被他人控制。当这种依附感越来越强时，就会面临“得到”和“求而不得”的失衡。若要摆脱他人的控制，就得先找回自我，学会对自己负责，人只有成为真正的自己，才有可能达到与他人的和谐，让彼此的关系成为相互支持，而不是相互需要。

看到这里，是不是对很多问题有了全新的认识？当我们习惯了一种处理问题的模式后，很难在朝夕之间就将其彻底改掉，但觉察到了问题所在，总好过困顿其中而不自知。要知道，发现问题，正是改变的开始。

互利性原则，有时是旋涡

若要问这个世界上最难还的是什么债，想必多数人都会说：人情债！

Z的父亲生病住院急需用钱，朋友Y听说后，还没等Z开口，立刻就给他转过去5000块钱。这让Z大为感动，毕竟锦上添花的人多，雪中送炭的人少。待父亲病好后，Z决定辞掉在外地的工作，回到父母所在的城市工作，Y是他的老乡，在这个城市有一定的人脉，得知Z要找工作，热心地帮他介绍关系，甚至还帮他整理简历。

看到Y如此殷切地帮自己，Z的心里大为感动。为了表示感谢，Z特意请Y吃饭，联络感情的同时，也聊表谢意。席间，当Z举杯向Y表示感谢时，Y却说："这有什么呀？大家都是朋友，你要是这么客气，那就没把我当朋友。"随即，Y又叹了口气，说："其实，我也不是什么太有能耐的人，赚着死工资养家糊口，可咱们认识这么多年，关系也不错，我不能袖手旁观……"此话一出，Z顿时不知道该怎么接了，心里却感到格外沉重。

不久之后，Y主动找到Z，说有事相求。Z从事的是法律工作，Y想让Z给自己的亲戚做诉讼代理，却迟迟不肯提费用的事。看他的架势，好像是打算让Z免费帮忙。Z感到很为难，毕竟诉讼代理一件案子也不轻松，他也是拖家带口的。Y大概看出了Z的心思，突然就把话题扯到Z父亲住院的事，还有他帮Z介绍关系找工作的事。一时间，Z纠结极了，他觉得自己没有办法回绝Y，若真开口说了心里的话，简直就成了"忘恩负义""自私自利"的人。就这样，Z妥协了。

有没有觉得，Y可能早就有让Z帮忙做诉讼代理的打算，之前所做的一切全都是有目的性的？他没有给Z回绝的机会，却也暗示Z说自己做这些事情并不容易。Z欠了Y两个人情，到了Y提出要求的那一刻，纵然不太合乎情理，Z却还是为了那两份人情债，违背了内心的意愿，完完全全受制于Y。

为什么Z会觉得难以拒绝Y的请求呢？

从心理学的角度来看这场博弈，互利性原则起了很大的作用。

人类学家奥莱尔·蒂格尔和罗宾·福克斯认为，互利性原则是人类的一种适应机制，即通过创造一种有效率的社会关系，形成商品互换的模式。

大家都觉得“人情债”不能欠，原因就是社会舆论对于获得利益却不回馈他人的行为是持谴责态度的，这样就形成了一种约束力。没有人希望在别人眼里，自己成为一个黑心的牟利者，所以都不自觉地遵照这个原则来行事。当Z遇到Y，这种“无法拒绝”的心理就被利用了，互利性原则就变成了一场不对等的心理博弈。

如果你也跟Z一样，是互利性原则的遵从者，那么现在，你必须擦亮眼睛，狠下心肠，对别有用心的殷勤者说“不”！如果有人总是在你面前述说他为你做过多少事，那么下一次他再表示殷勤的时候，你不妨直言：“谢谢，这件事情我自己能解决。”

也许，对方最初会表现得很受伤，可试过几次之后，他就会明白，你根本不吃这一套，以后他就不会再试图用这样的方式控制你了。有机会的话，你可以试试看！

可怜之人必有可怕之处

在一次聚会上，Ella 认识了姑娘 H。姑娘 H 看起来很安静，她坐在一个角落望着热闹的会场，眼神里流露出一种独特的光芒。Ella 是一个摄影师，看到这一幕时就想：要是这个姑娘能给我做模特，该有多好啊！

Ella 主动给姑娘 H 递了一张名片，两人互相做了自我介绍，就闲聊起来。姑娘 H 和 Ella 果然气场相投，她们都很喜欢艺术，相聊甚欢。分别的时候，两个人就像熟识已久的好友。

后来，Ella 又跟姑娘 H 见过几次面，还邀请她到自己的摄影工作室。可能是彼此之间比较熟了，姑娘 H 主动给 Ella 讲起自己的经历。

她很小的时候，母亲就去世了，一直跟随父亲生活。父亲有酗酒的习惯，还喜欢骂人，她内心有强烈的不安全感。成长的阴影伴随着她，让她在感情的路上栽了不少跟头。

听过姑娘H的遭遇，Ella对她多了一份心疼，忍不住想要照顾她。当姑娘H听说Ella在摄影大赛上获了奖，要扩大工作室的规模时，她流露出羡慕的神情，说："我真为你高兴，你是我认识的女性朋友中最优秀的一个。你扩大工作室的规模后，一定也需要人帮忙，我很想给你做助理。"

起初，Ella婉言谢绝了姑娘H的好意，但姑娘H立刻就蹙起眉头，眼眶里还噙着泪水，说："是不是我不够好？这么多年，我觉得身边的人都不喜欢我、不接受我。认识你以后，我才知道生活原来可以这么精彩。我很享受跟你一起聊天，也想和你一起工作，你不会也跟其他人一样，认为我不配吧？"

听到姑娘H的这番话，Ella感到很为难。这时，姑娘H又说："知道吗？我特别羡慕你，家庭条件好，事业也很成功，还遇到了一个疼你的丈夫，我也想沾一点你的好运而已。"Ella当时没有给她正面的回复，只是说再考虑一下。

没想到的是，当天晚上，Ella在微信朋友圈看到了姑娘H发的心情："过去二十几年的生活，就像是一个无底的、黑暗的深渊。现在，我终于看到了一丝光亮，能让我重新开始，当我伸手去触碰它的时候，它却变得很微弱。我好怕，怕它会彻底消失，让我回到无尽的痛苦之中。”这样充满委屈的心声，不断在姑娘 H 的朋友圈里出现，扰乱了 Ella 的心。

渐渐地，Ella 开始觉得，如果自己继续无视姑娘 H 的请求，简直就成了罪人。就这样，姑娘 H 一边向 Ella 传递自己的羡慕之情，一边又强调自己不幸的人生经历。最终，Ella 同意了，让姑娘 H 做自己的助手。只是，这个决定做得一点也不开心，因为姑娘 H 的能力水平根本不符合 Ella 的预期标准。

Ella 是一个善良热心的人，听过姑娘 H 痛苦的生活经历后，她给予了对方同情、关心和支持。然而，她没有预料到，最后自己竟然被姑娘 H 的“可怜”控制了。

曾有人问过一位资深的心理咨询师：“要如何分辨什么样的人能够信任？”他的回答令人震惊。在普通人看来，不值得信赖的人肯定是作恶多端的，有肢体语言上的威胁恫吓。可是，这位心理咨询师却说，这些特征都不可靠，真正可靠的是“装可怜”的戏码，他们不会令人感到恐惧，却会博得他人的同情。

毫无疑问，Ella 就输在了“同情”上。在产生同情的那一刻，她自己没有任何防备，姑娘 H 抓住了她的这一弱点，不断地重申自己多么不幸。她有过不幸的遭遇，这是不争的事实，但作为一个成年人，她从来都是把错误和责任归咎于外界，而没有反思自身的问题。

诚然，我们不该成为冷漠的人，要保留一份恻隐之心，但在付出好意之前，必须分清对方是“真可怜”还是“假可怜”。所谓的“真可怜”是倾尽所有努力境况依然不佳，求助者和施助者双方在心理上是平等的；然而有些人是有意无意地放低姿态、渲染痛苦，以此来获得某种好处。

“假可怜”的人有强烈的依赖心理，总是被动地等待别人的扶助，自力更生的意愿很薄弱；同时他们也有自私自利的特质，用“可怜相”来抱怨别人不在乎自己，让施助者感受到“道德感”的失落，产生强烈的自我责备和自我贬低，说拒绝的话就好像亏欠对方一样。

要让可怜之人不可怕，双方都必须做出调整。就 Ella 来说，先要明确自己帮人的界限，学会拒绝，即便姑娘 H 诉苦，也不能牺牲工作室里重要的职位给对方，这将直接影响到公司的发展，甚至牵连到其他员工的利益。此外，也要适当地说明自己的难处，让姑娘 H 彻底明白，世上没有救世主，人只能自我救赎，靠自身的力量去改变生活。

当一个人付出全部来爱你

R 先生和女孩 C 是大学同学，同窗四年他一直暗恋着对方，而 C 当时有男朋友。在 R 先生眼里，C 是一个温柔娴静的女孩，说话慢条斯理，从来都不会咋咋呼呼的，给人的感觉很舒服。这样的女孩，就是他认为可以作为一生伴侣的最佳人选。

大学毕业那年，C 和男友由于工作去向的问题产生了分歧，结果分道扬镳。R 先生开始对 C 展开猛烈的追求，也许是真心可鉴吧，C 最终答应做 R 先生的女朋友。两个人的恋情在周围的同学中传为美谈，大家都觉得，他们真是天造地设的一对。

按理说，R 先生应该很快就会跟 C 结婚，可在提到这件事时，他却表现得很犹豫。朋友问R先生："你们感情也稳定了，结婚不好吗？"R先生叹了口气，满脸无奈地说："说实话，我想和她分开了，但不知道怎么说……"

"分手？怎么回事？"朋友惊讶地问。

R先生恋爱后，第一次分享自己内心的真实感受。由于他的工作很忙，赶上着急的项目时，几乎就没有休息日，每天除了吃饭、睡觉，就剩下工作了。可即便如此，他还要每天挤出时间给C发消息汇报情况，有时真的是抱着手机就睡着了，又被C的电话叫醒。

朋友问："是不是相处久了，没有最初的新鲜感了？"R先生摇摇头，说："我喜欢稳定的感情，对她的爱也没有减少，可我不太喜欢我们之间的状态。你知道吗？我除了工作以外，几乎就没有跟朋友出去吃过饭。每次我说要出去，她就会表现得很伤心，问我是不是厌倦她了，是不是不想跟她在一起了。她说一直以为自己对我来说很重要，原来都是自作多情。"

说到这里的时候，R先生狠灌了一口酒，而后又说："我没有想到，大学里那个温柔懂事的姑娘，谈起恋爱是这么黏人。有时候，一个女人需要你，不愿意让你离开她的视线，这感觉挺好的。可后来发现，我跟她在一起总有种内疚感。她把我的生活起居安排得很好，做我喜欢吃的饭菜，家里的电器、家具都是我最喜欢的。有一次，明明是给她买生日礼物，回来的时候却拎着大包小包的男装。我出差的时候，她不停地发消息给我，从早到晚，任何事情都跟我汇报，也要求我向她汇报……这份爱密不透风，让我喘不过气来，但要跟她提分手，我又觉得对她有愧疚。”

听到这儿，你也许能明白 R 先生的痛苦。不是他厌倦对方，而是对方的爱太沉重，就像枷锁一样捆住了他，让他完全丧失了自己独立的空间。这样的情感关系是病态的，彼此折磨，却又难以摆脱。

这一生能得到他人的爱是幸运的，但幸运不代表幸福，因为幸福的前提是，两个人都懂得，什么才是真正的爱、成熟的爱。女孩 C 恰恰不懂这些，她竭尽全力地证明自己懂得爱、值得爱，结果却逼得对方想要逃离。

心理学家认为，一段和谐的关系，必然是有付出和接受。然而，当付出和接受之间的循环被破坏，情感输入和输出的比例失调，关系就会朝着坏的方向发展。这种破坏往往不是因为“不愿意付出和给予”，而是某一方“不愿意接受”。

德国家庭治疗大师海灵格说过：“我们付出的时候，就会觉得有权利；我们接受的时候，就会感到有义务。”对此，武志红老师也有同样的看法：“只付出不接受的人，会有一种清白感，会觉得自己在这个关系中绝对问心无愧。这是一种很舒服的感觉，有这种感觉的人，会觉得自己在关系中永远正确。那么，相应地，关系的另一方就会觉得很不舒服，会频频感到内疚，会经常觉得问心有愧，即便他不明白付出者为什么那么喜欢付出，他最终一定会产生逃离的冲动！”

人际交往或是经营感情，需要付出真诚，但不代表一分耕耘，就能有一分收获。当一个人付出他的所有，把全部时间和精力都投入一段关系中时，最好提醒一下对方：每个人都应当有独立的空间，做独立的自己，亲密有间才能长远。如果你全盘接受了，那么你们这段关系就已经失衡。当有一天你感觉彼此不合适，想要开始新的生活时，虽然你有结束这段关系的权利，可内心那份愧疚感会控制你，让你难以启齿说“再见”。

别忽略不起眼的小请求

《伊索寓言》里讲过这样一个故事：

一个风雨交加的夜里，有个乞丐到一户人家乞讨，仆人见到他，态度很不好，让他赶紧离开。乞丐说：“我太冷了，我只是想借用你们的火炉烤干衣服。”仆人一想，又不用给他东西，就同意了他的请求。

乞丐把衣服烘干后，又对厨娘说：“我能用一下您的锅吗？我只想煮一点石头汤。”厨娘皱起眉头，说：“石头汤？我倒想看看你怎么做。”于是，厨娘就把锅递给了乞丐。

乞丐把在路上捡到的石头洗干净，放在锅里像模像样地煮了起来。“可是，我觉得还需要一点点盐。”乞丐很自然地说道。厨娘答应了他的要求。紧接着，在乞丐一次次“自然”的要求下，厨娘又给他拿了豌豆、薄荷和香菜，接着还把碎肉末放到了汤里。

最后，聪明的乞丐把石头从锅里捞出来，美美地喝了一碗肉汤！

尽管这是一则虚构的寓言，可结合生活仔细想想：你是不是也有意无意地做过和厨娘一样的事？原本只是接受了对方的一个小请求，到最后却做了很多超出意料的事。如果最初他跟你提这样的要求，你未必会答应，甚至会当面拒绝。但为什么在接受了那个小请求之后，一切都好像由不得自己了呢？

1966 年，美国社会心理学家弗里德曼和弗雷瑟做了一个实验：他们派人随机访问一组家庭主妇，要求把一个小招牌挂在她们家的窗户上。这些主妇们没有异议，愉快地同意了。过了一段时间，再次访问这组家庭主妇，要求把一个大而且不太美观的招牌放在她们的庭院里，依然有半数的家庭主妇同意了。与此同时，实验人员又随机访问了另一组家庭主妇，直接提出把不仅大而且不太美观的招牌放在她们的庭院里，结果 80% 的家庭主妇都不同意。

有没有发现，这实际上也是一场心理博弈。通常，人们都不愿意接受较高、较难的要求，毕竟它费时费力、不容易成功；但对于那些较小、较容易的要求，却很乐于接受。在实现了较小的要求后，人们会比较容易地接受较大的要求，心理学上将其称为“登门槛效应”。

人的每个一致行动都有其最初目标，在许多场合下，由于人的动机过于复杂，就会面临对各种不同目标的比较、权衡和选择。在相同的情况下，那些简单容易的目标比较容易被人接受。另外，人都愿意把自己调整成前后一贯、首尾一致的形象，哪怕别人的要求有些过分，为了维护印象的一贯性，也会违背意愿继续下去。

F女士退休后，每天都在小区的散步。那天，有个笑容甜美的姑娘跟她搭讪，无来由地夸奖了她一番，说她皮肤保养得好，气质也很棒，跟F女士聊了很多话题，美容、养生、教育、旅游，等等。很快，F女士就放松了警惕，觉得这姑娘挺好的。

说到兴头上的时候，姑娘热情地对F女士说：“阿姨，哪天您可以到我家去，我给您做个美容试试。或者，您也可以试试我现在用的产品……”话说到这份上，F女士也不好意思说“不买”“不用”，似乎找任何理由推辞都有些牵强。

就这样，F女士从姑娘那里买回了一样东西。过了一段时间，那位姑娘又来“看望”F女士，问及她家里是否还需要添置什么，说自己这里有很多厨卫用品，F女士很愉快地又订购了几件产品。她可能不知道，那位姑娘其实是某公司业绩最好的直销员。

列举这些事例的目的是想提醒大家，很多时候被他人操控都是我们自己助推而成的。我们为了得到他人的好感，答应了对方的小请求，结果就难以拒绝后面更大、更不客气、更具实质性的要求了。到最后，你可能就是为了讨好对方而牺牲自己的意愿。

这里要说的重点，不是你为对方做了什么，而是你出于什么样的心态去做。是心甘情愿的，还是怕他的要求得不到满足而失望？如果是后面的心态，那你已经被他的情绪控制了。对此状况，你也应负起一部分的责任，因为你试图通过他人对自己的评价来实现自我价值。

有没有什么退路可走？当然有！那就是不要为了照顾他人的心情而改变自己的计划。哪怕对方用一些话刺激你、暗示你，你也要保持自己的立场。不纵容对方，不接受小请求，才能有效阻止“得寸进尺”的发生。

被贬低不代表你真的不好

临近年会那段时间，行政助理 Nancy 忙得焦头烂额。她在工作方面一直有点儿完美主义情结，不允许自己出任何差错，因为上司 Rebecca 是一个极其挑剔的“女魔头”，这在无形中给了 Nancy 巨大的压力。

年会开始了，所有人都很激动，Nancy 却紧张得不行，生怕什么地方会有差池。突然，有同事叫 Nancy，说投影设备好像出了点问题。Nancy 连忙去查看，又叫来酒店的工作人员。其实问题也不全在 Nancy，这台设备本身就时好时坏，试用两次都没事，关键时刻却掉了链子。Nancy 正准备替换备用投影的时候，Rebecca 的面孔突然出现在她面前。她声色俱厉地对周围的同事说：“你们看，Nancy 总是这样马马虎虎的，我要不提醒她，她永远也做不好这些事！”听到这样的话，Nancy 更慌了，在安装设备的时候，突然绊倒在地上，在人前闹了一场笑话。

备用的仪器安装好了，没有影响年会的顺利进行，Nancy 是挂着眼泪完成这一切的。等周围的同事就坐后，Rebecca 突然放松了表情，用十分关心的口吻对 Nancy 说：“别担心，你毕竟还年轻，没负责过这种大型的年会，慢慢来吧，我会带你的。”说完，她就昂着头径直而去，留下 Nancy 在那里品尝着内心的五味杂陈。

这样的情景，你是不是觉得似曾相识？我们身边大都有像 Rebecca 一样的挑剔者，或者是上司、同事，或者是亲人、朋友，他们总是抓住别人的小差错不放，用这些问题困扰对方，让人精神紧张，最后犯了真正严重的错误。就拿 Nancy 来说，她其实早已经准备好了备用的仪器，以防万一出现临时坏损的情况，可就因为 Rebecca 的一番话，让她手忙脚乱，结果在人前栽了一个难堪的跟头。她完全没有意识到，自己的紧张和混乱感觉都是因为 Rebecca 挑剔的态度刺激出来的。

你可能会问：Rebecca 到底是一种什么心理呢？看看她对周围的同事说了什么，就不难理解了。她告诉大家，Nancy 就是一个小助理，做事马虎不谨慎，总需要她提醒才能完成重要的事。很明显，她追求的是一种优越感。

为什么 Nancy 不去解释呢？这也怨不得 Nancy，通过贬低对方提升自我优越感的现象，不仅仅存在于职场中，家也是一个会“伤人”的地方。Nancy 从小就生活在一个家教严厉的环境中，长期承受着母亲的挑剔指责。

高考那年，她的分数超出重点线 20 分，母亲并没有给予她任何肯定，而是轻描淡写地说了一句：“没什么值得骄傲的，看看你表姐，人家上的可是清华……”为了不让母亲失望，Nancy 只能更努力，最终考上了本校的研究生。虽然她尽了全力，可距离母亲的要求还差了一截。那几年她很少回家，为的就是躲避母亲刺耳的话语。

虽然后来离开家独自生活，但 Nancy 内心依然有一种恐惧和无力感，她总是觉得：“我必须做到最好，让所有事情无可挑剔，我才能被肯定、被认可。”可现实是残酷的，不可能事事如人所愿，总会有意外无法掌控。

作为局外人，我们可能会看得更明白：当母亲挑剔的话语在 Nancy 耳边响起时，她的自我意识就开始动摇。一旦她做不好某些事情时，自信心会在瞬间坍塌，让自己痛苦不已。如果你也和 Nancy 一样，那么你现在需要清醒地认识一个事实：被贬低、被挑剔、被指责，并不代表你真的不好！至于那些挑剔你、贬低你的人，他们其实更害怕被遗弃。

就 Rebecca 来说，她担心 Nancy 的能力超越自己，这会对她的职位造成威胁；对 Nancy 的母亲来说，她担心 Nancy 变得太独立，将来会离开自己。潜意识里的这种想法，促使着他们选择用贬低的方式来挟制对方。

有没有什么办法避免这种情况发生呢？以 Nancy 为例，面对强势又习惯指责的母亲，她可以事先与对方谈好条件。比如，一起出去玩时，不妨告知母亲："这件事全权交给我负责，可能会有安排不周之处，您若对此喋喋不休，我们马上就结束旅行。"要让这个条件有效，就必须在对方第一次指责时就付诸实践，哪怕只是刚出发 20 分钟，也要这样做。

最初做这件事时，可能会有些不习惯，让贬低自己的人也感到不舒服，甚至闹脾气。只要你挺过这个阶段，不被对方的反应吓倒，对方就会在心里改变对你的态度。工作中也是一样，别让上司的刺激影响到你，按照自己的计划去处理问题，告知"我保证做好这件事"，渐渐地，他就不敢再刻意贬低你了。

因为他人的贬低而耿耿于怀，是最没有价值的事，也会让彼此的关系陷入得僵持。真正有意义的做法，是让自己尽快成为一个心智成熟、经验丰富的人，要依靠强大的内心消解他人给自己带来的负面影响。在体谅和宽容的前提下，分析他们话语中积极的部分，至于那些攻击性、刺激性的话语和负面影响，无视就好了。

不必因为他人的贬低而怀疑自己，甚至背上自卑的枷锁。要知道，来自他人的评价永远只是评价，它无法代替你作为一个真实的个体存在于世上。只有你才能决定自己生命的样子，决定你将成为怎样的人。

摆脱操纵的几种心理策略

现实中的操纵者，不仅限于前面说的那几类。比如，有些人看起来很善良，实则只是装出让人信任的样子，然后按照自己的想法诱导他人的心理和活动；有些人善于展示自己的魅力，通过外在的物质提升自己的格调，让人轻信他所说的一切；还有些人习惯利用道德绑架，让人产生错误的内疚感，似乎不对某件事负责，就成了十恶不赦的坏人。

面对各种各样的操纵方式，若毫无觉察力，就只能在博弈中做输家，成为受控的棋子。所以，我们必须学会如何摆脱操纵，做回真实的自己，把握住属于自己的“选择权”。这里有几条建议，可供需要的朋友参考。

◎建议 1：坚持自己的立场和态度

每个人都有自己的原则、计划、喜好，也有独属于自己的成长经历和目标。人生没有绝对正确的模板，不要因为大多数人怎样说，就强迫自己走那条本不喜欢的路，尽管对方可能是你的长辈、老师，但别因为权威就放弃质疑。你要问问自己：别人说的理论你真的认同吗？你真的想要别人口中的人生吗？

◎建议 2：直击对方不合逻辑的想法

操控我们的人，多半都是身边的亲人朋友，且多数时候都是出于好意。面对这份好意，如何婉言谢绝不伤情谊，又能保全自己的想法呢？最好的办法就是，找出对方的想法中不合逻辑的部分，表明自己的立场。这样的话，既能明确地表达自己的态度，又能避免被他人任意操纵。对这类人，我们的防御方向就是“追求合理性”。

◎建议 3：试着让自己放轻松

很多操纵行为都是源自内心深处的焦虑感，生怕有些问题无法掌控在自己手里，他们害怕承受不可预测的变故。所以，操纵者的内心也不好过。对此，我们不妨让自己松一口气，在面对对方的某些行为时，提醒自己说：“他是因为自己太焦虑。”这样的话，就能减少一些伤害，让自己平静下来。

放松之后，就要不断强化自己的内心，提升沟通能力。把对方让你感到烦躁的行为说出来，试着就这些问题进行一次理性的谈话，问问对方到底在担忧什么，尝试找到一个双方都能接受的平衡点。

◎建议 4：大胆告知：我不在乎！

有些人总习惯用装善良、卖可怜的方式出现，让人不忍拒绝，继而提出不合理的要求。对此，不妨学会一句话："亲爱的，我不在乎。"

当然了，这些建议在真正的实践中并不是很容易就能做到的。这一部分所讲的内容，实则是想提醒大家，透过表面的现象和问题，去寻找到真正的问题，而后换一种方式去对待对方，变得理性而成熟。也许，短期内你看不到什么明显的变化，甚至还会激化某些隐藏的矛盾，但只要是真正关心和在乎彼此，一定会在意彼此的感受，到那个时候，你们之间的关系就会发生良性的转变。

Chapter3

嘿，别傻到一个人去战斗

囚徒困境不只是一个故事

L 和 Z 都是一家服装公司的设计师，两人共事很长时间，私交不错。工作之余，她们会一起逛街、讨论服装、议论领导，偶尔还会说两句尖酸刻薄的话，讽刺一下上司。可最近，两人遇到了点麻烦，公司业务量大减，部门正考虑裁员，削减业绩差的员工。

说起业绩，L 和 Z 都有点心虚。入职以来，她们没有在部门内做出过突出的业绩，且都不太擅长交际，跟上司关系也不太好。所以，这次裁员很有可能会轮到她们俩头上。然而，几天以后，公司内部传出消息，说每个部门只裁掉业务能力最差的那个。

L 和 Z 更紧张了，她们俩的业务水平是部门内最差的。这就意味着，她们两人必然有一个要离开。两周后，部门经理给L下了离岗通知，虽然L心里早有准备，可还是不太舒服。当然，她也为自己的好友Z能留下而感到欣慰。

两天后，就是L离职的那天，她从其他同事口中得知一个消息：自己会被裁员，全都是Z在背后捣的鬼。原来，前一周的某个下午，其他同事都离开办公室后，Z主动走进上司的办公室，把L之前讽刺上司的话全说了出来。上司的心胸本就不太宽，还没等公司下正式的通知，就把L给辞退了。这个消息对L来说，简直是晴天霹雳。她怎么也没想到，平日里那么好的朋友，竟然在关键时刻给自己“下刀子”。

对于Z的行为，很多人会嗤之以鼻，认为她自私，甚至是卑鄙。那么，到底是什么心理促使Z这样做呢？博弈论里有一个特别经典的故事，那就是“囚徒困境”，情况和上述的案例十分相似。

某地发生一起盗窃案，警察抓获两名嫌疑犯：一个胖子和一个瘦子。警察心知肚明，这两个人就是案件的始作俑者，只是没有证据给两人定罪，就只好想办法让他们主动交代。

警察将两名嫌疑犯分别关押，告诉他们坦白从宽的政策：如果两人同时坦白，每人入狱3年；如果都不说，每人入狱1年；如果一个说了，一个没说，抵赖者入狱5年，坦白者可以直接回家，免受牢狱之苦。

你猜，两个人会做出怎样的选择？或者，如果你是其中一人，你会怎么想？

现实的结果是，胖子和瘦子都坦白了，两人各被判刑3年。原因很简单，对胖子来讲，如果瘦子说了，他也说了，自己将入狱3年；如果瘦子说了，自己没说，他将入狱5年。这样一想，不坦白就不太合算。如果瘦子不说，自己说了，自己会被释放，但瘦子真的不会说吗？他自己不太敢相信。于是，就形成了这样一个局面：

◎如果对方沉默，背叛会让我获释，所以得选择坦白。

◎如果对方背叛而指控我，我也要指控他，才能得到最低的刑期，所以还得选择坦白。

胖子和瘦子面临的情况是一样的，依据两个人的理性思考，最终都会选择坦白！这是两种策略中的支配性策略，也是这场博弈唯一能够达到的平衡。

再说开篇的那个案例，L和Z本是好友，没有利益冲突的时候，关系很亲密；待利益冲突出现后，立刻就有人选择“背叛”。事实上，对于Z的损人利己行为，并非是个人偏好使然，在她的预期中，先假设L可能或绝对背叛自己，为了让自己的利益最大化，她先行一步选择背叛。

对Z而言，在面临裁员的生存危机时，面临着如下选择和结果。

第一种：不背叛，离岗。

第二种：不背叛，在岗。

第三种：背叛，在岗。

从上述选择来看，倘若 Z 选择背叛，她肯定不会被裁掉；如果选择不背叛，那么在岗也只是一种可能。所以，无论好友 L 选不选择背叛，她的最佳策略都是背叛。因为，她担心自己变成“傻瓜”，万一对方先背叛，自己就彻底输了。为了减少自己在囚徒困境中的损失，她只好出卖好友。

在囚徒困境中，每一方都只会选择对自己最有利的策略，而并不顾及其他对手的利益和社会效益。就两名盗窃犯来说，都选择拒绝招供才是真正的最佳策略，但没有人会主动改变自己的策略以便让自己获得最大利益，因为这种改变会给自己带来不可预料的风险——万一对方没有改变策略呢?

所谓的困境，就是个体的理性导致双方得到的比可能得到的少。当个体做出有利于自己的“理性”选择时，结果却是整体的非理性。当个人理性和集体理性发生冲突时，每个人都以利己的目的为出发点，结果既不利己，也不利人。

唯有大家好，才是真的好

生活中，每个人都可能变成囚徒，也总会遇到这样那样的困境。有没有什么办法，能让囚徒的结局变得美好一点儿？ 或者说，找一个对博弈双方都合理而有利的策略？

还记得《红楼梦》里是如何形容四大家族的吗？就八个字，“一荣俱荣，一损俱损”。这四个家族是你中有我，我中有你，结成了一个牢固的联盟。倘若两个同时处于困境中的人也能有这样的关系，那么两者的合力就会更大，正所谓“兄弟同心，其利断金”。

如何做到“同心”呢？最简单的办法，就是共同遵守游戏规则。

新西兰的报刊亭，既没有管理员也不上锁，买报纸的人都是自觉放下钱后拿走报纸。当然，某些人可能取走了报纸却不付钱（背叛），但大家心里都清楚，如果每个人都偷窃报纸（共同背叛），会给今后的生活带来极大的不便，所以这种情况极少发生。

这就是一个共同遵守游戏规则的典范。没有谁去刻意注意报刊亭，人们守规则的目的，就是为了避免共同背叛带来的恶果。这是脱离囚徒困境的方法之一，要求每个人都保持理性的头脑，以及诚实的品行。

要成功摆脱囚徒困境，罗伯特·阿克塞尔罗德曾经罗列出这样几项必要条件。

◎条件 1：善良。这是非常重要的一个条件，就是不要在对手背叛自己之前先打击对手。

◎条件 2：报复。听起来似乎有点矛盾，但他主张的是，成功者必须不是一个盲目的乐观者，对于对方的背叛行为一定要报复，不能总是合作，也就是“可激怒的”。

◎条件 3：宽容。在反击对方的报复后要宽容对方，只要对方合作，你就合作，有助于双方重新恢复合作。

◎条件 4：不嫉妒。不去争取得到高于对手的利益。

听起来似乎有点儿过于理想化了，是吗？事实上，这也并非不可能实现。

1944 年的圣诞夜，两个迷路的美国大兵拖着一个受伤的战友在风雪中敲响了德国西南边境亚耳丁森林中的一栋小木屋的门。小屋的主人是一位善良的德国女人，她轻轻地拉开了门上的插销。

瞬间，家的温暖融化了三个又冷又饿的美国大兵。女主人开始有条不紊地准备圣诞晚餐，没有丝毫的不安和惊恐，也没有丝毫的警惕和敌意。她相信自己的直觉：他们只是战场上的敌人，不是生活中的坏人。美国大兵静静地坐在炉边烤火，屋子里除了燃烧的木柴发出的声音，安静得几乎能听到雪花落地的声音。

就在这时，门又一次被敲响了。来者不是送祝福和礼物的圣诞老人，而是同样疲惫不堪的四个德国士兵。女主人告诉她的同胞，家里有几位特殊的客人，今晚在这栋小木屋里，要么发生一场惨烈的屠杀，要么共同享受可口的晚餐。在女主人的授意下，德国士兵们垂下枪口，鱼贯进入小木屋，顺从地把枪放在墙角。

这或许是二战史上最特别的一幕情景了。一名德国士兵慢慢蹲下身，为一位年轻的美国士兵检查腿上的伤口，而后转过头向自己的上司急速地说着什么。人性中的善良与温情，带给了他们美好的感受，没有人担心对方会把自己变成邀功请赏的俘虏。

第二天，从睡梦中醒来的士兵们，在同一张地图上指点着，寻找着回各自阵营的最佳路线。然后，他们握手告别，沿着相反的方向，消失在茫茫无际的雪原中。

在战场上，美国士兵和德国士兵是死敌，可在客观条件的影响下，他们都陷入困境中。庆幸的是，木屋的女主人很睿智，与两国的士兵一起建立了和谐的相处关系，并最终一起走出了困境。这再一次提醒我们：人与人之间关系的不友善，往往是彼此都先考虑了自己的利益。陷入困境时，若能摒弃自私的心理，共同合作，便能实现利益最大化。

生活是复杂的，困境也是多种多样的，甚至会超出我们的想象。可万变不离其宗，既然要玩游戏，就得遵守游戏规则。为了不闹到两败俱伤的地步，深谙“一荣俱荣，一损俱损”的结果，选择相互信任、相互依赖，才是理智之举。

自作聪明讨不来半点好处

陷入困境的那一刻，谁都希望能够有一个万全之策，帮助自己顺利地摆脱麻烦。可现实终究不是乌托邦，且不说万全之策是否能找到，即便真的存在，也未必有充足的时间去思考。若非要在短时间内做出抉择，我们要怎么做才好？

看过司马光砸缸的故事吧？孩子们一起玩耍，有人不慎掉进了水缸，司马光情急之下就把水缸砸了，救了那个孩了的命。单说砸破了缸这件事，司马光肯定会挨骂的，可相比闯下的这个祸来说，淹死人是更大的祸，权衡一下，自然应该砸缸救人。正所谓：两害相权取其轻。

道理很简单，可我们的头脑并非时时都清醒，有些人总是趋利避害，也有些人极力求全，这些想法都是不理智的。在困境之下，我们不可能什么都保全，牺牲和舍弃是必然的，唯一的区别就在于舍谁留谁。

两个学生都在杜克大学修化学课程，且成绩都很优异。期末考试前的那个周末，他们自信地去参加了弗吉尼亚大学的一场聚会。由于玩得太开心，周日早上睡过了头，来不及准备周一上午的化学期末考试。

最后，他们没有参加考试，还向教授撒谎说，他们在从弗吉尼亚大学回来的路上轮胎爆了，由于没有备胎，只好在原地等待救援。现在，他们精疲力竭，能否安排他们隔天补考。教授想了想，同意了。

两人利用一晚上的时间精心地准备了一番，自信地参加周二上午的补考。教授安排他们分别在两间教室作答。第一道题目在试卷第一页，占 10 分，非常简单。两个人都写出了正确答案，自信地翻到第二页。第二页只有一道题，占 90 分，题目是：“请问爆的是哪只轮胎？”结果，两个学生在卷子上都主动向教授承认撒谎并做了检讨。

教授制造了一个困境，委婉地揭穿了两个学生的谎言。两个学生也很聪明，在做第二道题时，他们肯定在心里进行了一番博弈，最终选择“坦白”。毕竟，之前他们没有协商过，两个人选同一个轮胎的概率只有25%，与其冒着继续撒谎被拆穿的危险，倒不如老老实实地承认错误，这就是两害相权取其轻。

很多时候，失败不是因为不够聪明，而是因为自作聪明。在面对失误的时候，你觉得自己说的谎言滴水不漏，但别忘了囚徒困境中还有警察的角色，他也许早就知道了真相。在一个比自己高明的人面前，自作聪明是最愚蠢的，它不会给你带来半点好处。选择如实地交代，虽不是最佳的策略，但至少可以避免最糟糕的结局。

不要只想着自己的收益

如果有机会的话，人总是想得到更多，拥有更好的。在博弈论中，理性的人都很精于算计，但聪明过了头往往什么也得不到。一个人过于关注自身利益的时候，就会忽视其他构成利益的因素；当其他必要条件不具备时，再好的想法和计划也会化为泡影。

这就是经济学家希克·巴苏教授提出的“旅行者困境”，它讲的是一种零和博弈：博弈双方都是为了让自身利益最大化，而不考虑对方的收益。我们不妨一起看看这个经典案例。

在某航空公司，两位旅客丢了自己的旅行包，两人互不相识，但丢失的包一样，且里面都装有价值相同的花瓶。两位乘客向航空公司索赔，要求他们赔偿 1000 美元。

为了评估花瓶的真实价格，航空公司的负责人将两位旅客分开，让他们写下花瓶的价值，其金额不高于 1000 美元，同时，还告诉两位旅客：如果两个数字是一样的，会被认定为花瓶真实的价值，他们也将获得相应的赔偿；如果数字不同，写下较小金额者会获得 200 美元的额外奖励。这样一来，就存在四种情况。

◎双方都写 1000 美元，航空公司支付 2000 美元的赔偿。

◎一人申报 1000 美元，另一人申报 1000 美元以下，航空公司支付 2200 美元的赔偿。

◎一人申报 1000 美元，另一人申报 1000 美元以上，航空公司支付 2200 美元的赔偿。

◎两人都申报 1000 元以下，且相同，航空公司将支付小于 2000 美元的赔偿。

综合四种情况来说，航空公司最多只需支付 2200 美元的赔偿。可对于两位旅行者来说，问题就变得复杂了。他们在琢磨一个问题：谁报价低，谁就能得到 200 美元的奖励。

A 决定报价 879 美元，虽然这个价格比购买价 888 美元要低，可若加上 200 美元的奖励，就是 1079 美元，还是有的赚。在出招之前，他又开始琢磨对方的心理：万一他知道了我的想法，那怎么办呢？越想越谨慎，申报的价格也越来越低。

此时此刻，B 的想法和 A 一样。最终，他们两人都把价格定在了 689 美元，想着申报这个价格，能得到 200 美元奖励，刚好是 889 美元，比购买时多 1 美元。两人都以为自己想得够周全，可没料到，对方也是如此。

当航空公司负责人公开两人的申报价格时，A 和 B 都蒙了。最终，航空公司只支付了 1378 美元的赔偿，远远低于最初预计的 2200 美元的赔偿，精明的 A 和 B 每人损失了 199 美元。

事实上，A 和 B 本可以共同申报最高限额 1000 美元，这样两人就能各赚 112 美元，可惜他们都想成为“得赔偿金最多的人”，相互算计着对方，结果把自己也算计进去了。

都说天才和疯子只有一步之遥，其实过度的理性和犯傻也只有一步之遥。过度的理性不符合现实，谁也不能算计出对手会在几十步之后走哪一步棋。如果你根据自以为是的理性去算计出对手下面的每一步棋将如何走，并倒推现在自己该走哪一步棋，结局肯定是错误的。

旅行者困境告诫我们：聪明能给人带来一定的好处，但做人不要太精明、太过于算计，将自己完全凌驾于他人之上，或是完全漠视他人的利益，只顾着为自己攫取更多的利益。当你把人逼得无利可图的时候，你也将一无所有。

生活中就有这样的事。一位老人因车祸住院，很想借机敲诈肇事司机，就在医院里开了很多与车祸创伤无关的营养药，花了许多额外的钱。他觉得，这些钱就该肇事司机掏。肇事司机起初并无异议，愿意承担医药费，可老人没完没了地找借口想要得到更多的赔偿。

肇事司机能力有限，被逼无奈之下只好找到交通队，彻底排查事故原因。最终，交通队判定，老人应承担 70% 的责任。也就是说，他花的钱越多，自己承担的越多。得知这一消息后，老人悔不当初地说：“早知道这样，我就不开这么多营养药了，医院的药多贵啊！我也不该得寸进尺，向人家乱要钱。”

瞧，这就是摆在现实中的鲜活例子。在为自己的私利考虑时，切不可表现得太“精明”了。精明不是高明，精明过头的结果就是，聪明反被聪明误。懂得这个道理，就能少走很多弯路。

为了大局吃点小亏也值得

囚徒困境的形成，与两个当事人都害怕吃亏有关。现实生活中，如果凡事都抱着这样的心态，不肯吃一点儿亏，往往最后会吃一个大亏。若是适当的时候舍弃点小利，得到的也许更多。

美国第九届总统威廉·哈里逊是从美国贫民窟里走出来的伟人。年少的时候，他家境贫寒，不知道是性格原因，还是受环境影响，哈里逊总是沉默寡言，一度被家乡的人认为是个傻孩子。

有人为了验证哈里逊是不是真的和看起来一样傻，就把一枚 5 美分的硬币和一枚 1 美元的硬币放在他面前让他挑选，说挑到哪个就送他哪个。哈里逊抬头看了看周围人的眼神，又低头看了看眼前这两枚分值不同的硬币，毫不犹豫地拿起那枚 5 美分的硬币。旁边的人看了，不禁哈哈大笑，说哈里逊真的是一个傻小孩。

哈里逊虽然看起来有些木讷，但很多人并不相信他真的傻，毕竟他不是一个没有判断能力的三岁孩子，更不是一个有明显智障行为的弱智儿，而是一个正在上着学的三年级学生。为了求证“哈里逊是傻小孩”论断的正确性，许多人都饶有兴致地用 5 美分和 1 美元的硬币做试验，让哈里逊当着他们的面挑选。然而，每一次哈里逊都是拿 5 美分的硬币。

一位好心的夫人见他很可怜，就把他叫到身边，问：“哈里逊，老师在学校里没有教过你认识硬币吗？你不知道 5 美分和 1 美元哪个更值钱吗？”哈里逊的回答，让那位夫人大感意外：“我当然知道，尊敬的夫人。可如果我拿了那枚 1 美元的硬币，他们就再也不会把硬币摆在我面前让我选了。那样的话，我连 5 美分也得不到。”

哈里逊的“傻”，实则是真聪明。就某一次局部合作而言，也许他的策略是吃亏的，但这样的选择反而给他带来了更大的好处。如此看来，吃点儿小亏也是值得的。相反，有些人只是看似“聪明”，处处算计着，生怕自己吃亏。他们忘了，别人并不比自己傻，当对方看穿了你的心思，自然也就不会再陪你继续游戏了。到那个时候，你可能一无所得。

有一位做砂石生意的老板，没读过什么书，也没有背景，可他的买卖却做得风生水起，而且历经多年不衰。有人问过他，是不是有什么经营秘诀，他告诉对方："没什么秘诀，跟合作者分利润的时候，我都是拿最少的，把大头给对方。"

听到这样的回答，许多人都不信，认为他在敷衍。如果真的把多半好处都给了人家，自己怎么赚钱呢？可实际上，那位老板并没有撒谎，他一直以来真是那么做的。所以，那些跟他有过合作的人，尝到了这个甜头，下次还愿意跟他合作，并介绍身边的朋友过来，说他这个人实在。

渐渐地，老客户带来新客户，他的客源就不断了。虽然每次只拿一个小头，可所有人的小头集中起来，就成了最大的大头。因而，这个习惯"吃亏"的老板，也就成了最大的赢家。

对于"吃亏是福"四个字，我们一点儿也不陌生，可真正做到的人却少之又少。毕竟，人有趋利的本性。聪明的人恰恰是抓住了人性的这一弱点，选择自己吃点亏，让别人得利，最大限度地调动对方的积极性，从而增加自己的利益。单从某一次合作上看，他是吃亏了，可从长远来看，这不过是一种迂回的策略，最终得到的远比舍弃的要多。

阿尔伯特·哈伯德在《双赢规则》中说过："聪明人都明白这样一个道理，帮助自己的唯一方法就是去帮助别人。帮助别人解惑，自己获得知识；帮助别人扫雪，自己的道路更宽广；帮助别人，也会得到别人友善的回报。”

如果你帮助其他人获得他们需要的事物，或者帮助其他人壮大了自己，当他得了利、赚到钱之后，作为回报一定会反过来帮你赚钱，这时候，你得到的必然会比付出的多！当然了，我们也要明白一点：吃亏不是盲目而行，把亏吃在明处，便宜占在暗处。就像哈里逊和那位砂石老板一样，在一次博弈中给对方一点小便宜，多次博弈的结果就是让自己得到大便宜，双方都乐此不疲，这才是真正的智慧。

别傻到一个人单打独斗

美国加利福尼亚大学的学者做过这样一个实验：把 6 只猴子分别关在 3 间空房间里，每个房间放 2 只，房间里分别放着一定数量的食物，但食物所放的高度不同。第一间屋子的食物就放在地上；第二间屋子的食物，分别悬挂在不同高度的位置上；第三间屋子的食物悬挂在房间的高处。

几天以后，学者们打开房间，令人惊讶的场景出现了。第一间屋子里的猴子，一死一伤，受伤的那只猴子缺了耳朵、断了腿，奄奄一息；第三间屋子里的猴子也死了；唯有第二间屋子里的猴子，依旧完好无损地活着。

学者们开始探究个中原因，最终得出的结论是：第一间屋子里的两只猴子，一进房间就看到了地上的食物，为了争夺食物大动干戈，结果死的死，伤的伤；第三间屋子的猴子，尽管做了努力，可因为食物放的位置太高了，它们根本够不着，所以被饿死了；第二间屋子里的两只猴子，先是各自凭借着本能通过跳跃取得食物，随着悬挂的食物越来越高，难度越来越大，它们选择了相互协作，一只猴子托着另一只猴子跳起来取得食物。这样，它们每天都能吃到食物，得以生存下来。

这说明什么呢？协作不仅让自己受益，也让他人受益。如果只顾着自己的利益，不顾及他人，甚至为了利益相互争斗，很难让自己的利益最大化，还有可能失去更多。在现实生活中，团结协作也是不可或缺的一个重要内容，没有人能活成一座孤岛，单打独斗是最愚蠢的选择。

有个猎人在湖沼旁边张网捕鸟，不久后，很多鸟都飞入网中。猎人很高兴，连忙收网，准备将鸟抓出来。没想到，那些鸟的力气很大，竟然带着网一起飞走了。

猎人在后面不停地追，途中遇到一位农夫，农夫劝诫他：“别追了，你跑得再快，也追不上飞鸟啊！”猎人坚定地说：“不，你不知道，如果网中有一只鸟，我就真的追不上了，可现在有很多鸟在里面，我一定能追到。”说完，他继续往前跑。

果然，到了黄昏时分，所有的鸟都想回巢。有的想回森林，有的想回湖边，有的想回草原，大家各奔东西，于是就跟着网一起落地，被猎人活捉了。

落网之初，鸟儿为了活命，一起往前飞，大家的目标是一致的，由此得以逃脱。可是到了傍晚，众鸟各怀私念，合力为零，最终谁也没有逃过厄运。

史玉柱在开发网络游戏《征途》时，把重点放在了策划和程序设计上。他负责游戏的整体创意策划，也就是说，《征途》里所有的活动和功能的设置，都必须经过他的同意。然而，程序设计部分和游戏测试环节，则交给一个拥有 20 人的研发团队负责。

在开发过程中，由于研发人员本身就是网络游戏玩家，年龄也比较小，这就给管理带来了不少的麻烦。然而，史玉柱把经营脑白金时的企业管理方式搬了过来，用在这 20 人的研发团队上。他对研发人员的要求很严，比如要求团队做到绝对保密，不能透露任何信息，不能上网，不能打手机，等等。一个决策形成后，就坚决地执行，不允许有一丝一毫的拖延妥协。在他看来，研发团队最需要的就是凝聚力和战斗力。

个人英雄主义的时代已经一去不复返了，史玉柱非常清楚这一点，所以他尽可能地满足研发人员各方面的要求，每个成员在团队里都有良好的自我发挥空间，最大限度地实现个人的发展需求。这样做的结果，自然是调动了员工的积极性，提升他们在团队中的价值感，从而最大限度地保障了游戏开发的进程。

单一个体的力量是孤单的，也是渺小的，甚至无法生存下去。个人的前途与发展，和团队有着密不可分的关系。无论你是谁，身处什么样的职位，你都无法在没有外援的情况下，独立实现你的所有目标，你需要同事、领导、下属的支持，没有他人的协助，谁也无法获得长久的成功。所以，永远别傻到一个人去战斗！

Chapter4

跟谁都能成为朋友的秘密

扬起嘴角，伸手不打笑脸人

三个医生各自吹捧自己的医术如何高明。第一个医生说："我给一个病人接好了腿，他现在是全国著名的运动员。"第二个医生说："我给一个病人接好了手臂，他现在是全球有名的拳击冠军。"第三个医生说："你们的医术都算不了什么！前不久，我给一个白痴装上了笑容，他现场可是全世界最伟大的推销员了。"

虽然是一则笑话，但也道出了一个事实：微笑可以有效地拉近与对方的距离，快速地赢得对方的好感。这就是心理学上的微笑法则。人们常说"伸手不打笑脸人""相逢一笑泯恩仇"，就是因为微笑能让人感到愉悦、幸福，也是最能打动人心的"心理武器"。

沃尔玛的创始人山姆·沃尔顿传下来一条“三米微笑法则”。每当他去巡店时，都会鼓励员工和他一起做一件事：在三米以内遇到顾客时，微笑着与对方打招呼，同时询问能为他做什么。在情感消费时代，消费者看重的不单单是商品本身，还渴望获得情感上的满足、心理上的认同。竞争越发同质化的今天，赢家一定是为顾客提供了性价比高的产品，以及良好的顾客体验。

飞机起飞前，一位先生请求空姐为他倒一杯水，称需要服药。空姐有礼貌地答应了，让他稍等片刻，说等飞机进入平稳飞行的状态后，会立刻把水给他送来。

一刻钟后，飞机已经进入平稳飞行状态。突然间，乘客服务铃急促地响起，空姐这才想起，刚刚答应给那位先生端一杯水，却因为忙于其他事给耽搁了，再看按响服务铃的座位，恰恰就是那位先生。她连忙倒了一杯水，小心翼翼地送到那位先生跟前，面带微笑说：“先生，由于我的疏忽，耽误了您服药的时间，真的很抱歉。”

此时，那位先生已经有些愤怒了，大声说道：“怎么回事？你们这是什么服务态度？”她试着解释，可对方很挑剔，一直揪着她的失误不放，不肯说一句原谅的话。

为了弥补自己的过失，这位空姐每次去客舱为乘客服务时，都会特意走到那位先生面前，微笑着问他是否需要帮忙。不过，那位先生气性很大，每次都摆出一副拒绝合作的样子。

飞机快到目的地时，那位先生要求空姐拿来留言本，看样子他是要投诉这名空姐。飞机安全着落后，乘客们陆陆续续地离开。空姐心里紧张极了，被投诉服务态度不好是一件很严重的事。她忐忑不安地打开留言本，没想到上面写的竟不是投诉，而是这样一段话：“你的真诚，你的12次微笑，深深地打动了我，也让我感受到你真挚的歉意。所以，我决定把投诉信改成表扬信。你的服务质量很好，下次有机会的话，我还会乘坐此次航班。”

威尔逊总统说过一句话：“如果你握着拳头来见我，我可以保证，我的拳头会握得比你还紧。如果你面带诚恳的微笑来见我，对我说‘让我们好好谈谈，看看彼此之间意见相异的原因是什么’，那我就会保持良好的心态与你交谈。”

微笑是一个很神奇的东西，它能推动事态朝着好的方向发展，能化解人与人之间的矛盾，在意见产生分歧时软化对方的态度，缓解对方的不良情绪。不过，也有人会质疑：“真到了非常生气的时候，怎么还能笑得出来？”其实，就因为多数人在生气时难以保持微笑，才逐步导致事件恶化。所谓的修养和内涵、智慧与情商，关键就体现在一个人能否控制自己的情绪。

真诚的微笑，就像一个神奇的按钮，即刻接通他人友善的感情，它用无声的表情告诉对方：我喜欢你，愿意成为你的朋友；同时，它也在说：我想你也会喜欢我。不管是谁，见到这样的面孔，都不会拒绝。

打开人心的钥匙叫相似

美国心理学家纽加姆做过一个心理实验：让 17 名素不相识的大学生同住一栋公寓，在 4 个月的时间里观察他们之间的亲疏变化。最初的一段时间，住在同一间房子里的学生关系都很亲密，但随着接触时间延长，学生的交际范围开始扩大，不再拘泥于同一间房。他们根据自己的性格、价值观等，寻找相似的人成为好友。

实验结束后，这些因彼此特性相似而结交的朋友，依然保持着亲密的联系。据此，纽加姆得出结论：人们都喜欢个性相同、对事物的观点、人生价值观等方面相似的人，这种现象在心理学上被称为“相似性原则”。

为什么人会喜欢与和自己相似的对象交往呢？从心理学上来讲，如果交往的对象与自己相似，社会价值观、个性品质和对一些事物的评价都一样，这样会更容易得到他人的信任，对我们自身的心理和情绪能起到积极的作用。相似的人组成一个团体，彼此之间很少会因为观点不同而发生争执，还能在心理上团结起来一直对抗外界的阻力，增强自身的安全感。

道理说完了，接下来就要落实到行动上。可是，问题来了。生活不可能如人所愿，我们也不可能每次都遇见跟自己相似的人，万一对方的想法跟自己不一样，怎么办呢？总不能因此就拒绝交往，那样的话，生活的圈子肯定会越来越窄。

什么样的人才是真正的交际高手？那就是，无论遇见什么样的人，彼此之间差异大不大，都能迅速地打开人心，与对方建立良好的关系。哪怕是进入一个陌生的环境，发现周围的人跟自己的性格、爱好都不太相似，也能尽快找出与他们之间的相似之处，让自己朝着这个方向积极地靠拢，尽快地融入环境。

画家凡·高出生在一个牧师家庭，年轻时热衷于传教。25岁那年，他到比利时的矿区传教。那里的人靠采矿为生，终年穿着破旧的衣服，脸上全是煤灰。凡·高刚到此处时，心里也是没底的，担心自己不被当地人接纳，一直在思考能用什么办法让他们认同自己。

有一天，凡·高到矿上捡了一些煤渣，准备拿回家生火用。刚做完这件事，布道的时间就到了，他顾不得洗脸，立刻就上讲坛开始布道。没想到，这一次的布道比以往都成功，人们对他所说的观点频频表示肯定。等凡・高兴奋地回到家准备洗脸睡觉时，才发现自己的脸上全是煤灰。

那个瞬间，凡·高就明白接下来要怎么做了。之后，每天早上起来，凡·高都会往自己的脸上抹煤灰。很快，他就融入了当地人的生活中。

人的社交圈，以自己为圆点，以年龄、爱好、经历、知识等为半径，构成了无数个同心圆。与别人的共同点越多，交叉面积越大，越容易引起共鸣。在与他人交往时，找到合适的切入点至关重要。切入得好，一切都会水到渠成；切入得不好，就可能从此产生隔阂。

想要和他人搞好关系，根本用不着故意搭讪，最有效的办法就是默默跟他做同样的事情，一旦你跟对方有了共同的“记忆”，也就有了可供分享和讨论的资源。待到那时，陌生人之间的隔阂会不攻自破。

没有谁不喜欢听赞美的话

酸甜苦辣麻等多种味道中，唯有甜不会遭到强烈的排斥，除非身体严禁摄入糖分。健康专家认为，人喜欢吃甜是正常的生理反应，因为自然界里面，甜的东西通常是无毒的，而苦涩的东西多半有毒。

心理学家则认为，人都喜欢把自己的个人快乐、幸福、价值感建立在他人认可的基础上，当别人的评价对自身有促进作用，受到了肯定与赞美时，每个人都会感到愉悦，不免对说话者产生一种亲近感，从而缩短彼此间的心理距离，人与人之间融洽完美的关系，往往就是从这里开始的。赞美就像是一颗糖，而生活中几乎没有人能够拒绝这一特殊“糖果”的诱惑。

星星监狱的狱长发现，对于犯人们的勤劳，如果给予适度的夸奖，要比严厉地惩罚、责备他们的过失，更能得到他们的合作，更能促进他们恢复人格。要知道，那座监狱里关押的可都是穷凶极恶的重罪犯人，可即便如此，他们依然无法抗拒赞美的力量。

人类本性中最深的渴望就是被别人欣赏。在人际交往中，人都是把自我价值放在第一位的，都有自我价值保护的需要。从静态角度来看，这种自我价值保护体现在交互性原则上，即喜欢的是喜欢自己的人，厌恶的是厌恶自己的人；从动态角度来看，这种自我价值保护体现在人际吸引水平的增减原则上，即人最喜欢的是对自己的喜欢水平不断增加的人，而最厌恶的是对自己的喜欢水平不断减少的人。赞美之后继续赞美，给人的印象就是你对他的好感进一步增加了，他如何能不喜笑颜开呢？

W 性格爽朗，不管是亲戚朋友还是周围客户，对方有怎样的性格爱好，她都能很快跟对方打成一片。她的好人缘，全在于她懂得察言观色，巧妙地找出话题，悄无声息地赞美人。

一次年终聚会上，她的直属上司因突发情况要处理，不得不暂时离开。只是，他携同爱人一起来参加，自己走了，爱人独自参与聚会，谁也不认识，显得有些冷清。他知道 W 能说会道，做事有分寸，就拜托 W 关照一下自己的爱人。当时，W 被上司介绍给他的太太时，两个人是初次见面，一点儿也不熟悉。为了避免尴尬，W 试图寻找点谈得来的话题。

这时，她突然看到上司的太太脖子上佩戴的坠子，随口说了一句：“您的坠子很特别，似乎并不常见。”果然，这句话引起了这位太太的兴趣，她说：“是的，这个坠子只有在巴黎圣母院才买得到。”W的话，让她想起了关于坠子的种种往事，她的话匣子就这样打开了。

言谈之间，W感觉到，上司的太太对饰品非常有研究，她便顺着这件事，赞美对方：“看来您对饰品真的是很内行，我觉得，收藏饰品也是非常考验一个人的品位的，以后在这方面我还得向您多请教呢！”上司的太太和W相谈甚欢，全然忘了时间，待聚会结束后，她还觉得意犹未尽。回去之后，她跟先生说：“W这女孩真是不错，我跟她很谈得来。”

赞美这一心理策略的正面效用，我们看得很清楚，但在实际应用的时候却没有那么简单。要是让赞美变成奉承，就会给人一种虚伪的感觉，被人认为是矫揉造作。那么，两者之间有什么区别呢？简单地说，就是一句话：“赞美是发自内心的，奉承是从牙缝里挤出来的。”

运用赞美之前，你得从内心深处认可他人身上某些优点，而不能基于某种目的试图用漂亮话来收获“回报”。不要认为对方看不出来，奉承的话说得再好听，如果不是真心的，脸上的表情也会出卖你。同时，赞美一定要有理有据，不能把原本普通的东西任意夸大，也许一次两次对方没察觉，可日久见人心，待人发觉你的“小算盘”之后，心里会更加不屑。

真诚是人际交往的基础，没有人不会被真心诚意的赞赏打动，包括那些看起来冷若冰霜的人，也包括那些所谓的“敌人”。每个人都有可取之处，都有值得称道的地方，你只要大大方方地说出来，就能与对方进行友好的沟通，化解恩怨。

把“自黑”玩好了也是本事

20世纪50年代，美国总统杜鲁门因为有事召见了麦克阿瑟将军。麦克阿瑟很傲慢，在会谈中，他自顾自地拿出烟斗、装上烟丝，并且把烟斗叼在嘴里，手里拿着火柴，在准备划燃火柴时，才停下来征询杜鲁门总统的意见，他说：“总统先生，你不会介意我抽烟吧？”

他已经摆好了准备抽烟的架势，显然这种征求不是真心的。如果杜鲁门说他介意的话，就会显得十分粗鲁、不懂礼貌。麦克阿瑟傲慢无礼的言行让杜鲁门总统非常难堪，不过，机智的杜鲁门总统并未失礼，他看了麦克阿瑟一眼，说道：“抽吧，将军！别人喷到我脸上的烟雾，比喷在任何一个美国人脸上的烟雾都多。”

杜鲁门的这一招用的是心理学上的“自嘲法则”，现代的网络用语俗称“自黑”。这一心理策略的实质在于，对自己的短处不采用遮掩的手段，而是以一种豁达、乐观的态度把短处夸张，进行巧妙的引申，既化解了尴尬的情境，又不至于落人笑柄。

毫不夸张地说，自嘲的心理策略是每个人都必修的功课。无论你心思多么细腻，做事多么谨慎，也难免会有疏忽的时候，不可能事事都做得完美，总会有意无意间犯一些错误、说错一些话，或是不小心得罪了别人，虽然主观上并不愿如此，客观上却让气氛变得凝重，面对这样的尴尬境遇，总要想办法处理。

有些人比较羞涩，遇到尴尬的事，慌张得不知所措，或是匆匆走掉。其实，越是这样，越会遭人耻笑。真正聪明的人，不会任由尴尬继续下去，而是在别人开口指责、生气发怒、嘲笑讥讽之前，放下自己的架子，大胆地“自黑”一番，堵住别人的嘴巴，为自己争取主动权。

不要觉得“自黑”是一件丢脸的事。从心理上讲，敢于自曝其丑，恰恰展示了你内心的坦诚和大度，给人值得信任和亲切的感觉。相反，越是羞羞涩涩、敏感多疑地维护自尊，越让人觉得不舒服。而且，在人际交往中，把“自黑”用好了，还能有效地拉近与他人的距离。

英国作家杰斯塔东是个大胖子，行动起来特别憨笨，用别人的话说，简直就是“路也走不动，山也不能爬”。不过，他倒没为这件事而自卑，就像罗慕少坚持“愿生生世世为矮人”的豁达一样，他对肥胖看得很淡，还时常自嘲。有一次，他对自己的朋友说：“我可是天下第一大好人，每当我在车上给妇女们让座时，我的一个座位，足以让三个妇人坐下。”这番话逗得朋友们哈哈大笑，觉得他实在风趣，而这种自嘲也让他的缺陷在笑声中悄悄地被掩盖了。

有一位女演员，也是体形肥胖，可她从不在意别人异样的目光，就算偶尔有人提到身材保养的话题，她也表现得很坦荡，并时常拿自己的体形开玩笑。她曾经当众说：“我从不来不敢穿白色泳衣在海边游泳，我一去，飞过上空的美国空军一定会紧张得要命，他们会以为自己发现了古巴。”一句自嘲，不仅没有降低女演员的品位，反而让人觉得她性格可爱、爽朗。

鲁迅先生说过：“我的确时时解剖别人，然而更多的时候更是无情地解剖自己。”

解剖自己需要勇气，自嘲同样需要勇气和魄力。一个懂得自嘲、敢于自嘲的人，内心一定是自信而开阔的，这不是最美、最吸引人的人格魅力吗？遭遇尴尬的时候，不管别人是不是在笑你，先自己笑自己吧！

多替对方想想，成见不攻自破

德国心理学家做过一个心理学实验。他们将受试者分为两组，给每人 100 美元去赌钱。在进入赌场之前，测试者对其中一组人说："如果你们选择不赌的话，你们会失去 60% 的钱。"结果，几乎所有的人都去赌了。测试者又对另一组人说："如果你们选择不赌的话，你们就会得到 40% 的钱。"结果，绝大多数人都没有进赌场。

这是一个很有意思的实验，它阐述了一个重要的心理学问题：在处理任何事情时，由于认识和思考的方法不一样，心理反应也不尽相同，引出的结果也可能截然相反。这也提醒我们，在人际交往的过程中，不能凡事只想着自己的立场，适当的时候要学会换位思考。

所谓换位思考，是指某方站在另一方的立场上思考问题的一种心理体验过程。这需要我们将自己的内心世界与对方的内心世界连接起来，设身处地地思考问题。换位思考体现出的不仅仅是理解，还有对他人的关爱，当然了，有时也是跟对方拉近关系、化解矛盾的一种心理策略。

有一户法国人家想在城里租房子，跑了一整天，总算找到一栋要出租的房。丈夫敲开房东家的门，询问是否可以把房子租给他们。房东是两位老人，看着眼前的这对夫妇带着一个5岁左右的孩子，摇了摇头，礼貌地回绝了他们："不好意思，我们不想把房子租给带小孩的租户。"

刚刚萌生的希望就这样破灭了，夫妇两人很遗憾，只好准备离开。出人意料的是，孩子竟然拉住父母，说："让我试试。"他敲开房东家的门，见到房东后礼貌地说："老爷爷，我想租这个房子。我没有孩子，只有两位老人。"房东听了这番话，笑着答应了小孩的要求。

同样一件事，成年的父母没有做到，5岁的孩子却做到了，问题出在哪儿呢？其实，最为关键的点就是，孩子从房东的话里，琢磨出了房东的心理。房东不愿意将房子租给带小孩的家庭，就是担心小孩子不懂事，影响到自己休息。孩子捕捉到了这个信息，站在房东的立场上转换了请求的方式："我没有孩子，只有两位老人。"

听起来很简单的一句话，实则包含着很多信息。孩子主动在房东面前表现出了自己机灵懂事的一面，消除了房东内心的顾虑，让房东改变了主意。这一招，就是心理学上的“换位思考”。

每个人在生活中都扮演着不同的角色，也有自己独特的经历和看问题的视角。学会换位思考，可以打破我们充当某个角色的局限性，遇到问题的时候，可以柔和地让对方放下成见，效果远比争论好得多。

站在对方的立场分析问题，会给人一种为他着想的感觉，这种投其所好的技巧具有极强的说服力。要做到这一点，知彼知己就显得格外重要了。当你想要说服一个人做某件事，在开口之前最好先问问自己：我怎么样才能让他愿意做这件事？心理博弈的高手，往往就会从对方的需求出发，设身处地地去思考这个问题。

卡耐基每个季度都要在纽约的一家大型酒店租用大礼堂 20 个晚上，用来讲授社交训练课程。当他一切准备就绪时，忽然接到通知，酒店经理要求他支付比原来贵三倍的租金。此时，入场券都已经印好发出，开课的其他事宜也办妥了。显然，他必须跟经理交涉一下。

到了双方博弈的时候，卡耐基开始抛出换位思考的招数：“我接到你的通知时，有点震惊，但这也不能怪你。如果我处在你的立场，或许也会写同样的通知书。你是这家酒店的经理，让酒店尽可能得到更多的利润也是你的职责。倘若你不这样做的话，你的职位可能就不保了。假如你坚持要增加租金，让我们来估计一下，这样对你到底是有利还是有弊。”

卡耐基拿出一张纸,在中间的地方画出一道分割线,一边写上“好处”，另一边写上“坏处”，从酒店的角度客观而详细地分析了利弊，并对经理说：“希望你认真地考虑一下，再做决定。”结果，第二天酒店告知他，租金上调的比例从原来的300%，降低到了50%。

直至得到这个结果之前，卡耐基从来没有向他们提起过自己想要什么，而是一直在谈论他们想要的，以及他们如何才能得到。他知道，如果气冲冲地跑到经理办公室，对他吼道：“你们到底什么意思？我的入场券都已经印好，公告也发出去了，现在你们却告诉我要增加三倍的租金，这太荒诞了。我是不可能付钱的！”我们可以想象，接下来会发生什么？肯定是大闹一场！到最后，就算酒店知道自己的行为不对，但为了维护自尊心，也很难做出让步。

与人相处是一门大学问，想博得对方的好感，不妨牢记这番话：“用自认为好的方法来对待别人，是自作多情；用希望别人对你的方法来对待别人，是将心比心；用别人期待的方式来对待别人，是善解人意；为对方着想，这是最朴素也是最高超的技巧。”

多说“我们”少说“我”

会说话的人，在语言传播中，往往会避开“我”字，而选择用“我们”。

其实，这是在运用“自己人效应”，它和社会心理学中的喜欢机制是一脉相承的。所谓“自己人”，就是指对方把你与他归为同一类人，“自己人效应”是指人们对“自己人”所说的话更加信赖、更容易接受。

俄国十月革命刚刚胜利的时候，许多农民怀着对沙皇的刻骨仇恨，坚决要烧掉沙皇住过的宫殿。为此，不少人都来做农民的工作。可不管是耐心劝解，还是利益诱惑，农民都置之不理，非烧不可。最后，列宁只好亲自出面。

列宁对农民说："你们想烧房子，没问题啊！不过，在烧房子之前，我们大家一起来思考几个问题好不好？""当然可以。"

列宁问："沙皇住的房子是谁造的？"

"是我们造的。"农民回答。

列宁又问："我们自己造的房子，不让沙皇住，让我们自己的代表住好不好？"

"好！"农民异口同声地回答。

列宁再问："那么，这房子我们还要不要烧呢？"

农民们觉得列宁讲得很有道理，最后同意将房子保留下来。

在整个博弈过程中，列宁运用的都是"自己人效应"。他巧妙地利用感情技巧，拉近了与农民之间的心理距离，让对方化解了内心的积怨。在我们日常的人际交往中，这一招也是百试不爽的。

冯玉祥将军在他的"丘八诗"中号召士兵："重层压迫均推倒，要使平等现五洲。"他十分体恤士兵，关心他们的生活，曾经亲自为伤病员尝汤药、擦身搓背，跟士兵们一样吃粗茶淡饭。正因为此，士兵们都觉得冯将军没有架子，因而都尊重他，听他的领导，有什么想不通的事情也都愿意跟他诉说。

细翻中外伟人的传记，我们大都会发现一个事实，这些人在与人相处的过程中，往往都散发着吸引人的魅力。这份魅力不仅限于他们的能力和才华，更在于做人的艺术。换句话说，就是他们深谙人心，任何层次、任何年龄的人跟他们在一起，都不会感到有隔阂，甚至会觉得“他就是和自己一样的人”。

1860年，林肯作为美国共和党候选人参加总统竞选，他的对手是大富翁道格拉斯。道格拉斯租用了一辆豪华的竞选列车，沿途宣传演讲。道格拉斯得意地说：“我要让林肯这个乡巴佬闻闻我的贵族气味。”

面对此情此景，林肯丝毫没有畏惧，他登上朋友们为他准备的耕田用的马拉车，沿街发表这样的竞选演说：“有人写信问我有多少财产。我有一个妻子和三个儿子，他们都是无价之宝；此外，还租有一个办公室，室内有办公桌一张、椅子三把，墙角还有一个大书架，架上的书值得每个人一读。我本人既穷又瘦，脸蛋很长，不会发福，我实在没有什么可以依靠的，唯一可依靠的就是你们。”听到最后一句话的时候，选民们被深深地打动了。他们对林肯产生了“自己人”的感觉，大力支持他。后来，林肯在选举中胜出，顺利当上美国总统。

亨利·福特二世在描述令人厌烦的行为时说过：“一个满嘴‘我’的人，一个独占‘我’的人，随时实地说‘我’的人，是一个不受欢迎的人。”与人沟通时，“我”字讲得太多，并且过分强调“我”，会给人突出自我、标榜自我的印象，让你和对方之间产生一道防线，形成障碍，影响他人对你的认同。

要别人喜欢你、信任你，就要想办法让对方认为你是“自己人”，并且努力使双方处于平等的地位，这样才能提高人际影响力。最后要说的是，还要培养良好的个性品质。心理学研究证明：具备开朗、坦率、大度、正直等个性品质的人，人际影响力较强；自私、欺上瞒下、表里不一、以自我为中心的人，是最不受欢迎的。所以，为了跟多数人保持融洽的关系，一定要加强个性品质修养，懂得维护他人的自尊心，少说“我”，多说“我们”。

Chapter5

如何打赢舌尖上的心理战

会说的永远比不过会问的

生活中，什么样的人是最会聊天、最让人喜欢跟他聊天的？现在，回想一下你周围的人，你想到了谁？不管那个人是谁，他大概都有这样一个特质：不会在人前滔滔不绝地谈论自己，而是习惯倾听，在恰当的时候给予回应，并总能想办法让别人说出自己想说的话。

真正善于交际、深谙人心者，从来都是一个“问话”高手。他在生活中与人交往时，会给人一种善解人意的亲和感，而当自己与对方立场不同、产生分歧的时候，也能用引导的方式，在博弈中胜出，让对方心甘情愿说“是”。待对方回答的次数变多了，再回到主题上，对方也会无意回答“是”。这种博弈方式，在心理学上被称为“苏格拉底式提问”。

苏格拉底是古希腊有名的哲学家，他经常在公众场合传授自己的思想。不过，他从来不是滔滔不绝地讲解，而总是说自己什么也不了解，借此向对方提出一系列问题。有一回，他跟一位年轻人讨论“什么是道德”的问题。

苏格拉底：“人人都说做人要有道德，你能否告诉我什么是道德？”

年轻人：“做人要忠诚老实，不能欺骗他人。这就是大家说的道德的行为。”

苏格拉底：“你说道德就是不能欺骗他人，那在和敌人作战时，我国的军人为了击退敌人，想办法欺骗、迷惑敌人，这种欺骗是不是道德的呢？”

年轻人：“欺骗敌人当然符合道德，但是欺骗国人就不是道德了。”

苏格拉底：“当我方军人和敌人交战时被敌军包围了，士气低落。我方将领为了提升士气进行突围，欺骗士兵说援军马上就到，要组织突围，结果士气大振，我方突围成功。那你说这位将领是个不道德的人吗？”

年轻人：“在战争中一切都是合理的，所以这位将领是道德的，但我们在生活中不能欺骗人。”

苏格拉底:“我们在生活中经常会遇到这样的情况,儿子生病了,父亲来取药,儿子却不愿意吃。为了让儿子乖乖吃药,父亲骗儿子说这个东西不是药,是一种好吃的食物。儿子相信父亲就把药吃了,第二天病好了,你说这位父亲是个不道德的人吗?”

年轻人:“这种欺骗是道德的。”

苏格拉底:“不骗人是道德的,骗人也是道德的,那到底什么样才是不道德的呢?”

年轻人:“我现在都糊涂了,以前我还能分辨出什么是道德的,什么是不道德的,现在却分不清了。您能告诉我,什么才是道德的吗?”

苏格拉底:“其实,道德就是道德。”

苏格拉底的意思是说,没有一成不变的道德,道德因情势而改变、因人而异。在跟年轻人讨论时,他提出了一系列问题,让对方陷入自我矛盾中,直至承认自己的观点是错的。事实上,在说服他人的时候,不一定非要提出一系列问题,细心留意你就会发现:疑问句总是比陈述句更具说服力。

有个妈妈和儿子一起逛商场,儿子很想让妈妈给自己买一条牛仔裤,可又担心妈妈不同意,因为,前些天妈妈刚给他买过一条。他很聪明,没有直接说“我就想买”,而是板着脸,用严肃的语气跟妈妈说:“您见过哪个孩子只有一条牛仔裤的?”

就这么一句话，妈妈就笑了，即刻又给他买了一条。在跟朋友说起这件事时，她讲道："如果这孩子撒泼耍小性让我给他买，我肯定不同意，可他这么一问，我倒觉得孩子也得注意自己的形象，哪能让孩子总是穿同一条牛仔裤呢？我就给他买了。"

虽然没有直接说出自己的意图，可一句巧妙的提问却引得听者反思，让对方自己主动说"是"。今后，如果你想说服一个人，不妨也试试苏格拉底式提问。有时候，一句有力的问句，胜过十句滔滔不绝的表达。

说服之前，不妨先认同

Y是一位保险业务员，从业十几年了，在公司里的业绩相当出色。都说这个年代保险行业不好做，很多入行的人坚持不了多久就放弃了，原因就是还没跟客户详谈，就直接被客户拒绝了。Y在这方面让很多同行望尘莫及，她的销售做得似乎得心应手。

有同事向Y取经，Y提到了一条：保持耐心，先听客户说什么，站在客户的角度想问题。最重要的是，先取得说话权，等谈得顺利后，再趁机揉进自己的看法，引导客户听取自己的意见。比如，经常有客户回绝说："我对保险不感兴趣。"不少新人听到这句话时，心气立刻就没了，也不知道该怎么接话。Y在碰到这样的情况时，会接着顾客的话说："您说得有道理，谁会对保险这种关于生、老、病、死躲也躲不及的事情有兴趣呢！我也没兴趣。"

听到这里时，顾客往往会反问："既然你也没兴趣，干吗还要做这一行？"这就给了Y表达自己的机会。之后，她会把保险的重要性讲出来："虽然咱们都对保险没兴趣，可生活中的很多事情我们无法预料……"

很多保险推销员之所以做得不顺利，通常就是在上面这个博弈的环节中犯了错误，他们会反驳顾客的观点："你错了，保险很重要……"直截了当地否定对方的说法，必然会招来反感，顾客也必定不会给他继续说下去的机会。听他说下去，那感觉就像在接受"批评"和"教育"，谁愿意丢这样的面子呢？

生活中有一个"YES，BUT"定律，在试图说服别人的时候，不妨先听对方说，对对方的想法表示肯定和接受，即"YES"；听完之后，再说出自己认同或不认同的想法，即"BUT"。这样，对方才会觉得"跟你说话永远有希望"，而不是被一竿子打死。

就像我们前面说的，每个人都要面子，你若能顾全对方的面子，把他置于一个平等的地位，甚至让对方有一种被重视、被尊重的感觉，他才能敞开心胸，接受不同的观点。否则，他可能变得更加顽固，特别是在听到"你错了"的话语时，更是难以接受，由此让彼此的关系陷入僵局，为你的说服增加难度。倘若换一种说法："你说得没错，我能理解你的心情，只是对很多人来说，还不太现实……”

委婉地表达不同的看法，比直接说“不”更容易让人接受。当你认同对方的观点时，就等于给予了对方表现的机会。当他心情愉悦了，对你产生了好感，他才有可能接受你的建议。要做到这一点，也是需要掌握一些技巧的。

你一定要在言语上肯定对方。当对方表达出自己的观点时，最好笑着给予肯定，然后给对方更多表达的机会，这样就比较容易满足对方的表现欲，一旦他愿意与你开心地交谈，就意味着把你当成了朋友。待他讲得差不多时，你可以再表达出自己的一些不同看法和建议，此时对方会更容易接受。

你要注意倾听对方的话。倾听他人是一种尊重，一种无声的认同。无论对方说的观点是对是错，都要微笑着给予肯定，哪怕你再不认同，也要忍耐。一旦你与对方发生了争论，接下来，不管你说什么，他都很难接受。

倾听了他人的观点后，轮到你表态了。此时，你可以说“BUT”，但态度一定要温和，给对方留点余地。比如，听取了对方的意见后，若不太同意，可以说：“你刚刚说的有一定的道理，但如果能够……是不是会更好？”也可以说：“你的意见我想再补充一下，或许没那么好，但也希望作为参考。”

换位思考一下，当别人用这样的方式跟你沟通时，你感受到的是不是一种尊重，甚至会感激对方真心地为自己提供参考意见？用你喜欢的方式去对待别人，这一点在任何时候都是通用的。尤其是在观点产生分歧时，“YES，BUT”定律有它的圆融周到之处，不仅能让彼此在融洽的氛围中沟通，同时也是一种以退为进的博弈策略。

用对方的矛攻破对方的盾

冯梦龙在《古今谭概》中讲过这样一个故事：

一个出身大户人家的青年，屡屡参加科考都名落孙山，家族里的人都看不起他。他心里很憋屈，觉得自己就是缺少一个被伯乐相助的机会。后来，又发生了一件事，让他内心的挫败感变得更强烈，那就是他的儿子初次参加科考，就被皇上钦点为状元。

有一天，他跟父亲及亲友们一起吃饭。父亲当着众人的面，数落他落榜的事。他实在忍受不了了，大声地对父亲说："我的父亲是当朝内阁大学士，你的父亲是一个靠打鱼为生的渔民；我的儿子是皇上钦点的状元，你的儿子是每次都名落孙山的书生。你看，你的父亲不如我的父亲，你的儿子也不如我的儿子，这么说来，我比你要好得多，你怎么还骂我呢？”

父亲听后，先是一愣，而后笑了起来。自那以后，父亲再也没有奚落过他。

故事里的书生遇到的尴尬情境，对现实中的我们来说并不陌生。无论是工作还是生活，难免会遇见一些粗俗无礼、说话尖酸刻薄的人，碍于身份和面子，直接顶撞不仅不太合时宜，还会伤及面子和关系。面对这样的状况，用借力使力的方法进行博弈是最恰当的。

所谓“借力使力”，就是把他人的言论或论调变成攻击对方的有力武器，通常是在贬低对方的时候暗中称赞对方，在称赞对方的时候贬低回击对方，让对方哑口无言。要使用这一策略，需要说话者先站在对方的立场上思考，充分了解对方的心思。人的内心防线就像一个盾，而他们自己说的话就可能成为攻破防线的矛。

很多人不懂这一点，以为与人争辩必须态度强硬、用词激烈，才能占据上风。殊不知，这样只会激起对方的反抗心理。真正智慧的做法是，保持清醒的头脑，找出对方言语中的漏洞，用他自己的话来反驳他，让对方无话可说。

赵小姐是公司采购部的负责人，不久前刚刚从某公司采购回一批产品，但在使用过程中发现，产品经常出现各种故障。她拿了一些不合格的样品到对方公司，提出退货，对方却说：“我们的产品经过重重把关，质量肯定是没问题的。”

这分明是狡辩之词，赵小姐心里也清楚，但她没有直接反驳对方，而是顺着对方的话说：“您说得对，我们就是冲着你们对产品质量的严格把关才选择贵公司的产品。”

对方说：“就是，我们公司一切都是很正规的，在操作中只要按照产品说明书认真操作，肯定不会有问题。”

赵小姐笑笑，说：“可我们在使用过程中，您家的产品屡屡出现故障。我们的操作方法就是严格按照你们的产品说明书的指示做的。既然您说只要按照说明书的指示做就不会有问题，那我们在使用过程中遇到的那些故障，您要怎么解释呢？”

听过赵小姐的话，对方摇头笑了笑，也不争辩了，痛快地带着赵小姐办理了退货手续。

赵小姐没有说一句反驳对方的话，而是用对方自己的话驳倒他。毕竟，这些话是“你”说的，而不是“我”凭空捏造的，你若跟“我”争辩，就等于是自己否定自己。

由此可见，利用对方的心理来说服对方，就是在不同的情境下去揣摩对方的心理动态，找出对方的漏洞，继而瓦解对方的心理防线，巧妙地说服对方。若是用自己的矛去戳对方的盾，往往会导致激烈的争论，闹得不欢而散，甚至是两败俱伤。换一种方式，用对方的矛去戳对方的盾，事情就变得容易多了。

别小看了善意的“威胁”

希尔顿饭店如今闻名世界，可它在刚刚创建的时候也是举步维艰，一度陷入资金匮乏的境地。特别是在修建达拉斯的希尔顿饭店时，创始人希尔顿做了一个预算，仅饭店建筑费一项就得花费100万美元。

为了解决巨大的资金缺口，希尔顿想了不少办法，可又逐一否决了。最后，希尔顿灵机一动，想出一个点子：卖地皮给他的房地产商杜德！

希尔顿找到杜德，对他说：“如果我的房子停工待料，附近的地皮价格一定会大幅降低。如果我再宣传一下，说饭店停工是因为位置不好而另选新址，那你的地皮可就卖不了好价钱了。”听了希尔顿的话，杜德一点办法也没有，他很清楚希尔顿饭店对他的意义，就接受了希尔顿提出的条件。

在这一场博弈中，希尔顿原本是被动方，他面临着进退维谷的两难困境。然而，他很聪明，巧妙地运用了“威胁”策略，把杜德的利益牵扯进来。杜德本来不太想帮这个忙，可由于担心自己的利益受损，只好答应。

这一策略在现实中的运用很广，特别是在商业场合和销售过程中。所谓的“威胁”，并不是真的去威胁对方，而是通过合理而巧妙的暗示，让对方感觉如果不答应，未来真有可能发生对自己不利的情况，从而选择接受。

T小姐是某保健器材公司的业务代表，她在一位老客户的介绍下，认识了一家房地产公司的经理赵总。在拜访赵总之前，T就已经听说，只要对方认准了的产品，就不会在价格上斤斤计较。

某个周末，T和赵总见面了。一番寒暄之后，T向赵总介绍了公司新推出的一款保健器材的功能和特点。赵总很直爽，说：“目前，我还没有这方面的需要，如果有需要，我一定会跟你联系的。”

T明白，赵总是在向自己下逐客令。可她并不介意，接着说：“听说，您的父亲马上要过七十大寿了，人生七十古来稀啊！”就这么一句家常话，拉开了赵总的话匣子：“我父亲保养得还算不错，但毕竟年龄大了，身体一天不如一天，时常会出现一些小毛病。”

T说：“其实，老年人的身体多少都会有点问题，光靠吃药没有用，关键还是要做一些有益的活动。”赵总一脸严肃，说：“以前，我父母也会参加一些活动，可最近总说很累，懒得出门。”

“我们公司的产品，刚好能帮您解决这个难题……”T顺着赵总的话茬，介绍了使用这种保健器材的一系列好处。这时，赵总已经有点动心，T便趁热打铁：“您父亲马上要过七十大寿了，送点有意义的礼物挺合适的。这种保健器材既能表达孝心，也对老人身体有益。不瞒您说，我们的库存现在就剩下两台了，现在要是不买的话，恐怕就得等下一批货了，具体到货时间还没有定。”

赵总听后，觉得有道理，就说：“那就给我订一台吧！买点实用的东西也好。”

在运用“威胁”策略的时候，一定要跟正面说服的方法结合起来，不然，就会让对方感到不安，或是导致不愉快的场面出现。毕竟，没有人愿意被威胁。我们这里强调的是，让对方感受到，如果此刻不下定决心，不做出调整，很有可能会失去某些利益，从反面去触动他，而非直白地讲述自己的观点和建议有多好。总而言之，记住一句话：“威胁”不是真正的目的，只是增强说服效力的一种手段！

以理服人，不如以情动人

很多人在说服他人时，习惯用冰冷尖刻的语言，以为这样更有力量。事实上，要说服他人，强词夺理是行不通的，这样做只会激怒对方，让事情朝着更加糟糕的方向发展。在博弈的过程中，唯有用真情实感去打动对方，才有可能得到想要的结果。

有句话说得好：“不看你说什么，只看你怎么说。”同一个意思，不同的人有不同的说法，不同的说法有不同的结果。与人交往时，无论遇到什么情况，都要用“诚”与“情”两个字去对待别人，如果语言太过直接，往往会伤害到他人的自尊。

那么，到底要怎么做才好呢？在这里，强调一下运用真情实感打动他人的技巧：要以情动人，不必讲过多的大道理。著名宣传理论家埃柳利说：“单靠理性论据去说服别人，不仅太麻烦，还不一定奏效。你应当发挥情感的效用，它的影响更加直接，这个过程中，不一定非要有合理的论据。在这种情况下，动之以情就够了，不需要所谓的晓之以理。”

南北战争的时候，由罗伯特·李将军率领南部邦联军队作战。有一次，他在南部邦联总统杰佛生·戴维斯跟前，赞美了他属下的一位军官。在场的另一位军官非常惊讶，因为他知道，李将军刚刚赞赏的那个人，是他的死敌。李将军是这样解释的：“没错。不过，总统问的是我对他的看法，不是他对我的看法。”

背后赞美别人，效果往往出其不意。很快，李将军的话就传到了那位军官的耳朵里，他对李将军改观了，甚至还萌生了一种好感。结果，李将军赢得了这位军官的信服和支持。

人是有感情的高级动物，真正铁石心肠的人并不多见。在与人交谈中，想要劝说别人接受自己的观点，或者寻求对方的帮助时，首先要懂得付出真诚，以诚感人、以情动人，这样做能够大大增加成功的概率。

其次，你要以情服人，引发对方的共鸣。所谓动之以情，就是要直接激起人的情感反应，拨动对方的情感之弦，引发情感上的共鸣。一般来说，人类本身都有一些心理积淀，只要在适当的时候触动这些心理积淀，唤醒对方原有的心理感应，就能引发共鸣。

美国经济大萧条时期，一位女孩费了好大的劲才找到一份工作，在高级珠宝店做售货员。圣诞节的前一天，店里来了一位顾客，看上去他并不太富有，年龄在25岁左右，穿一身破旧的衣裳，满脸的阴郁。他死死地盯着那些高档首饰，有一种可望不可得的意味。

有人给女孩打了一个电话，她因为着急，不小心碰翻了一个碟子，六枚精美绝伦的金戒指掉在了地上。女孩赶紧蹲下来捡，可她只找到了其中的五枚，第六枚不知所踪。这时，她留意到那个年轻人，他正朝着门口的方向走去。恍然间，女孩知道怎么回事了。

男子刚要走出门时，女孩拦住了他，轻轻地说道："对不起，先生。"男子转过身来，看着女孩。他们谁也没有说话，对视了大概一分钟。

男子看起来有点紧张，脸上的表情很僵硬，他问："有什么事？"女孩一时间呆住了，竟然不知道该说些什么，怎么开口。男子又问："你到底有什么事？"

女孩突然间显得很伤感，她说："先生，这是我的第一份工作，现在经济危机，能有一份工作真的很不容易，您说是不是？"男子看着女孩，片刻之后，脸上浮现出一丝微笑。他点点头，说："的确如此。不过我敢打赌，你会在这里做得很好。"

女孩问："我能够和您握手，为您祝福吗？"男子迟疑了一下，然后走向前，把手伸给女孩。而后，她看着男子走出了门口。她转身走向柜台，手里握着第六枚戒指。

男子偷走了戒指，最后却心甘情愿地交给女孩，全在于女孩尊重和理解他，提起“找一份工作很难”，引发对方的情感共鸣。

看到了吗？真正的博弈高手，在说服别人的过程中，都很重视情感，那些缺乏感情的、冰冷的话，是无法打动对方的。所以，在说服他人的时候，记得给你的语言加上一点感情，让它发挥出鼓动、激情和引导的效用。

趁着他人疲惫时去说服

不少电话销售高手都喜欢在下午5点钟左右打电话，此时的电话销售效果最好；专卖店里上午的生意很冷清，下午的销售额却往往要好得多；酒桌上谈生意，成功的概率往往更大……这些经常发生在我们身边的现象，其实隐藏着一个重要的心理规律。

美国心理学家丹尼尔·吉尔伯特在一项研究中发现：人在疲惫的时候，更容易被他人说服和欺骗，即使听到假话也会信以为真，但如果打起精神来稍微分辨，就会知道事情的真伪。对于重要的信息，当人们感觉可信度不高时，就会充分利用原有的认知来质疑它的真实性，可在疲惫的状况下，认识能力会下降，从而轻信这些消息。

在博弈的过程中，不少人就敏锐地抓住了这一普遍规律，采用疲劳战术。希特勒是一个演讲高手，他认为傍晚是最适合演讲的时候，因为这段时间听众的情绪比较浮躁，警惕性没那么高，容易接受他人的意见。现在，从心理学的角度上看，这个判断是正确的。

大家都知道，充足的睡眠能让人保持清醒的头脑。当人们经过充分的休息后，注意力会更加集中，警觉性也会更高，在表达方面也更有条理。可在疲惫的状态下，情况就不一样了，整个人会觉得脑子懵懵的，做事也容易分心，辨别能力降低。

有些国家的执法人员运用这个原理，对囚犯进行睡眠剥夺，即选择在囚犯疲惫和困顿的时候进行审讯。一位囚犯在谈到被人洗脑时说："我觉得完了，感觉非常累，不受控制，两分钟之前说过的话，转眼就记不清了。什么也记不清了，在那样的情况下，审判员就是主人，他说什么就是什么。"

在商务谈判中，有时会遇到锋芒毕露、咄咄逼人的对手。他们以各种方式表现出居高临下、先声夺人的姿态，对于这类谈判者，疲劳战术就是一个有效的策略。此战术的目的在于，通过多回合的拉锯战，让对方就某一个问题或某几个问题反复进行陈述，从心理和生理上让其感觉疲劳生厌，逐渐磨去其锐气，同时，也能扭转己方在谈判中的不利地位。待对手筋疲力尽、头晕脑涨之时，己方便可以转守为攻，促使对方接受己方的条件。

中东的企业家们经常会用到这一策略。他们在白天天气酷热的时候，邀请欧洲的代表们观光，晚上招待他们欣赏歌舞表演。经过充分的休整，到了深夜，白天不见踪影的中东代表团的领队出现了，神采奕奕地跟欧洲代表们展开谈判。欧洲代表们经过一天的奔波，早就疲惫不堪了，只想着早点休息。谈判的结果可想而知，欧洲代表经常会做出让步。

心理学研究表明，人的心理特质有很大差异，在气质、性格方面几乎人人都不一样，这也使得每个人的行为都有其独特的一面。通常来说，性格急躁、喜欢挑战的人，往往缺乏耐受力。一旦他的气势被遏制住，自信心就会丧失，很快败下阵来。遏制其气势最好的办法，就是采用疲劳战术，攻其弱点，避其锋芒，在回避和周旋中消磨他的锐气，做到以柔克刚。

在利用疲劳战术时，最忌讳的一点就是硬碰硬，这样很容易激起双方的对立情绪。更何况，硬是对方的长处，只有以柔克刚、以软制硬，才会有效果。如果确信谈判对手比己方更着急达成协议，那么疲劳战术就是一个绝佳的选择。

在日常工作中，我们也不妨巧妙运用疲劳战术。

假如你是一名经销商，得知某公司正在为产品寻找经销商，那你不妨选择在他们缺乏适当的休息时主动出击。此时，估计听到任何一个经销商说“我们的销售体系是全国最好的”，他们可能想都不想，就会接受对方的一面之词。这都是因为，在疲惫的状况下，人们对事实的理性判断力会减弱，即便对蹩脚的谎话也很容易信以为真。

假如你是一名业务员，想去拜访一位日理万机的负责人，早晨通常都是对方最忙的时候，也是对方头脑比较清醒的时候，此时他基本上无暇接待你，听你介绍产品或业务。待对方工作了一天，已经有些倦怠的时候，说服对方做一些决定，往往会更容易。

说服一个人的实质，就是让其改变原有态度接受新的观点。说服的过程，是让对方意志力屈服的过程。人的意志力是有限的，做每件事都会消耗，消耗得太多了就不足以抵抗接下来的“诱惑”了。这就如同饥饿的时候，我们很难抵制美食的诱惑。想在博弈中胜出，充分积攒实力是必需的，但也要懂得“天时地利人和”，选对时机做该做的事，才能事半功倍。

无声的对抗，胜过声嘶力竭

某公司年会的晚宴上，众多成功俊朗的男士与身着华服的女士出席。一位身着简单黑裙、挽着韩式发髻的优雅女人，在一个安静的角落坐了下来。她身上没有一件奢侈品，除了那一对珍珠耳钉，再无任何名贵的首饰。可即便如此，她若伫立在人群中，依然是一颗闪亮的宝石。

衣着华贵的S女和II女朝着她径直走了过来，坐在旁边的位置上。她友好地示以微笑，却没有刻意寒暄。S一如既往地炫耀着，说着她的高档礼服，说着她的蜜月旅行，说着她的国外采购。H故作羡慕，内心却掩盖不住地想要表现自己，说起男友要换车，说起她唯一的爱马仕。争论得不相上下时，两个人开始寻找台阶来圆场，她们转身把目光转向了那个安静的女人。

S的关心显得太虚伪，说她该买件像样的晚礼服，她身上的款式看上去有点旧，与她的气质并不相符。她沉默着，微笑着，不解释。H接过女伴的话，说她应该搭配一条项链会更好，一边说一边摸着自己颈上闪闪发亮的吊坠。她默不作声，脸上依然保持着微笑。

此时，宴会上最出彩的那位男士朝着她们走了过来。S和H相视一笑，并故作优雅之态，与之打招呼。谁知，那位男士却把手伸向了那个衣着简单的女人："我能请你跳个舞吗？"她微笑着把手伸向他，说道："当然。"走向舞池之前，她回头向S和H一笑："不好意思，我先失陪了。"接着，她便成了会场里最耀眼的精灵，S和H却在场下气得直跺脚。

在受到嘲讽和挤兑时，多数人都难以按捺心中的怒火，针尖对麦芒地跟对方对峙。可真的那么做了，却发现任何语言都是苍白的，只会越说越觉得虚弱。就像刚刚提到的那位女士，她能博得优秀男士的认可和欣赏，不仅仅是外表上的美，更是那一份能在受到夹击时淡定不惊的气度，这份气度不是用言语传递出来的，而是用无声的沉默。

作家史铁生说过："沉默常常是必要的，沉默可以通向有声有形的语言所不能到达的地方。"一个强势的人，不是用喋喋不休、针锋相对的话来表现他的力量，而是把力量藏在沉默中，这正是心理学中的“沉默效应”，即在与对方对抗时，用沉默让对方感受到压力。

有位学者应邀到某大学演讲，走进会场时，他发现整个礼堂吵闹不止，就像在开联欢会一样。一位老师站在讲台上用麦克风维持秩序，但学生们根本不理会。这时，学者对那位老师说：“没关系，让我来吧！”只见，学者一个人默默地站在讲台上，看着那些学生打闹，一句话也不说。没想到，学生们很快就自觉安静下来，整个礼堂鸦雀无声。

瞧，这就是沉默效应。声嘶力竭地去维持秩序，反倒令人不屑一顾，一反常态的沉默，倒会在心理上震慑住对方。在有些情况下，运用沉默效应是很有必要的，但前提是必须把沉默和冷漠区分开，不能盲目地乱用。那么，在什么情况下应当保持沉默呢？

情绪不好的时候可保持沉默。人在情绪不佳时最容易冲动，此时无论说话还是办事都很难达到良好的效果。遇到此类情形，最好先沉默数秒，让情绪平复下来。

碰到不能独自决断的事可保持沉默。不了解情况就慌忙地答应对方，往往会把自己推人一个尴尬的境地。在这样的状况下，保持沉默就是一种无声的拒绝。

面对无谓的评价时可保持沉默。一位著名的女主持人，说话的时候声音细细的，每次想表达自己的观点，也总是不慌不忙地娓娓道来，然后露出一抹微笑。曾经，有人批评她的主持风格太过温情，太过小心翼翼，没有尖锐和硬朗的一面。对于这样的评价，她不愠不火地解释道："在语言上压住嘉宾，不是什么难题，但不是我的风格。有理不在声高，不露声色地把自己想表达的东西说清楚，反而更有说服力。我一直喜欢'润物细无声'的境界，轻松而温和，把我相信的、想说的话告诉别人。"事实证明，言语上没有丝毫的傲慢、卖弄和张扬，一样可以掌握主动权。

君子敏于行，慎于言。在某些场合里，无声的对抗远远胜过声嘶力竭的怒吼。该沉默的时候，用沉默回应对方，既能避免祸从口出的尴尬，也给对方一个震慑，让他摸不清你的思路，继而成为博弈中的胜者。

Chapter6

狭路相逢，技高者为赢家

形象是一件关乎输赢的事

心理学家认为，每个人都有呵护美、向往美、追求美的心理。这种心理引导着人们积极地爱美、扮美、学美。现实中的人们总是对美的事物或人产生好感，因此出现“以貌取人”的情况也就不难理解了。所以，看到面容凛然的男性，我们会想当然地认为他很有能力；看到温柔知性的女子，又会觉得她有一颗纯善包容的心。

在心理博弈中，形象是一个不可小觑的东西。普林斯顿大学的亚历山大·托多罗夫博士在美国参议院选举之际（2000 年、2002 年、2004 年，共计 3 次），就两名候选人的外貌进行了调查。他让被试通过观看候选人的照片，选出“看上去有能力”的一个。结果显示，仅仅通过“一张看起来很有能力的脸”，他就以 68.8% 的高准确率成功预测出了当选者。

其实，在未进行这个实验之前，现实中早已经演绎过这个事实。

1960 年，尼克松与肯尼迪争夺总统之位，尼克松输了。

1980 年，杜卡斯基和里根之争，杜卡斯基输了。

尼克松和杜卡斯基到底输在哪儿了？

里根是演员出身，他高大英俊，无论是服装打扮，还是音容笑貌，以及他做出的每一个手势，都展现着与众不同的魅力，具有无与伦比的感召力。虽然他在其他方面也有不足，但人们可以忽略不计。而杜卡斯基呢？不管是看外表还是听声音，不管是在台上演讲还是在台下表演，他显得“不像个领袖”，所以人们没有把更多的票投给他。

肯尼迪和尼克松的对决，肯尼迪自然占据了优势。肯尼迪年轻英俊，风流倜傥，给人一种坚定、沉着和自信的感觉，他周身散发出领袖的魅力，虽然他没有直接说什么，但人们似乎已经从他身上看到了希望，人们认定他不仅可以主宰美国政坛，还可以掌控整个世界的局面。

当他提出“不要问国家能为你做什么，问问你能为国家做什么”这一口号时，一时间美国这个以“自我”为中心的国度沸腾了，他的责任感感动了每一位美国人，激起了一股爱国潮。他不仅符合美国人理想的领袖形象，还树立了领袖形象新的、最高的标准。几十年之后，他的形象依然令人难忘。

看到这儿，你的眼前一定也浮现了里根和肯尼迪的形象。没错，这就是形象的威力。你看到他们，就会被他们的音容笑貌所感染，甚至他们一句话也没说，只是站在那里，你依然会觉得注定了他们就该是领袖。当然，每一位参与总统竞选的人，都有一定的学识，但我们这里要说的是形象，只谈形象在心理博弈中的作用。

皮克·菲尔在《气场》（*Charisma*）一书中曾提到，想要成为交际明星，博得他人的好感，就必须在重要场合将自己的气场调节到最佳状态。怎么样才能够做到这一点呢？皮克·菲尔说："不管是出席会议，还是参加普通交际活动、酒会、商务会谈，都要将自己认真地收拾一番，换一身最合适的衣服，以最贴切的形象出场，这是我们都必须做的功课。"

英国第一位女首相撒切尔夫人，对别人的衣着毫不介意，唯独对自己的衣着要求十分苛刻。无论是服饰搭配还是化妆，她都极其考究。看到撒切尔夫人，你感受不到珠光宝气和雍容华贵，却能够被另一种魅力所吸引，那就是整洁、淡雅和朴素。

从少女时代开始，撒切尔夫人就十分注重自己的衣着，要求干净整洁、朴素大方，但她从没有穿过标新立异的衣服，从未哗众取宠。大学期间，她在本迪尼斯公司做兼职。当时，她的衣着很老成，公司里的人将她称为"玛格丽特大婶"。每个星期五下午，她去参加政治活动时，都会戴上一顶老式小帽，身穿黑色礼服，脚蹬老式皮鞋，腋下夹着一只手提包，显得持重老练。

有人笑话她打扮得过于深沉老气，但她有自己独到的见解：这样的打扮能在政治活动中取得别人的信任，建立起威信。她的衣服从不打皱，让人觉得井井有条是她一贯的作风，而这也的确彰显出了一位政治领导人的气场。

人们习惯将服装与人、社会地位、身份、权威、文化品位等联系在一起。西方有句谚语说："你就是你所穿的。"这听起来完全就是以貌取人，可这也许是人类无法改变的天性。如果你渴望得到他人的关注，渴望让自己变成一个气场强大的人，那么从现在开始，你就必须注意自己的形象了。

拿出“胜利者”的姿态来

金庸的小说《射雕英雄传》中有这样一个情节：

华山论剑之前，裘千仞被瑛姑等人围攻，被指责滥杀无辜，而裘千仞则反驳说，谁手上没有沾过别人的血？结果众皆默然，唯有洪七公正气凛然地出现，坦然地说自己杀的这么多人都是死有余辜的。裘千仞听后，无话可说。

真正的高手对决，玩的是心理战，比的是气场。

当年，孟子见到梁襄王后，说道：“望之不似人君，就之而不见所畏焉。”意思是说：“远远望上去就不像一个国君的样子，走近了看，也没有什么使人敬畏的地方。”一国君子却“不似人君”，倒不是孟子轻率地以貌取人，而是梁襄王的气场不够，缺乏一股浩然之气。

孟子的弟子公孙丑曾问：“老师的长处是什么？”

孟子答：“吾善养吾浩然之气。”

何谓浩然之气？用孟子的话解释大致如此：那是一种最伟大、最刚强的气。

气场，可以展现出个人品性与行事风格。在日常的心理博弈中，想要笑到最后，也必须克服内心的怯懦，始终保持胜利者的气场。换句话说，即便在没有成为名副其实的胜利者之前，也得拿出一副“我就是胜利者”的气势来。大家都听过吸引力法则，秉持这种姿态正是引导一个人成为真正的胜利者的心理法则。

握手是一件很简单、很平常的事，但通过这一细节，也能感受到一个人的气场。当你和一个人握手时，你感受到的是对方强而有力的手，你会对他产生什么样的印象。如果对方在握手时软弱无力，你又会有什么样的感觉？

阿拉巴马大学的威廉姆·卓别林博士做过一个实验，他让 4 名志愿者作为判定人员，分别和 112 名大学生进行两次握手，然后询问他们对握过手的大学生有何印象。结果，对那些握手强而有力的大学生，判定者们给出了“善于交际、外向、开朗”等积极的评价；而对那些握手软弱无力的大学生，则给予了“内向、略显神经质、不够坦诚”等消极的评价。

由此可见，通过握手的力度，人们会对其性格进行推断。这也提醒我们：如果自身处在弱势的位置，与人握手时，一定要记得用点力。无论结果怎样，至少在姿态上不能先败下阵来。强而有力的握手，会让对方感受到一股强大的气场，塑造出一个强大、值得信赖的形象。

荷兰格罗宁根大学的班德比特博士，曾经把96名学生分成四人小组进行课题研究。这个项目进行了大概一年，在此期间，博士对各组员之间的交际往来进行了观察。结果显示：越是优秀的学生，越容易获得其他成员的协助；而那些表现不太好的学生，很少能够得到他人的帮助。事实上，后者才是真正需要帮助的，那为什么大家会把他们排除在外，有意无意地忽略他们的存在呢？

趋利是人的一种本能，当一个人去扮演援助者的角色时，内心多半都有自己的算盘，比如“以后有什么困难，说不定他能帮到我”“这样做的话，让他感觉欠我一个人情”，等等。然而，面对一个无法指望他能有所回报的人，帮助他就等于是在义务付出。倘若对方主动请求帮助，我们可能会给予援助，但那终究不是发自内心的。

“帮人图回报”是一种普遍的心理。如果我们渴望得到他人的帮助和支持，就得先以一副胜利者的姿态出场，让人知道你很优秀、你有潜力，帮助你对他们来说是有益的。事实上，一旦你获得了外界的各种帮助，提升实力、获得成功也就变得容易多了。可以说，这是一个积极的、正向的循环。

在获得实质性的胜利之前，先努力扮演好“胜利者”的角色，这有助于提升自己的形象，为日后的合作提供积极的助力！当然，要做到这一点，还需内外兼修！一个人相信自己能够成功，才能够展示出一种奋进和不凡的气场，若是先把自己定位为一个平庸者，最后也就只能是个平庸的人。成功与失败，就在于脑子里的想法，积极的信念和消极的信念，谁占据上风，谁就起了决定性的作用。

为了有利的结果不妨示弱

想赢得他人的肯定，给人一种值得信赖的感觉，少不了要在人前“示强”，就是从内至外把自己打造成胜利者的模样。然而，博弈也不能一味地“示强”，在必要的时候，还得懂得示弱。

细读过《庄子》的朋友，一定还记得里面讲到过一个“意怠”哲学。“意怠”是一种很会鼓动翅膀的鸟，除此之外，再没什么出众的地方。别的鸟飞时，它也跟着飞；傍晚归巢时，它也跟着归巢。队伍前进时，它从来不争先；队伍后退时，它从来不落后。吃东西不抢食、不掉队，因而也很少受到威胁。

看到“意怠”的生存策略，你想到了什么？也许，会觉得这种生存方式过于保守和迂腐，但从另外一个角度来说，在布满陷阱和危险的生活中，这也不失为最安全、最实用的生存哲学。许多时候，柔能克刚，弱能胜强。示弱并不是懦弱，而是一种心理策略。

博弈的精髓，从来都不是看一时的强弱，而是在任何时候都能认清局面，让自己处于最有利的位置。无论你本身是强者还是弱者，都可以在适当或必要的时候选择示弱。

英格丽·褒曼在获得两届奥斯卡最佳女主角奖后，又因在《东方快车谋杀案》中的出色演技获得最佳女配角奖。殊荣满身的她走上领奖台后，没有说一连串流俗的获奖感言，而是选择称赞与她角逐最佳女配角奖的弗仑汀娜·克蒂斯，认为真正获奖的应该是这位落选者，并由衷地说："原谅我，弗仑汀娜，我事先并没有打算获奖。"

在荣光闪耀的领奖台上，不去谈自己的成就与辉煌，而是把自己"拉低"，推崇并维护自己的竞争者。想必，任谁是这位竞争者，都会对褒曼表示感激，认定她是一个知心的朋友。对演员来说，能获奖是对自身能力最大的肯定，在这场现实的博弈中，她无疑是一个强大的赢家。在获奖之后，她还有更远的路要走，需要更多人的支持，在如何赢得人心（包括竞争者）的心理博弈中，她再次做了一回赢家。

一位朋友在下班高峰时段开车回家，突然感觉很不舒服，就降低了车速。后方的车开始不停地按喇叭，司机显得有些焦急，甚至摇下车窗冲他大吼。他本来想攒足力气去理论，可身体状况不允许他这么做。于是，他把车停下来，打开双闪，摇下车窗，对已经驾驶到身边的司机微弱地道歉："我的身体出了点问题，开车的时候已经尽力了，但还是不行。"

那位司机听后，立刻打手势并大声告诉后面的其他司机发生了什么事情。喧闹的路面静了下来，吵骂声和刺耳的喇叭声都没有了，所有的车都安静地等待着，因为他们获悉前方车辆的驾驶员身体不适。后面的一些司机还特意下车给他送水，问他需要什么药，是否要去医院。

人都有两面性，我们习惯把柔弱的一面藏起来，向外界展示强硬的一面。其实，适当地流露自己的弱势并非懦弱，而是一种坦诚。当你选择了退一步，另一方也会停止发难，这就像拳击比赛一样，不管比赛有多激烈，一旦一方示意，另一方都不会再出手。

说了这么多，无非是想阐明一个事实：在社会中生存，如果碰到一个有实力的强者，而且他的实力明显高过你，那么你不必为了面子而与其争强。如果非要硬碰硬，你有可能摧折对方，但也有可能毁了自己。这时候，最好的解决办法是暂时妥协，主动示弱，以化解对方的戒心。有意地暴露某些方面的弱点，也不失为一种有益的处世之道。

狭路相逢，技高者更胜一筹

自然界是一个巨大的博弈场，各种动物想要生存，都必须与天敌们进行博弈。对弱势的动物群体来说，面对强大凶猛的天敌时，硬碰硬是绝对不可行的，但这不代表处于弱势地位就一定会输，它们都有能让自己绝处逢生的策略。

负鼠在动物世界里的名声并不好，别人总称它为“骗子”，因为负鼠会“装死术”，它用这个办法“骗”过许多动物。一天，负鼠遭到了狮子的追击。眼看狮子就要抓住负鼠，可这时候出现了意外，负鼠突然间倒在地上，脸色变淡，嘴巴张开，并伸出舌头；再看它的两只眼睛，紧紧地闭着，长尾巴一直卷在上下颌之间，肚皮鼓得很高，呼吸和心跳也终止了。负鼠的身体不停地剧烈抖动，表情看上去非常痛苦。

狮子虽然凶猛，可眼前的景象还是把它吓傻了。狮子不知道负鼠为何会突然间“死亡”，它通常不敢贸然接近刚刚死去的猎物，总担心有埋伏。负鼠的“死”很突然，它更是心生疑惑。狮子看着负鼠，想看看到底是怎么了。

“装死”的负鼠看到狮子久久未曾离去，便使出了第二招。负鼠从肛门旁边的臭腺中排出了一种恶臭的黄色液体。狮子很快就闻到了这种反胃的气味，它用前爪动了动负鼠的身体，负鼠纹丝不动。它确定，负鼠是真的“死”了，而且尸体已经开始腐烂了。狮子喜欢吃新鲜的肉，眼前的负鼠臭烘烘的，它觉得而扫兴，便丧气地走了。

过了几分钟，负鼠确定狮子已经走远，它便恢复正常。负鼠躺在地上巡察四周，见没什么危险，便立即爬了起来。好不容易拣回一条命，它赶紧逃走了。

或许有人觉得，用装死的手段获得逃生是一种懦弱之举，然而，当你真的面临“死亡”的时候，如果不能够领悟“装死”是一种武器的话，那才是真正的愚昧。在生命与“骗子”的称号之间，相信任何一个聪明的人都会选择后者，正所谓：留得青山在，不怕没柴烧。

王羲之是著名的书法家，他在年少的时候就已经有过人的才智。王羲之的伯父王敦是当时的东晋大将军，他非常喜欢自己这个聪明机灵的侄子，经常让他睡在自己的军帐里。

有一次，王敦与几个侄子喝酒，王羲之毕竟是小孩子，不多时就喝醉了。王敦将他留在军帐中休息，并让他睡到自己的床上。没过多久，就听到有侍从报“钱大人到”，王敦连忙将钱凤请进了自己的军帐。钱凤也是东晋的大将军，与王敦关系甚好。两人寒暄一番过后，便遣散了所有的侍从，开始低声密语。两人交谈得非常投机，不知不觉中声音就大了起来。这时候，王敦完全忘记了在军帐之中睡觉的侄子王羲之。

王羲之睡得迷迷糊糊中，听到有人在交谈。出于孩子的好奇心理，王羲之对外面的谈话颇有兴趣，于是侧耳细听。可当他听到伯父与钱凤的谈话内容后，大吃一惊。原来，伯父他们在密谋叛乱的事情。王羲之年龄虽小，但他也知道：如果叛乱的事情让不相干的人知道了，定是死路一条。王羲之担心自己偷听的事情被发现，性命不保，于是他想出了一条脱身的妙计。他故意大吐一通，让衣服和被褥上沾满令人恶心的呕吐物，还故意在自己的脸上涂满了酒食，然后故作睡得很香的样子。

突然，在外面密谋的王敦想到了睡在军帐中的王羲之，他大惊失色地对钱凤说：“不好！侄儿还在军帐里睡觉，我们刚刚说的话，若被他听到怎么办？”钱凤听后，两眼射出凶光，他对王敦说：“无毒不丈夫！想要成大事，就要敢作敢为。”钱凤示意王敦杀掉王羲之。

虽然王敦心有不舍，但想到自己心中的大业，便横下了心。

王敦和钱凤一同来到床前，王敦左手撩起了帐帏，只见王羲之满脸都是呕吐物，睡得很香，而且还打着鼾。王敦放心地对钱凤说："看来这孩子酒醉得厉害，一直都没有醒来。"就这样，王羲之保住了自己的性命。

想在强弱的博弈中胜出，最怕的就是用鸡蛋碰石头，要根据实际情况调整策略，做出最有利于自己的选择，变不利为有利，这才是生活中的辩证智慧。世事都不是绝对的，"狭路相逢勇者胜"并非唯一真理，在合理范围内采取合理的对策，弱者一样可以凭技能胜出。

尽力很重要，借力更重要

一个孩子在院子里搬石头，父亲在旁边鼓励他："孩子，只要你全力以赴，一定能搬得起来。"可惜，石头太重了，孩子最终也没能搬起来。他跟父亲说："石头太重，我已经尽全力了。"父亲摇摇头，说："你没有用尽全力。"孩子不解，父亲笑着说："我在你旁边，你都没有想过请求我的帮助。"

要做成一件事情，需要尽力，但谁又规定只能用自己的力呢？人际交往中存在着各种各样的竞争，有时看似只是两个人之间的博弈，但这场博弈实则考验的是对周围一切条件和资源的利用。如果你想胜出，那就必须在最短的时间里占据有利的条件和资源。在很多人看来，实现这个目标太难了；对另一些人来说，却是易如反掌。两者的差别并不在于个人力量的强弱，而是在同等努力的条件下，后者更善于借助外力。

英国大英图书馆是世界上著名的图书馆，藏书丰富。有一次，图书馆要搬家，也就是说要从旧馆搬到新馆去，结果一算，仅仅搬运费就要几百万，图书馆根本无力支付。怎么办呢？有人给馆长出了一个好主意。

很快，报纸上就刊登了一则消息：从即日开始，每个市民可以免费从大英图书馆借 10 本书。结果，市民们蜂拥而至，没几天就把图书馆的书借光了。书借出去了，怎么还呢？请读者们到新馆还书。就这样，图书馆借用了市民的力量搬了一次家。

古语云："他山之石，可以攻玉。"一个人的力量是有限的，必要的时候不妨巧妙地借助他人的力量，把他人的优势"嫁接"过来，这样好比如虎添翼，为自己赢得更多的胜算。

美国有一个名叫约翰逊的黑人，曾经创建了一个黑人化妆品公司，当时公司只有 500 美元资产和 3 名员工。人们在购买化妆品的时候非常注重产品的声誉，这种情形对于名气不大的黑人化妆品公司很不利。不过，约翰逊不甘心就这样承认失败，他一直想办法扭转这一局面。

当时，美国化妆品行业的泰斗是佛雷公司。约翰逊在生产出一种“粉质化妆膏”的产品后，决定借助佛雷公司的名声顺势上楼。于是，约翰逊精心设计了这样一句广告词：“当你用佛雷公司的产品化妆之后，再擦上一层约翰逊的粉质化妆膏，将会受到意想不到的效果。”这种做法令人感到意外，这不是在给别人做广告吗？可是，约翰逊的创意就在这里。

如果你是一个普通人，不出意外的话，自然很少有人会注意到你。但是，如果你和总统站在一起，人们势必会打听你的名字。约翰逊设计的广告播出之后，收到了很大的反响。“粉质化妆膏”很快就为人们所接受，因为它是和佛雷这一令人信赖的品牌一起出现的。可以说，佛雷的名誉就是约翰逊产品的一架梯子，让它直上云霄。

当我们没有能力买鞋子的时候，可以向别人借，这样总比赤脚走路要快得多。当你有丰富的知识，但资金不足时，你可以去借；当你有了充足的资金创业，却没有专业知识的时候，也别轻易放弃，你没有的东西都可以去“借”，借资金、借技术、借信用、借名气、借人才，等等。杜鹃都可以“借巢孵卵”，保证后代的繁衍，我们当然也可以借梯登楼，站在巨人的肩膀上成名。只要有心，身边总能找到助我们成功的“他山之石”。

善于利用小利益俘获人心

说起博弈高手，不得不提到一个有趣的人物——阿凡提。虽说这是一个虚拟的人物，可他的机智风趣，还是给人带来了不少的快乐和收获。剧中有这样一个情节，阿凡提用智慧帮助贫苦百姓惩治黑心地主巴依，整个过程把趋利法则演绎得淋漓尽致。

有一次，阿凡提找吝啬又贪财的巴依老爷借锅用。巴依老爷很不乐意，可是看到阿凡提愿意以自己的毛驴作为抵押，他还是同意了，只是再三强调，第二天一定要还回来。

阿凡提很守信用，不仅按照约定的时间把锅还了回来，还顺带了一个小锅。巴依老爷很意外，就问：“阿凡提，你来还我的锅，为什么还要带一个小锅？”

阿凡提凑到巴依老爷的耳边，小声地说道：“巴依老爷，你可不知道啊！昨天你借给我的锅，是一个怀了孕的锅！今天早上我往你家走的时候，它刚刚生下这个小锅，所以我就把这个小锅也带给你了！”

巴依老爷心里嘲笑阿凡提：“真是个蠢货，锅怎么可能生小锅呢？”可是，为了得到那个小锅，他还是装模作样地对阿凡提说：“是啊，我都忘记了，昨天我借给你的锅是怀了孕的锅。今后，你想借什么东西就来我这里吧，不用客气。”

自那以后，不管阿凡提管巴依借什么东西，归还的时候都会带一个小的东西。巴依老爷很高兴，心里不断地嘲笑阿凡提傻，却又乐此不疲地享受着获得附加物的快乐。

一个多月后，阿凡提着急忙慌地找到巴依老爷，说：“巴依老爷，我娘生了很重的病，我想借你的那口金锅给我的母亲熬药。”巴依老爷转了转眼睛，心想：“这次可是金锅啊！等他还给我的时候，我不就能拥有两个金锅了吗？哎呀，一定要借给他！”

就这样，巴依老爷把自己祖传的金锅取出来，借给了阿凡提。可是，过了好长时间，阿凡提都没有把金锅还回来，更别提送小金锅了。巴依老爷终于沉不住气了，他亲自去找阿凡提，准备把金锅要回来。

不料，他刚要出门，阿凡提就气喘吁吁地跑到巴依老爷跟前，说：“巴依老爷，大事不好了！你借给我的那口金锅，因为难产死掉了！”

巴依老爷大惊，瞪着眼睛说：“胡说！一个锅怎么会因为难产死掉呢！你分明是在骗人。”

阿凡提大声地回答：“巴依老爷，你既然相信锅可以生小锅，为什么不肯相信锅会因为难产死掉呢？”巴依老爷哑口无言，不知道该怎么回应。他不仅因为自己的贪婪失去了祖传的宝贝，还成了大家的笑柄。

在和巴依的博弈中，阿凡提运用了趋利法则，即利用一些小的利益让巴依上当。阿凡提知道巴依是一个贪婪的人，所以投其所好，每次去的时候都给他一些好处，最后轻松地拿走了他的宝贝，让巴依无话可说。其实，这样的博弈策略，在现实中也有很多用武之地。

双方在寒冷的冬季商谈公务，当处于胶着的状态时，其中一方主动为另一方倒了一杯热茶或咖啡，看似是一种关心的举动，实则背后还有另外的意义。当对方喝下热饮后，身心会感到放松，此时他更容易倾向于对方的立场。为此，我们经常会看到，在商谈重要的事宜时，人们都习惯请对方吃饭、喝茶，看似是一个约定俗成的规矩，实则还是趋利法则的应用。因为，当对方戒备心理降低的时候，更容易被说服。

趋利避害是人的一种本能，认识到这一点，在适当的时候付出一些小利益，就能让他人按照自己的思路行事。既然如此，我们何乐不为呢？

Chapter7

洞察人心，瞬间掌控主动权

准确抓住对方的“心脉”

每个人心里都有一块柔软、脆弱的心脉，想要在博弈中掌控主动权，就必须摸准对方的心脉。这是一种技巧，也是一种艺术，正所谓“知己知彼，百战不殆”。你得知道对方在想什么，才能抓住他的诉求，选择合适的策略，让对方跟着你的思路走。

乔·吉拉德是世界上最伟大的推销员之一，他在推销的过程中，就很善于洞察人心。

有一次，一位顾客找他买车，他给对方推荐了一款最好的车型。顾客对车子比较满意，也准备掏钱买了。可就在成交的一刹那，对方突然改变主意，离开了车行。这让乔·吉拉德百思不得其解，琢磨了一个下午，也不知道问题出在哪儿。

到了深夜，他辗转反侧、坐立不安，忍不住给那位顾客打了一个电话："您好，我是乔·吉拉德，今天下午我曾向您推荐过一部新车，眼看您就要买下，可怎么突然走了？"

对方听后，问道："老兄，你知道现在是几点吗？"

"非常抱歉，我知道现在已经很晚了，但是我检讨了一个下午，实在想不出自己错在哪儿了，所以特地给您打电话，希望您能指教。"乔·吉拉德急忙解释说。

听到这里，对方问："真的吗？"

"肺腑之言。"乔·吉拉德回答。

对方还是不太相信："好，那你现在是在用心听我说话吗？"

乔·吉拉德表示："是的，非常用心。"

对方说："可是，今天白天，你根本没有用心听我说话。就在签字之前，我说我儿子要进重点大学读书了，我以他为荣，可你呢？一点反应也没有。"

乔·吉拉德的确不记得对方提过这件事，因为他当时根本没有注意，他以为生意已经谈妥，没有留意对方说什么，而是在听办公室的另一位同事讲笑话，这是乔·吉拉德失败的原因。顾客想买车，但更想得到他人对自己儿子的称赞。乔·吉拉德忽视了这一点，他只是想当然地以为"已经成交了"。

人际交往和沟通需要有一定的技巧，但更需要的是“用心”。作为世界数一数二的推销员，乔·吉拉德的销售能力毋庸置疑，可就因为没有抓住顾客的心脉，失去了即将到手的订单。

美国汽车大王福特说过：“假如有什么成功秘诀的话，就是设身处地替别人着想，了解别人的态度和观点。”这样做到话，你不仅能跟对方有效地沟通，还能及时获得对方的谅解，并且更加清楚地了解对方的思想轨迹。瞄准了目标，抓住了心脉，对方才愿意跟你合作。

周末，一位年轻的销售员在商场里为一对中年夫妇介绍液晶电视。两位顾客几乎把店内所有的牌子、不同型号的液晶电视都看过了，可还是没有购买的打算。这时，销售员没有流露出不耐烦的情绪，也没用催促他们赶紧买，而是不温不火地跟他们聊起了家常。

销售员：“您要买的液晶电视，是准备放家里的客厅吗？”

女顾客：“嗨，家里老人要过来，这电视是给他们买的。”

销售员：“是这样啊！您对老人还挺用心的。您现在犹豫的是什么问题呢？”

男顾客：“我们俩都不怎么喜欢看电视，家里就一台老式的小电视。儿子马上就要中考了，我们怕看电视影响孩子。”

销售员一边表示理解，一边也在琢磨，如果继续介绍电视已经不可能促成这笔交易，必须换个话题。很快，销售员就问：“大姐，要不这样？您可以先预定，等一个月之后再来取。那样的话，既不会影响孩子考试，也不耽误老人收看。”

销售员这番话说得很朴实，打动了这对夫妇。他们放下了顾虑，预定了一款液晶电视。

不得不说，这位销售员很会洞察人的心理。她知道，在顾客心里，孩子中考肯定是最重要的，如果此时不理解他们的感受，一味地介绍电视，就显得完全是为了业绩在推销，而没有理解顾客真正的诉求。抓住了对方的“心脉”——担心孩子考试受影响，继而提供相应的策略——先预定，过一个月后再取，就帮顾客解决了纠结的难题。

其实，无论对方出现了什么样的思想，表现出什么样的行为，背后一定有他的原因。此时，最要紧的就是找出隐藏的原因，弄清楚他为什么会有那样的言语和举止。接着，问问自己：“如果我是他的话，我会怎么做？”这样的话，能给自己省掉很多时间和烦恼，也能更直接、更顺利地掌控主动权。

同情是掌控人心的良方

戴尔·卡耐基说过：“世界上有一句非常神奇的话，它可以阻止争辩、消除怨恨、营造好感，还能吸引别人。就算是世界上最狡猾、最固执的人，听到这句话也会被软化。这句神奇的话就是：对你的所作所为，我没有丝毫的责怪，如果我是你的话，或许我也会那么做。”

奥尔柯特女士是《小妇人》的作者，卡耐基在一次播音演讲中提到了她。他知道，这位作者是在麻赛其赛斯的康考特长大的，并且在那里完成了她的名作。但因为口误，他不小心说成了“我曾经到纽海姆彼雪的康考特拜访过她的老家”。如果只说了一次“纽海姆彼雪”，还情有可原，可惜他一连说了两次。之后，他收到了很多质问和指责的信函，很多信简直就是侮辱。

一位住在费城的老太太，她也是在麻赛其赛斯的康考特长大的，对于卡耐基的口误，她表现出了极大的愤怒。读到她的那封信时，卡耐基感慨万千地说："感谢上帝，幸亏没有让我娶到这样的女人。"他本来想给这位老太太回一封，告诉她自己虽然说错了地名，可她也用不着表现得这么粗鲁无礼。不过，他还是克制住了自己的情绪，他知道要是真的那样做了，就太愚蠢了。

卡耐基不想跟她争执，只是希望让她把仇视变成友善。他告诉自己："如果我是她的话，可能也会有那样的感觉，说出那样的话。"后来，他去费城的时候，给这位老太太打了一个电话。

卡耐基说："夫人，几个礼拜以前我收到了您寄来的信，真是感谢。"

电话另一端传出柔和、流利的声音："很抱歉，您是哪一位？我实在听不出来。"

"我叫戴尔·卡耐基，对您而言，我应该算是一个陌生人。在几个礼拜前，您收听了我在电台的节目，我把《小妇人》作者奥尔柯特女士的出生地说错了，犯了这么愚蠢的错误，实在不应该。为了这件事，我特意向您道歉。同时，还想感谢您花费那么多的时间和精力帮我指正错误。"卡耐基诚恳地说道。

对方说："实在对不起，卡耐基先生，我在信里向您粗鲁地发脾气，请您原谅。”

卡耐基说：“您不该向我道歉，错的人是我，该道歉的人也是我。我想，一个小学生大概也不会犯那样的错误。我后来已经在电台更正了自己的错误，现在我想亲自向您道歉。”

对方说：“我是在麻赛其赛斯的康考特长大的，200多年了，我的家族在那里一直很有声望，我的家乡也是我的骄傲。所以，当我听你说奥尔柯特女士是新罕布什尔州人的时候，我心里很不舒服。可不管如何，我写了那样一封信，实在是很不好意思。”

卡耐基说：“别这样说。像您这样一位有身份、有地位的人，能给电台播音员写信指出错误是很难得的。如果以后我的演讲中再出现什么错误，希望您还能告诉我。”

对方说：“你这么谦虚地接受别人的批评，真的让人很喜欢你。我相信，你在生活中是个不错的人，我想跟你成为朋友。”

当卡耐基试着从对方的角度出发来阐述整件事情，并对她的言行表示出同情和道歉时，他也得到了对方的同情和歉意，并让对方愿意和他成为朋友，这就是同情在博弈中发挥的效用。

霍洛克是美国第一位音乐会经理人，他对如何应付像邓肯、潘洛弗、嘉利宾等有名的艺术家，有着二十几年的丰富经验。他坦言，要应对那些性格古怪的音乐家，就要对他们可笑、古怪的脾气表示出极大的同情。

霍洛克曾经给世界低音歌王嘉利宾做过 3 年的经理人，嘉利宾简直就像是一个被宠坏的孩子，让霍洛克伤透了脑筋。比如，晚上有音乐会的话，嘉利宾总是在当天的中午给霍洛克打电话，说他不舒服，喉咙沙哑，不能登台演出。

听到这样的话后，霍洛克从来不与他争辩。他知道，作为一个艺术家的经理人，这样处理问题是很糟糕的。每逢这时，他总是连忙赶到嘉利宾住的旅酒店，充满同情地说："我可怜的朋友，真是很不幸，看样子你是没法再唱了。没关系，我马上就去通知他们，取消晚上的节目。虽然这会让你损失两三千块钱的收入，可是跟你的名誉比起来，那都不算什么。"

听到霍洛克这样说，嘉利宾会怀着感触的心情叹息道："沙尔，要不你等会儿再来吧。下午 5 点钟的时候，看看那时候我的情况怎么样。"到了下午 5 点钟，霍洛克再去宾馆时，依然坚持要替嘉利宾取消节目。这时，嘉利宾又说："你再晚一点儿过来，可能那时我会好很多。"

到了 7 点半，这位低音歌王终于答应登台，只是他提出，要让霍洛克先生在台上跟大家讲，说嘉利宾患了严重的感冒，嗓子不太好。霍洛克当时会假意地答应他，他知道，唯有那样，嘉利宾才会登台。

盖兹博士曾在他的著作《教育心理学》一书中写道："人类普遍地需要同情，孩子们会急切地显示他受伤的地方，有的甚至故意把自己割伤、弄伤，以博取大人们的同情。”何止是孩子会这样？成人也一样，他们可能会到处向人诉说他遭遇的意外事故，诉说自己的疾病、自己的苦闷……要知道，自怜是人类的习性。在日后的人际交往中，当你与双方处于对峙或博弈的状态中，想化解彼此间的隔阂，化被动为主动，同情对方是一个不错的切入口。

充分利用人的逆反心理

生活中，我们或多或少都体验或见证过这样的一幕：

妻子说，别抽烟了，看你把房间里弄得乌烟瘴气的。丈夫不服气，抽烟怎么了？不愿意闻，你可以出去，干吗非要限制我？

老师说，上课不许搞小动作，必须认真听讲。学生却不能安分守己，总是想办法找点儿东西来玩，好像故意跟老师作对。

老板说，上班时间禁止聊天，违者罚款。员工心里怨声四起，凭什么呀？把工作做好就行了，何必管我怎么利用时间！你不让我聊，我偏要登录 QQ！

有没有发现，人总是喜欢“反着来”！你越是让我做什么，我偏就不做；你越是不让我做什么，我偏要做。就算是两个陌生的人碰见，A让B给自己让路，B若高兴的话就会让，若不高兴就会反驳："凭什么要我给你让路？这条路是你家的吗？"明明知道这是抬杠，但就是要摆出一副不甘示弱的架势。

其实，这是人类共有的一种普遍心理——逆反！所谓逆反心理，就是人们彼此之间为了维护自尊，而对对方的要求采取相反的态度和言行的一种心理状态。人们通过这种与常理背道而驰的行为，显示出自己的"与众不同"，来抗拒和摆脱某种约束，或是满足自己的好奇心和占有欲。

人人都有好奇心，在好奇心的驱使下渴望了解某些事物。当这些事物被禁止时，就容易引起强烈的求知欲。尤其是只做出禁止而又不解释禁止原因的时候，更容易激发人的逆反心理，让人迫不及待地想要了解该事物，形成一种对峙的局面。

在博弈之中，巧妙刺激对方的逆反心理，往往能改变对方的某些行为。

苏联心理学家普拉图诺夫在《趣味心理学》一书的前言中，特意提醒读者请不要先阅读第八章第五节的故事。结果，多数读者看到这句"禁止"的话后，都被激发了逆反心理，不仅没有遵守作者的告诫，而是迫不及待地先看了第八章的内容。

事实上，这根本就是作者精心设计的一个"陷阱"，他就是想让读者们关注第八章的内容。可如果他在前言里说，第八章的内容多么精彩，希望大家认真阅读，反而起不了什么作用。

前东京都知事青岛幸男先生在一次选举活动中，也巧妙地运用了这一心理战术。

在争取选民的过程中，他没有举行游说、到场演说之类的活动，他也不知道何时投票选举，甚至还公开声明："我并不希望你们投票给我，一点都不希望你们投票给我，我甚至可以拜托各位，我一点也不想当选。"之后，他就迅速出发到外国去了，对选举的事情不管不问。

结果，青岛幸男以最高票数当选，成为这场博弈最大的赢家。

我们不能否认，青岛幸男的当选和他自身的能力有直接关系，但选民的逆反心理也起到了至关重要的作用。人与人之间的交往，其实就是人与人的心理交往。抓住了对方的心理特点，就能够迎合对方的喜好，轻松地与之交流和沟通，并赢得对方的好感；如果不顾对方的心理需求，极易引发人际关系紧张、尴尬，甚至是矛盾冲突。

恰当运用心理博弈是与人交往的重要策略，很多销售精英都深谙人心，特别擅长利用人的逆反心理。他们不会片面地、滔滔不绝地兜售产品，而是更注重客户的感受。

一家私企的老板，常开的私家车已经有些破旧，总是发生故障，他想入手一辆新车。消息不胫而走，身边不少从事汽车销售的人听闻后，都纷纷向他推销新车。他们总是介绍那些车子的性能多好，有的还嘲笑他说：“您那辆车都那么旧了，还在开，有点不合身份了。”每次听到这样的说辞，那位老板都很反感，他总觉得这些人就是为了向他推销车，素质也不高。他心想：我就是不买，不上你的当！

直到有一天，这位老板无意间遇到了某4S店的销售经理R。当时，他没有打算从R那里购车，但跟R深入交谈了一次后，他却改变了主意。原因很简单，就是在聊天的时候，R对这位老板说了一句话：“依我看，您这辆车还不错，至少还能再用上一年，现在换有点儿可惜，不如过一段时间再说吧！”他递给这位老板一张名片，没有多说，就主动离开了。

就是这样的举动，打消了这位私企老板的逆反心理，他觉得R挺真诚的，不是完全出于销售的目的跟他交谈。建立了这种友好的关系后，他觉得还是应该给自己换一部车。于是，几天以后，他主动给R打了电话，向他订购了一辆新车。

换作是你，会不会也和这位私企老板一样，选择找R购买新车？其实，不只是车，购买任何产品都一样，销售人员越是苦口婆心劝你买，你越不想买，因为对此有戒备之心，没有完全建立信任感。对方越是强调产品好，我们就越容易质疑，总担心上当受骗，继而选择拒绝。

古语云："己所不欲，勿施于人。"你不喜欢别人用这样的方式对待你，那就最好避免用同样的方式对待别人。博弈的时候，不妨利用对方的逆反心理，故意表明自己不想达成某种目的。当对方放下戒备心，对你产生了一定的好感，他可能会主动朝着你所期望的方向做出调整。

让对方感觉他很重要

1915 年，第一次世界大战爆发之后，欧洲各国都加入了激烈的征战之中。为了实现人类的和平，维拉尔逊作了一个决定：派一位私人代表作为和平特使，与欧洲各方进行谈判。

国务卿博拉恩一直都主张和平，他很想获得此次机会。如果这件事做成了，他既能够实现名垂史册的抱负，也能为更多的人谋得福祉。然而，维拉尔逊却没有这项任务交给他，而是选择赫斯上校做了和平特使。

赫斯上校接受这样的使命，内心自然是高兴的，可他也面临着一个难题：必须把这个消息告诉博拉恩，还不能惹怒他。这确实是一件很棘手的事，该怎么处理才好呢？聪明的赫斯上校在这场博弈中采用了一个非常高明的策略。

赫斯上校找到博拉恩，把自己要去欧洲做和平特使的消息告诉了他。正如他所料，博拉恩非常失望地说：“我也希望自己能够做这件事，能为人类的和平贡献一份力量。”赫斯上校听后，说道：“总统之所以没有选您，主要是因为这是一件任何人都能去做的事，派您去可能会引起别人的注意。人们会纳闷：我们的国务卿去哪儿了？是不是发生了什么重要的事情？”

听到这样的解释，博拉恩的情绪很快恢复了平静。他坚信，不是总统认为赫斯上校比自己更有能力胜任这项任务，而是国务卿的身份太重要了，不适合做这样的工作。

事实是否真的如此，已经不重要了。重要的是，赫斯上校用这样的方式让博拉恩获得了尊重和满足。在处理这件事的过程中，赫斯上校抓住了一个重要的人际关系法则，那就是：尊重他人，满足他人的自我成就感，让对方感觉他很重要！

约翰·杜威教授曾说：“人类最迫切的愿望，就是希望自己能受到别人的重视。就是这股力量促使人类创造了文明。”哥伦布喜欢别人称呼他为“海洋的司令”或是“印度的副王”；乔治·华盛顿喜欢被人称为“伟大的总统”。当雨果听说巴黎的部分街区重新用他的名字命名后，激动不已。就连莎士比亚这样的人物，也绞尽脑汁想为自己的家族弄到一枚象征着贵族的盾形徽章，突显自己的名声。

名人、伟人如此，普通人也如是。国外有一个小姑娘，某天突然间觉得自己长大了，要承担诸多的压力，而她自己又没做好心理准备，看不到未来的希望，就倒在了床上。接下来的10年里，她完全不能自理，终日由母亲照料生活起居。直到有一天，母亲精疲力竭地离开了这个世界。最初，小姑娘还是躺在床上，可是过了几个礼拜之后，她感觉也没什么意义了，竟然自己爬了起来，像过去那样自己穿好衣服，重新开始了自己的生活。

有一些疾病可能会诱发神志不清，致人患上精神疾病，比如脑细胞损伤、性病等。然而，现实中的情况是，因为这些生理原因诱发的精神疾病，所占的比例只有一半，而剩下的那一半，就像刚刚讲到的那个奇怪的小女孩一样，根本不是生理上的问题。美国著名的精神病专家表示，没有人知道具体的答案是什么，但有一点可以肯定，那些人在神志不清的状态下，可以体会到被尊重、被关心、被照顾的感受，而这种感受他们无法在现实生活中得到。

一个人如果太渴望被人尊重、被人关爱，他就会用极端的方式来得到它，哪怕是失去理智、神志不清。事实上，我们完全可以通过赞美和欣赏的方式来阻止这样的悲剧发生，也可以利用人的这一心理，让他改变对某些事物的看法，化解冲突和紧张的局面，让自己跳出尴尬的境地。

事实上，我们身边的每个人都有各自的优点，以及值得他人学习的地方。我们要做的就是，努力让他们体验到这种感受，不留痕迹地让他们感受到自己很重要。这种方式既能够成全他人，也能为自己赢得友谊和信任，何乐而不为呢?

运用激将法巧达目的

H经营着一家中等规模的企业，虽然平日里业务很忙，但还是经常带妻女出去旅行。

有一次，他和妻子到香港玩，在一家商店里，妻子看上了一只翡翠戒指。H一看标签，价格是3万元，心里就有点犹豫了。这时，漂亮的售货员主动走过来介绍说："刚刚有位从日本来的使馆夫人也看上了这只戒指，只是嫌价格太贵没有买。"

听到这儿，H的好胜心油然而生，立刻付款给妻子买了这枚戒指。

每个人的购买动机都不一样，有的人是真的需要，有的人是为了满足新、奇、美的心理，还有的人是为了满足好胜心。在向顾客推荐商品的时候，售货员很精明，她巧妙地运用了激将法，击中对方的要害。为了挽回面子，H 先生果然就出乎了。

激将法的运用，已经不是什么新鲜的策略了，但从古至今一直都很受欢迎。《孙子兵法》中提到过一个“怒而挠之”的策略，说的就是对于那些容易暴怒的敌将，可以用挑逗的方式来激怒他们，使其失去理智，从而轻举妄动。从心理学的角度来说，激将法就是利用他人的自尊心和逆反心理，用“刺激”的方式激发出对方的不服输情绪，让其将自己的潜能发挥出来，从而得到不同寻常的效果。

在运用激将法的时候，也得讲究方法和技巧，不能一下子把对方激怒。有时，我们可以采取隐秘的手段，适当地给予对方刺激，让其进入提前预设的激动状态中，如愤怒、羞耻、不服、兴奋等，导致对方情绪失控，然后去做你想让他做的事。

在商务谈判中，场外的行动会对双方的注意力产生影响，可以对商谈者起到一定的刺激作用。比如，谈判期间，同时跟另外的商家接洽；在谈判过程中，突然有其他客商找上门来，暂时中断正在进行的会谈；直接和其他客商交换资料……这些都是让双方敏感的举动，可以暗示给对方很多东西，使对方有一种紧迫感。

激将法很考验口才，毫不夸张地说，激将语言是各种语言技巧里最为猛烈的一种。在使用的时候，一定要注意对方的心理承受能力。这就跟治病一样，必须对症下药才有效。如果药开错了，不仅不能治病，还可能带来麻烦。

首先，你得选择合适的对象。被激的对象，必须是那种有着强烈自尊心的人，否则，你很难激起他内心的力量。通常，年纪小的比年纪大的人容易激动；见识少的比见识多的人容易生气；越是穿着打扮讲究的、争强好胜和受人尊重的人，越怕别人看不起。另外，激将法用在比较熟悉的人中间比较好，如果用语言去激陌生人，很容易被认为是羞辱和蔑视，惹来麻烦。

其次，要选择合适的时机和内容。激将法要根据具体的时间、具体的人物来定。没考虑好的时候，或者话说得太早了，没有掌握住最恰当的时机，都可能无法发挥效用。语言的内容也要有分寸，不痛不痒不行，太过尖刻也不行。为了保证达到目的，却又避免适得其反，有人经常会用暗激法，就是不明着刺激对方，而是用褒扬其他人的方式，促使对方做出改变。

总而言之，激将策略的实质就在于，从对方在意的角度去激对方，让对方感到不再是愿不愿意这么做，而是应该和必须这么做。当然了，在运用的过程中必须考虑对方的实际思想、个性、心理承受能力，对其期望、刺激要适时适度。只有实现了心理上的沟通和“相容”，才能在让激将法在博弈中发挥最佳效应。

每个人都喜欢互惠互利

人是理智和情感兼具的动物，且情感的作用往往大于理智。大量研究表明，人际关系的基础是人与人之间的相互重视与相互支持："给予就会被给予，剥夺就会被剥夺；信任就会被信任，怀疑就会被怀疑；爱就会被爱，恨就会被恨。"

其实，这就是我们常说的互惠原则：当你以友好的姿态对他人表示接纳和支持时，对方也会觉得"应该"给予你相应的回应，继而产生一种心理压力，迫使自己也做出相应的友好姿态。

1985 年的埃塞俄比亚，可谓是饿殍遍地、贫困潦倒，经济完全瘫痪。连年的干旱和内战彻底摧毁了食物供应，成千上万的国民因疾病、饥饿而死。在这样的困境下，如果是墨西哥向它捐出5000美元的救灾款，大家不会觉得有什么，可报纸刊登的消息却称，埃塞俄比亚红十字会的官员决定向墨西哥捐赠5000美元，帮助当年墨西哥城地震的灾民。

为什么会出现这样的情形呢？虽然埃塞俄比亚当时急需援助，可1935年意大利入侵埃塞俄比亚时，墨西哥向他们提供过援助。听到这样的解释，你是不是觉得能理解了巨大的文化差异，千山万水的阻隔，严重的饥荒，几十年的岁月，眼前的私利……这么多不利的因素，都没有阻碍埃塞俄比亚人的报恩之心——偿还人情债的义务感战胜了一切。

这就是互惠原则的威力所在！如果不选择回报，就要背负令人难以忍受的负债感，没有人愿意承受这样的重担。一旦受惠于人，就如同芒刺在身，总是不自在。对绝大多数人来说，宁愿痛痛快快地付出比自己所得还要多的东西，也不要让心理承受负债的压力。此外，一个人如果接受了他人的恩惠而不打算回报，在社会群体中也是不受欢迎的。

在人际关系的博弈中，互惠原则必须牢记于心。想赢得他人的喜欢，又不至于给自己带来麻烦，有两件事情一定要处理好，其一是正确地施恩，其二是懂得拒绝。

真正有益的施恩，是不让对方产生反感，也不让对方觉得理所当然，这就要求把握好一个“度”。前面我们讲过，有些人喜欢用施恩的方式来操纵人，在施恩的同时暴露自己的需求感，给对方造成强大的压力。

正所谓：“己所不欲，勿施于人。”要让对方念你的好，那么最好在对方有某项需求的时候，去满足他的需求，比如对方情绪低落，需要人关心，你在这个时候给予他一些安慰，效果就出奇地好。要知道，雪中送炭远比锦上添花更让人感动。

当你对一个人好的时候，千万不要让他认为，这是理所当然的事。学过心理学和生物学的朋友都知道，单一刺激反复进行，所产生的兴奋程度就会降低。所以，为了让这种施恩的行为能够持续产生兴奋，就要让它随机发生，并且这种行为每次间隔时间要长一点，最好让对方每次都意想不到。

如果能做到这两点，那么你对对方的施恩行为，就会得到对方的回馈。时间久了，因为交流得多，舒适感也会增加。由于都是正向的反馈，安全感也会增加，彼此的关系就能更近一些。

接下来我们要说的，就是不让自己被人用互惠原则操纵。比如，有人在街上送了你一件礼物，而后问你要捐款，东西已经收了，自然也就不好意思不捐，可是，内心却有一种被绑架的感觉，很不舒服。到最后，我们都不敢再接受陌生人的善意了，害怕由于互惠原则，对方向我们所求更多。

面对一些无法确定是否有目的的施恩行为，我们要懂得拒绝。这样的话，可以避免对方使用这种行为获得收益，下次故技重施。拒绝还有另外的好处，就是当你拒绝了一件不太好的东西时，可以展示出你是一个特别的人，这也是很有吸引力的品质。当然了，拒绝也要讲究技巧，要委婉而不失教养，体现出自己的高价值。

考古学家理查德·李基说：“我们能够成为人类，是因为我们的祖先学会了在一个公平的偿还网络中分享食物和技能。”这是心理平衡性的作用，也是互惠原则的来源。

你怎样对待别人，别人就怎样对待你，灵活地掌握这一原则，就可以有效地影响他人，轻松掌控事情的局面。即便是跟自己产生过隔阂的人，在接受了你的施恩后，一样也会想到回馈，这样就给彼此未来的融洽相处带来了转机。

Chapter8

学会如何输，比赢更重要

认赔服输是一种智慧

你有没有遇到过这样的困惑：在某一件事情上倾注了大量的心血，进行到一定程度的时候，却发现不宜继续下去了。然而，苦于各种原因不得不将错就错，继而陷入了一种欲罢不能、骑虎难下的境地？此时，你实在不知道该如何抉择，就只好守着眼下的境遇得过且过。

知道吗？这并非你个人的问题，而是大多数人的通病，博弈论中将这种情况称为“协和谬误”，它体现的是一种矛盾犹疑的心理博弈。陷在这样的矛盾中，人很容易丧失理性，在失误中越陷越深。

协和谬误的说法与20世纪英国和法国联合研制协和飞机有关。

20世纪60年代，英法两国政府联合投资开发大型超音速客机，即协和飞机。该种飞机机身大、装饰豪华并且速度很快。这一开发可谓是一场豪赌，单是设计一个新引擎的成本就高达数亿元。政府高度关注此项目，竭力要为本国企业提供大力支持。

项目开展不久，英法两国政府发现：继续投资开发这样的机型，花费会急剧增加，但这样的设计定位是否能够适应市场，暂时不得而知。可是，要停止研制也很可怕，先前的投资将付之东流。随着研制工作的深入，他们更是难以做出停止研制工作的决定。协和飞机最终研制成功了，但因为飞机存在的耗油大、噪声大、污染严重、运营成本太高等一系列问题，不适宜市场竞争。英法政府为此蒙受了巨大的损失。

其实，在研制的过程中，如果英法政府能及早放弃，是可以减少损失的。但他们没有那么做，到后来因为飞机出现种种问题，才宣布协和飞机退出民航市场，依然是无奈之举。可见，当人们决定是否继续做一件事情的时候，不仅仅是看这件事对自己是否有益，还很在意自己在这件事情上是否有过投入。

有位母亲希望自己的孩子学习音乐，就给孩子买了一把小提琴。可惜，孩子生性好动，喜欢体育运动，对音乐完全无感，根本就不愿意碰小提琴。可母亲觉得，乐器都买好了，如果孩子不学，那就太可惜了。

为了让孩子喜欢上音乐，母亲特意请了一位音乐学院的小提琴老师，给孩子进行专业辅导。然而，这样的用心良苦并没有让母亲如愿，孩子依旧对音乐不感兴趣。母亲每个月支付着昂贵的家教费，可孩子的小提琴水平没有得到多少提高。半年以后，这位母亲不得不放弃。

纵观整件事情：母亲一开始是为了不浪费购买小提琴的投入，强迫孩子去学，到最后却浪费得更多。这就是协和谬误在现实中的呈现，当我们对某件事情投入精力或成本后，若没有看到结果，我们选择的不是停止投入，而是继续投入。究其原因，不全是因为不理智，更多的是陷入了欲罢不能、进退两难的心理困境。

在日常的工作、生活、学习中，类似协和谬误的情形并不鲜见，比如炒股、择业、投资等都会有类似的情况，能够因祸得福的往往都是小概率事件。如果对此不进行理性的分析，始终不愿割舍之前的投入和付出，抱着侥幸心理，或者自欺欺人地去盲目追求可能性非常渺小的收益，其结果只能是同样的事情上付出更大的成本。

协和谬误告诉我们：在开始做一件事情之前要慎重考虑，在掌握了足够信息的情况下，对可能的收益和损失进行全面的评估；一旦发现事情发展的势头不好，要勇敢地承认现实，认赔服输，避免更大的损失。

别为沉没的成本不甘心

协和谬误之所以会发生，主要源自两个问题：一是损失憎恶，一是沉没成本。所谓“损失憎恶”，实质就是害怕浪费资源；而“沉没成本”，就是那些已经发生的、不可收回的支出，如时间、金钱、精力等。

在正式完成一项任务之前，我们都会投入成本，如果没有得到好的结果，之前的一切就等于白费了。我们常常会因对沉没成本感到惋惜和眷恋，选择继续原来的错误，结果却陷入更深的坑洞，损失得更多。

A 每天都要搭乘公交车上班，从他家到公司有两个选择：一是直接坐大公交车，但不能直达公司，还要走一段路，必须经过一个超市和一个早市，大约需要10分钟；二是走到街角，大约30米开外，搭乘小巴直接到公司。由于A每天要带便当和电脑，穿过早市很不方便，所以他通常都会选择第二种方式出行，即乘坐小巴直达公司。

一天早上，他在小巴站点等车。由于小巴车每次发车间隔的时间较长，也不太准时，他等了很久，依然不见小巴车的影子。他心想：已经等了这么长时间，就再等等吧！凭经验，如果能在7点40分坐上小巴车，一般是不会迟到的。

时间很快就到了7点40分，小巴车还是没来。他只好选择坐出租车，可到了这个时候，出租车也不多了。更倒霉的是，虽然最后搭上了出租车，可还是迟到了。结果就是，他不仅花了打车的钱，还失去了全勤奖。

从理性的角度来说，我们不应该在决策时过多地考虑沉没成本。

2000年12月，英特尔公司决定取消整个Timna芯片生产线。Timna是英特尔公司专为低端PC设计的整合型芯片。启动这个项目时，公司认为今后计算机减少成本可通过高度集成的设计来实现，因而希望开发出整合型芯片，以适应未来市场的需求。

然而，后来的PC市场发生了巨大的变化，PC制造商通过其他系统降低了成本，整合型芯片并没有如预期那般获得大量的市场需求。英特尔公司认清了这个现实，果断地停止了Timna项目，避免了更大的支出。

在博弈场上，每一个决定做出后都很难收回。正所谓：开弓没有回头箭。如果决策是错的，最好的办法就是“壮士断腕”。这一点，不管是在政坛、商场，还是在工作、生活中，都是适用的。对待那些无法挽回的损失，我们应当秉持一份平和的心态，不要因为不甘心而投入更多无效的成本，徒然地增大损失。

诺贝尔经济学奖得主、美国经济学家斯蒂格利茨曾经做过一个比喻：“假如你花费 7 美元买了一张电影票，你会怀疑这部电影是否值 7 美元。看了半小时后，你最担心的事得到了证实：影片糟糕透了。此时，你应该离开影院吗？在做这个决定时，你应当忽略那 7 美元，它是沉没成本，无论你离开影院与否，钱都不能收回。”

斯蒂格利茨用了一个非常简单的例子，告诉我们什么是沉没成本。同时，他也指明了对待沉没成本应当持有的态度，那就是忽视它、舍弃它！话虽如此，可回归到现实中，多数人还是会强迫自己看一场根本不喜欢、不满意的电影，原因就是怕浪费了买票的钱。为此，他们将会在电影院里百无聊赖地浪费更多的时间和精力。

从博弈的角度来说，其实是得不偿失的。除了沉没成本，我们还应当考虑到机会成本。所谓机会成本，就是指因为做一件事情而失去做另一件事情的机会。通常，沉没成本是显性的，机会成本是隐性的，我们通常会因为过于关注沉没成本而忽视机会成本。

还以看电影为例，明明已经发现电影不是自己喜欢的，却还要固执地待在电影院里，甚至以睡觉来打发无聊的时间。显然，这无异于浪费时间。倘若果断放弃，把剩余的一小时用来读书或锻炼，无疑也是一种收获。从经济学角度来说，当沉没成本收不回的时候，减少机会成本的损失，才是理性的。

当我们面临艰难的抉择，考虑该不该放弃时，不妨分析一下沉没成本和机会成本。在权衡取舍中，理性选择倾向于机会成本低的东西，而放弃机会成本高的东西。可以说，人在决策时考虑到机会成本，这个决策会更加理性、明智。

人生本就是一个不断选择和放弃的过程，想要有所成就，就得鼓起勇气放弃那些我们并非真正需要的东西，而去抓住自己真正感兴趣的，能给自己创造利益的东西。别为沉没成本感到不甘，把懊悔和执拗的时间用在机会成本上，生命才能求得它的最大价值。

越想“翻本”输得越惨

1962年2月8日，美国在越南西贡设立了军事司令部，正式开始介入越南战争。随后，美伪军对南方的游击队进行了疯狂的扫荡和围剿。从1962年到1964年，越南南方游击队反扫荡斗争进行了40多次，美军伤亡2000余人。到1964年，越南南方游击队解放了南方2/3以上的土地和700万人口，美军遭受重创。

在这样的状况下，美军就像是红了眼的赌徒，不断增兵。到1968年，在越南的美军各兵种人数共计52.5万人。战争进入白热化阶段，美军已经深深陷入越南战场。1968年，越南南方人民向美军发起进攻，经过一个半月的激战，歼灭美伪军15万余人，给美军造成了沉重的打击，导致美军士气低落，美国国内反战情绪高涨。

美国在越南花费了大量的人力、物力，却没有得到想要的结果，招致国内外一致反对。1961 年 1 月，尼克松就任总统时，华盛顿上万名群众高举“尼克松是头号战犯”的标语牌游行，吓得尼克松只好躲在防弹“玻璃罩”里发表“就职演说”。

面对腹背受敌的窘境，尼克松希望美国走出越战的泥潭，但他还是有点不甘心，想通过谈判“体面撤退”。1969 年 5 月 14 日，美国国家安全事务助理基辛格把苏联驻美国大使多勃雷宁请到白宫办公室，基辛格表示：“我必须十分坦率地说明白，如果这种无谓的痛苦继续下去，势必将影响其他方面的决定。这样拖下去对谁都没有好处。”

对于美国的计划，苏联的态度十分冷淡。此后，美国又进行了多方谈判，但进展很慢。1969 年 5 月 31 日，侵越美军司令部宣布：自从 1961 年美国参加越南战争以来，美军官兵死亡人数不断攀升，尼克松政府上任 4 个多月，侵越美军平均每月死亡 1000 多人。截至目前，美军损失飞机 5400 架。

尼克松在撤军问题上的犹豫不决，终于酿成了苦果。谈判不成，尼克松只好选择撤退。1969 年 6 月 8 日，尼克松在中途岛宣布：在当年 8 月底以前，从越南撤出美军 2.5 万人。这是尼克松政府从越南的第一次撤退。

尽管做出了这样的举动，但美国依然希冀着有奇迹出现。1969年11月3日，尼克松在白宫向全国发表了一篇电视演说，他提出“边战、边谈、边化（越南化）、边撤”的主张，遭到了美国群众的反对。为了回答尼克松具有挑战性的电视演说，“结束越战新东源委员会”组织了大规模的抗议活动。

在万不得已的情况下，美国加快了撤军的步伐，驻越美军逐渐减少。1973年1月27日，美国经过长期谈判，与越南民主共和国在关于越南问题的《巴黎协定》上签字，宣告了美国在越南军事行动中的失败。美军撤出后，留下了2万多名军事顾问，并保留了相当规模的海空部队用来支援110万陆军与越军作战。

越战期间，美国向越南投下了800万吨炸药，远超过第二次世界大战各战场投弹量的总和，造成越南160多万人死亡和整个印度支那1000多万难民流离失所。当然，美国自己的损失也很惨重，5.6万余人丧生，30多万人受伤，耗资4000多亿美元，给美国造成了难以愈合的创伤。

有没有觉得，在越南战争这件事上，美国就像是红了眼的赌徒？赌输了钱，就想着继续赌下去，把输掉的赢回来；若是赢了，就想继续赢下去，让自己的占有欲进一步得到满足。很可惜，他们忘了“赌徒输光定理”：在“公平”的赌博中，任一个拥有有限赌本的赌徒，只要长期赌下去，必然有一天会输光。换句话说，在一次赌博中，每个赌徒都可能赢。谁输谁赢是偶然的，但长期赌下去，输光却是必然的。

这也提醒着我们：一旦发现自己陷入骑虎难下的境地，或是意识到自己很难取胜的时候，不要继续挣扎，试图去搏一个“翻本”的机会，及早撤退，把损失降到最低，才是明智的选择。在博弈之中，妥协放弃也是一个谋略，不懂进退之道的人，迟早会尝到失败的苦头。

半途而废不总是坏事

假如你是一家科学仪器公司的总裁，正在进行一个新的仪器开发项目。据你所知，另外一家科学仪器公司已经开发出了类似的仪器，通过那家公司的仪器在市场上的销售情况可以预计，如果继续这个项目，公司有近 90% 的可能性将损失 500 万，有近 10% 的可能性将赢利 2500 万。到目前为止，项目刚刚启动，还没有花太多钱。从现阶段到产品真正研制成功投放市场，还需要耗资 50 万。你会选择继续坚持，还是现在就放弃？

选择做这个项目，有 10% 的可能性会赢利 2500 万，有 90% 的可能性会损失 500 万，且该项目还没有投入太多资金。面对这样的情形，多数人都会选择放弃。然而，当事情变成了下面的状况时，你还会做出同样的选择吗？

你依然是这家科学仪器公司的总裁，对于新仪器的开发，你们已经投入了500万，只要再投入50万，产品就能研制成功，正式上市。成败的概率和上面的案例相同，你会选择坚持做下去，还是放弃呢？

把这两道题给一些企业的负责人来做，对于第二道题，绝大多数人给出的回答都是“继续投资”。他们认为已经投入了500万，再怎么样也要试试看，说不定运气好可以收回成本。然而，懂得沉没成本的人也许会明白：为了已经沉没的500万，有90%的可能非但收不回原来的投资，还会再赔上50万！

沉没了的成本，很像是一根“鸡肋”，食之无味而又弃之可惜。问题是，为什么人有时会犯“执迷不悟”的错误，甚至在撞了南墙之后，还不死心呢？

心理学研究表明，人天生有一种想把事情做完满的内在冲动。比如，你试着去画一个圆，在最后留下一个缺口，再看这个图案时，是不是总想把这个圆完成？ 这就是“蔡戈尼效应”。

1927年，心理学家蔡戈尼做了一个实验：甲乙两组受试者同时演算相同的并不十分困难的数学题。甲组一直演算完毕，中途并未受到干扰；乙组在演算途中被要求停止，而后要求两组受试者分别回忆演算的题目。

结果，乙组的记忆成绩明显优于甲组。这是因为，人们在面对问题时，往往全神贯注，一旦解开了就会松懈下来，因而容易忘记。对于解不开或未解开的问题，就想要尽一切办法完成它，因而一直在脑海中徘徊，难以忘记。

在博弈中，这种心理效应对我们的影响非常大，且这种影响往往是负面的。报纸上曾经刊载过一条新闻：河南有一位执着的文学青年，高考落榜后就夜以继日地搞诗歌创作。他一篇篇地投稿，又一篇篇地被退回。一气之下，他跑到新疆去找灵感和机会，可去了很多地方，都没有人愿意收留他。

饿了 5 天的他，身体透支得厉害，精神也到了崩溃的边缘。无奈之下，他回到家，服下了一瓶毒药。被抢救过来之后，亲人们责怪他不懂事，父母还发誓今后再不认他。面对这一切，他沉痛地说：“一个不幸的人选择了文学，而文学又给了我更多的不幸。”

要说这也是一个有目标、有抱负的青年，对自己喜欢的事也很有毅力，可为什么他最终落到了这样的境地呢？博弈是讲究成本的，为了某件事投入了大量的成本，到头来却发现这是一条走不通的路时，该怎么办？此时，最理智的做法，不是用坚持换奇迹，而是停下来想一想，观察一下，问问自己：这个方向对吗？是不是该转个弯？

一直以来，我们都被教导“坚持就是胜利”，但对于某些事情，坚持未必有结果，半途而废也不总是坏事。学会审时度势，看清问题的实质，放弃错误的坚持，就是赢的起点。

弃车保帅永远是值得的

有一种体积很小的海洋软件动物，身上长满了肉刺，主要以海底藻类和浮游生物为食。与海里的那些庞然大物相比，它们微不足道，但它有一种“特异功能”：在遇到庞大的对手时，瞬间把自己的五脏从体壁的裂口抛出来，然后快速地躲进洞穴里。丢了肠肚的海参，并不会就此死去。它在洞里休息几十天，肚子里还会长出新的五脏。

对海参来说，抛出肠肚的行为并不会让它真的死去，那不过是关键时刻保命的一种手段。自然界中还有一些动物，也懂得运用这个策略，比如壁虎。遇到危险的时候，它会咬断自己的尾巴，给自己一个求生的机会。

从动物的行为中，我们能领悟到很多东西。人生最痛苦的时候莫过于选择，因为有选择就有放弃。对一个人来说，如何选择是一种感情的考验，更是一种智慧的考验。象棋上有一招叫“丢车保帅”，海参和壁虎的逃生方式，就是这一策略的现实版本，即舍弃一些相对次要的东西，维护相对重要的东西。虽然有时这种举动并非出自内心，但这着实是一种保全大局的智慧。

曹操在攻打袁术的时候，部队粮草紧缺，粮官前来请示曹操。曹操说：“可以先用小碗分发给众将士，以应一时之急。”粮官觉得此法不妥，说道：“这样做的话，士兵一定会抱怨，到时我们该怎么办？”曹操胸有成竹地说：“放心，我自有办法。”

粮官按照曹操的指令，给将士们用小碗分发了食物。果然，晚上军营里便怨声四起，众人皆言“丞相欺众”。这时，曹操偷偷地把粮官叫来，说问他借一件东西，以此稳定军心，希望粮官不要吝啬。粮官问：“丞相欲用何物？”曹操说要借他的头示众。

听到曹操说出这番话，粮官顿时愤慨万分，他争辩道：“我没有罪，我完全是按照您的指示来做事的。”曹操说：“我当然知道你没有任何过错，可如果我不杀你的话，众将士就会造反；你死后，我会善待你的家属，放心吧！”曹操随即贴出布告：粮官故意用小碗，盗窃军粮，已正军法。就这样，粮官被斩首示众，军心终于稳定了下来。

粮官明明是按照曹操的旨意办事，最终却被杀了头。有人觉得这是曹操的“奸诈”，让粮官替自己挨骂名。但若从大局上看，粮草短缺是事实，曹操如果不忍痛“舍车”，就不可能稳住军心。对于一个大军的领导者而言，这样做无疑是“舍小取大”。我们可能不会遇到和曹操一样的问题，他的这种做法却值得我们借鉴和学习。人的一生中总有很多事情需要做出决定，而且每个决定都很重要。如果同时有好几个问题摆在你眼前，而且都需要第一时间得到解决，你该怎么办呢？这个时候，一定要选定一个最重要的决定，然后集中精力去做这个决定。其他的决定对于你而言也很重要，但若时间不允许，那就要学会放弃。

博弈中的赢家，多半都是充分运用脑力进行有效思考的人。可能你过去没有注意过这一方面，甚至认为这并不重要，那是因为你还没有遇到一些繁杂的问题。当你面临一个重大决策的时候，如果你没有习惯规划脑力资源，就可能无法做出决定，甚至做出错误的决定。

在小利和大利面前，我们必须舍得放弃较小的那部分，保全较大的部分，做一个能够权衡利弊的人。在面对危机的时候，也要懂得牺牲局部、保全大局，这与海参舍弃肚肠保命、壁虎断尾求生是一样的道理。

人生如棋，一着不慎，满盘皆输。为了保住帅，暂时丢掉车并不可惜，因为你还有取胜的机会。若是不舍得牺牲小利，到最后可能大利和小利全都错失了。生活最考验人的地方，不是如何做赢家，而是如何取舍，避免让自己落得一败涂地。只要青山还在，不愁没有柴烧。

Chapter9

情与理的对峙，让爱更明白

择偶不存在“最优解”

每个人都渴望在现实中找到一个理想的伴侣，那这个心愿能不能实现呢?

2000 多年前，哲学大师苏格拉底的 3 个弟子就曾经为此问题向他求教。苏格拉底没有直接给出回答，而是带着他们去了一块麦田地，让他们依次穿过麦田，并在穿行的过程中摘取一株最大的麦穗。要求只有一个：不能走回头路，只能摘取一株。

第一个弟子刚在麦田中走了几步，就看见一株饱满的大麦穗，他心里很得意，以为自己是最幸运的人，毫不犹豫地就摘了。他接着往前走，可这一走就后悔了，前面竟然还有很多比自己刚刚摘的那株还大的。他满心遗憾，想着若能重新选择一次该有多好。

第二个弟子吸取了前面那位师兄的教训，他告诫自己：一定得沉得住气，千万不能犯他那样的错。一路上，他左顾右盼，东挑西拣，就为了寻找“最大”的麦穗。每次刚看到一株大点的麦穗，他就提醒自己：沉住气！后面可能还有更好的！可当他走到麦田的田边时才发现，前面几株“最大”的麦穗已经错过了，靠近地头的麦穗，长得都比较干瘪，他只好将就着摘了一株，虽然那不是他见过的最饱满的一株。

有了前面两位师兄的失败案例，第三个弟子在心理上做了充分的准备。他是这样想的：把整个麦田分为三部分，把前 1/3 的麦田的麦穗分为大、中、小三类；在中间 1/3 麦田里对前面所分的类别进行验证；在最后 1/3 麦田里下手，摘取属于大类中最好的麦穗，虽然它不一定是麦田中最大最金黄的那一株，但迫于规则的限制，他已经尽可能争取到最好的结果了。最后，第三个弟子满意地走完了全程，也摘了一株相对饱满的麦穗。

对于择偶这个问题，苏格拉底给出的回答真是让人回味无穷。细想想，人生就跟穿越麦田一样，没有回头路，要找到“最好”的那株麦穗，总得付出一番努力。下手太早了，一进麦田就迫不及待地摘下一株看似很好的麦穗，可越往后面走，才发现其他的麦穗更饱满，自己却没有了再摘取的机会，徒留遗憾。考虑得太多，总埋怨遇见的麦穗不够好，希冀着更好的，到头来却发现可选择的越来越少，最后只好将就一株来充数，心里尽是不满和郁闷。

这就是西方择偶观里一条非常著名的理论——麦穗理论：我们寻找人生另一半的过程就如同走进一块麦田，在穿过麦田的途中会有许多的麦穗吸引我们，致使我们挑花眼，不知哪一株才是真正适合自己的，自己应该摘取哪一株，因而就会感到迷茫，也会有遗憾和悲伤。

从经济学的角度来讲，任何问题都没有最优解，择偶也一样，只有最满意解或相对满意解。人人都想找到最佳伴侣，但现实和理想有差距，就好像摘麦穗一样，你摘下了一株，肯定还会遇见更饱满的麦穗，这是必然存在的。

让我们看看第三个弟子的选择，他选的麦穗也不是麦田里最大最好的那一株，却是他比较满意的。和我们共度余生的那个人，很可能也不是人群中最出众的，但只要他是你喜欢的、你满意的，就足够了。

其实，找到并摘下麦穗只是一个开始，重要的是得到了这株麦穗之后，你能否为它找一片合适的土壤，按时地浇灌、施肥、驱虫。如果你有耐心和能力把它照顾得很好，那么它很可能会成长得比现在更好。

鲜花为何会插在牛粪上

某报纸曾经刊载过这样一件令人费解的事：

某地区的农贸市场里，有一家卖米的店铺，门口挂着一个特殊的招牌：顾客每买本店一袋大米，都要“搭”一小袋沙子。呵，买东西给钱就是了，竟然还明目张胆地向顾客索要东西？这是什么道理呢？

店主无奈地解释了个中原因：该市场上销售的大米普遍都掺有沙子，掺沙率最高达30%，平均也达到了10%。这家店的店主开始也不愿意昧着良心赚钱，可周围的同行都这么干，他家的生意被排挤得举步维艰，连基本的生存都难以维持了。

在无情的市场竞争和经济压力面前，他选择了同流合污。可是，店主的内心还是很纠结，实在不愿意看到白花花的大米里掺着沙子。于是，他就想了这么一招。

有人指责店主说，他的这种行为和明抢没什么区别，店主却反驳道：“真正缺德的是那些把沙子掺进大米里的人，我也是被逼无奈才出此下策。我这么做，就等于把沙子给你们捡出来了，不硌你们的牙，省了你们的事。再说，我也就搭了个市场上的平均数啊！如果不搭这沙子，我哪来的生意啊！我靠什么生活下去啊？”

这种现象叫作“劣币驱逐良币”，它描述的是一种历史现象：在铸币时代，倘若市场上有两种货币——良币和劣币，只要两者所起的流通作用相同，人们就更倾向于使用劣币，而把良币收藏起来，或者积累多了再铸造成数额更多的劣币。时间久了，良币就退出了市场，只留下分量不足的劣币在市面上流通。

简单来说，就是人们愿意使用“坏”钱，不愿意使用“好”钱，结果坏的就把好的排挤出了流通市场。想想看，你在掏钱包买东西的时候，是不是也习惯先花破旧一点的钱，留下票面比较新的钱币？

道理都是相通的，把劣币驱逐良币的模式移到感情中，就出现了这样的情景：鲜花总是插在牛粪上，巧妇常伴拙夫眠！对这样的情况，很多人都会想不通，为什么许多漂亮的姑娘会嫁给一个各方面条件都不如自己的人？而那些各方面条件很好的男人，却又娶不到和自己条件相当的女性？

其实，这主要是信息不对称导致的。在爱情博弈论中，由于不了解对方的心理及处境，继而产生了诸多的不确定因素。在这样的情况下，很多人不敢轻举妄动，而那些本来无一物的人却会选择放手一搏，结果赢得胜利。

我们可以把男生和女生分成ABCD四个等级来看。由于男性的控制性倾向，使得他们一般会降格选择异性伙伴，因此现实中的典型配对是：A男+B女，B男+C女，C男+D女，唯独剩下A女和D男。

毫无疑问，A女就是我们说的“鲜花”，而D男就是我们说的“牛粪”。A女心里很确定，D男是没什么市场的；而D男也确定，A女肯定是追不到的。这就导致了两个最有可能的均衡策略：在某种情况下，A女若是选择D男，D男肯定会接受；D男去追求A女，肯定也不会有结果。反正D男也没市场，追不追A女都不会有损失，所以D男出于无聊或其他动机，还是有可能会去追求A女的。

A女本身条件好，那些条件和她差不多，或是比她更优秀的男生，往往不会选择她，他们总觉得：“她条件那么好，怎么可能看上我呢？怎么可能没有追求者呢？”毕竟，男性在感情中更期待被女性认同和尊崇，他们担心在A女这里无法满足这种需求。

A女在择偶这件事上，自然很重视稳定性，期待被呵护、被照顾。

她们心里也会认为：太优秀的男性，身边肯定不乏美女，他们一定是自命不凡的，如果跟他们在一起，他们会觉得是自身吸引力大，是理所当然的，难有感激之情。况且，那么优秀的人，面临的诱惑也更多。

D 男的情况就不同了。D 男无比珍惜 A 女这样的“鲜花”，如果能跟她们在一起，D 男会心存感激，这就满足了女人被重视、被欣赏、被呵护的需要，而这样的关系也更容易幸福美满。所以，D 男的放手一搏，往往就抱得美人归了。

在外人看起来不太般配的“鲜花牛粪”组合，虽然与传统的“男才女貌”有点相悖，但从心理学角度来解释，就很容易懂了。当然，人心万变，凡事都有例外。不是所有的“鲜花牛粪”都是美满的，也不是所有的“俊男靓女”组合都靠不住。婚姻是否幸福美满，不是由外表决定的，它只是其中的一个因素，更重要的还在于经营。

这里只是提醒大家，在择偶的时候，不要单看外表。遇到了优秀的对象，别被对方的外表吓退，要从双方的价值观、经济条件、受教育程度、社会关系等多方面进行考量。如果你是 D 男，大胆去追求喜欢的 A 女，只要你是真诚的，也可能有好的结局。如果你是 A 女，多点自信和对他人的信任，敢于自我突破，也能实现相对较优的组合。

说到底，“鲜花”也好，“牛粪”也罢，在爱情的博弈里，每个人都要从自身实际出发，尽可能掌握对方更多的信息，并在此基础上发挥先动优势，主动出击。这样，才有可能找到属于自己的幸福。

不要作没有余地的选择

17 世纪 30 年代，英国有一位叫霍布斯的马场老板。

每次卖马之前，他都会向所有顾客郑重承诺：只要您给出一个低廉的价格，就可以在我的马圈中随意挑选自己喜欢的马匹。只是有一个附加条件：挑选好的马匹必须经过他设计的一个马圈门，能够牵出马圈门的，生意就顺利成交；牵不出去的，生意自然就黄了。

多少人跃跃欲试，总想着有便宜可得，但其实这是一个圈套。

霍布斯设计的那个卖马专用的马圈门，是一个很小的门，那些大马、肥马根本就过不去，能牵出去的都是一些小马、瘦马。显然，他的这个附加条件就是在告诉顾客：好马，你不可以选。可惜，太多人都没有意识到这一点，在马圈里选来选去，自以为挑了一匹大的，完成了满意的选择，到最后却发现，不过是空欢喜一场。

后来，人们就把这种没有余地的“挑选”称为“霍布斯选择”。看似是把选择的权利交给了你，但其实你根本没有选择的余地。在爱情的世界里，这样的情况也经常会出现。

有些人在选择另一半时，虽然也是放开了条件，却都把目光锁定在自己的社交圈子里，选来选去，还是上演了霍布斯选择的情景。或者，在被一个人追求的时候，虽然内心并不太确定对方是不是最合适的人选，但鉴于对方的殷勤付出，就想着“错过了他，可能再也碰不到了”，继而糊里糊涂地做出了选择。时隔很久，才发现当初的自己想得太片面了，应该跳出那个圈子，敞开自己的心，而不是把所有的关注点都放在“选不选择那个人”身上。

很多处在亲密关系中的人，说是要给对方充分的空间和自由，可当对方真的去享受自我空间，按照自己喜欢的方式去生活时，他们又开始指手画脚。看到对方没有按照自己的意愿来做，就表现出不高兴，甚至是“不换脑就换人”，结果，关系闹得很僵。

社会心理学家指出：谁陷入了霍布斯选择的困境，谁就无法进行创造性的工作、学习和生活。道理很简单，在霍布斯选择中，我们自以为做出了抉择，实际上思维和选择的范围特别小。有了这种思维的限制，当然就减少了自己主观能动性发挥的空间。

从这个角度来说，霍布斯选择就是一个陷阱，让我们在进行伪选择的过程中自我陶醉。要知道，任何好与坏、优与劣，都是在对比选择中产生的，只有拟定出一定数量和质量的方案，对比选择、判断才有可能做到合理。只有在许多可供对比选择的方案中进行研究，并能够在对其了解的基础上进行判断，才算得上判断。

在我们尚未考虑好多种选择前，我们的思想是闭塞的。倘若只有一个选择，就无法对比，也就难以辨认其优劣。没有选择余地的选择，就等于无法判断。记住这句格言吧：“如果你感到似乎只有一条路可走，那很可能这条路就是走不通的。”

亲密虽好，过犹不及

刺猬取暖的法则，想必你也曾听过：两只刺猬在寒冷中相依取暖，靠得太远难以感受到对方的温度，靠得太近又会让彼此受伤，经过一段时间的磨合后，找到一个恰当的距离，既能互相取暖，也能让彼此安然无恙。后来，心理学将其称为“刺猬法则”。

生活中的刺猬法则，通常用来比喻人际交往中的心理距离。爱情是一种亲密关系，但也跟其他交往一样，需要掌控一个度，过犹不及。如果两个人在一起过于亲密，以至于没有了自己的空间，在幸福之余就会感到“有点累，有点烦”，生活中的矛盾也会不断增多。

梦佳很爱她的男友达达，为了达达她放弃了出国的机会，因为她担心距离会把他们分开。上班的时候，她每天都要达达挂上QQ，自己在公司里的大事小事她总是第一时间给达达“播报”；下班后，她总会到达达的单位门口等他，两人一起吃晚饭，每天分别的时候都恋恋不舍。别人都看得出梦佳对达达的爱，可是达达心里却有说不出的苦。

达达总是对朋友说：“我们不在一起的时候，我确实很想她。可是在一起的时候，我却有点烦她。也不是我的要求太高，我只不过渴望有点自己的空间。周末我想去打打球，可梦佳总是拉着我去逛商场；晚上下班我想和朋友们侃侃大山，出去喝点酒，她却要跟着，一会儿不让我做这，一会儿又不让我做那，真是烦死了！”

了解了达达的难处，好友也暗示过梦佳：给男人一点空间。可梦佳却觉得自己渴望和达达时时刻刻在一起也没有错，毕竟她也是因为爱达达才这样做。不过，她的爱太沉重了，达达终于不堪重负向梦佳提出了分手，理由很简单，只有一首诗：生命诚可贵，爱情价更高。若为自由故，两者皆可抛！达达告诉梦佳，在爱情和自由面前，他更想要自由。

达达和梦佳分手的时候，他也很难过。但听达达说这番话的梦佳，更是哭得一塌糊涂，她不知道自己到底做错了什么，苦苦央求着达达不要离开他。

无论是什么好东西，一次给多了也不好，恋爱更是如此。如果你的爱情是糖，一次只给男人一颗，那么他就总会想起糖的甜蜜，但是如果你给了他一百颗，这个男人恐怕要被你的糖甜到发酸、发腻，想到你就会心里发慌，自然见到你就会逃之夭夭了。

爱情是甜蜜的，但它也有自己的秉性，这就如同仙人掌，它明明不需要太多的水分，而你却因为“爱”拼命地浇灌，结果可想而知。想要呵护自己的爱情，就必须掌握爱的秘诀，那就是适当地保持距离。真正的爱是有弹性的，彼此不是僵硬地占有，也不是软弱地依附。相爱的人给予对方的最好礼物是自由，两个自由人之间的爱，拥有必要的张力。这种爱牢固而不板结、缠绵却不黏滞。没有缝隙的爱是可怕的，是令人生畏的，爱情在其中失去了自由呼吸的空气，迟早会因窒息而“死亡”。

怎么做才能够保持适当的距离，又让感情不褪色呢?

SHE 有一首歌叫《半糖主义》，里面是这样唱的：“恋爱需要半糖主义，若有似无的甜才不会觉得腻。”这就是答案，做一个独立的半糖恋人吧，不用死死地绑着对方，拥有自己的小世界。你可以构思一个可爱的行程；你可以自得其乐；你要有自己的朋友，有自己的爱好。这样的恋人，才会对对方产生吸引力，让他渴望靠近你。

甜蜜爱情中的嫉妒效应

爱情是自私的、排他的，深深地爱上一个人时，会不自觉地想要“独占”对方。当对方与其他异性接触，或是过于关注其他异性的时候，另一方就会产生反感或憎恶的情绪，即我们常说的“吃醋”。

人不会平白无故地吃醋，一定是非常在意对方，才会介意他关注别人。只是，有些人害怕流露出嫉妒的情绪，他们并非不在乎，而是刻意忍耐，用宽容和大度去掩饰它。然而，这样的大度未必能换来稳固的感情。

在一次聚会上，很多女人都在谈论自己的丈夫。其中一个新婚女人说，她从来不会因为自己的丈夫和别的女性交往而吃醋生气。

当别的女士给丈夫打电话时，她会平静地把电话递给丈夫，她心静如水，从不打听是谁给他打电话了、他们是什么关系。因为，在她认为就算老公和别人再亲热，晚上还是会跟自己回家，而不是去那些女人的家！

朋友们说这是一个非常幸福大度的女人，但是没过多久，女人的婚姻便亮起了红灯，原来丈夫已经和别人有染，女人暴跳如雷，恼羞成怒，感到天都塌下来了，质问男人："我对你那么好，你为什么如此对待我？"

"我很爱你，即便是现在，"男人的回答大出女人的意外，"但是你呢？这么长时间以来无论我和别的女人做什么，你都不会吃醋、不会生气，一副无所谓的态度，我猜想你或许已经不再爱我了，我不知道到底要怎样做才能让你在意我，所以我……"

看到了吧？适量的"醋"表明你很爱对方，很在意对方的行为，是爱情的调味剂。偶尔吃吃醋，某种程度上就跟像对方告白一样，可以激发对方的爱欲。同时，这种适当的醋意也能形成一堵保护墙，把你和对方守在里面，使感情不易变质。

在爱情的博弈中，吃醋并不是一件坏事，对感情的发展有着不可替代的积极作用。不要完全掩饰自己的醋意，偶尔吃吃醋，让对方感到自己在你心中的重要地位，在心理上获得极大满足，对方会以更多的爱回报你。

吃醋也是一种博弈的策略，需要讲究技巧。如果频率过高、表现过度，就会变成猜疑，对爱人和自己都是一种束缚，会令对方退避三舍，幸福也会离自己越来越远。比如，《红楼梦》里的凤姐是有名的醋坛子。贾琏与鲍二家的有染，她大哭大闹，不但逼得贾琏道歉，还逼得鲍二家的自杀了；后来得知贾琏偷娶尤二姐后，她又心生嫉妒，硬生生地逼得可怜的尤二姐吞金自尽……两条人命让她的醋坛子打翻后"淹"死了，而她自己最终也落得个"三人木"，被休出家门，悲惨死去的下场。

总之，吃醋是一门艺术、一门学问，一如烹饪的学问一般，作为作料，少了味道进不去，多了酸味太浓，而量适宜，则恰到好处。不酸不淡，是吃醋的最高境界，意"味"悠长，令人回味。想经营好感情，就要掌握好吃醋的尺度，吃得恰到好处，既让对方知道你的爱和在意，又不使对方感到不快和难堪。

认清幸福递减法定律

一个饥肠辘辘的人突然发现自己眼前有一篮子面包。吃第一个面包的时候，他觉得简直就是人间美味，幸福极了；流着口水吃第二个的时候，也觉得味道很好；当他吃到第三个、第四个时，会觉得没有刚刚那么好吃了；等到吃第五个面包的时候，会觉得有点儿腻了，甚至再也不想吃面包了。

面包还是原来的味道，为什么这个人的幸福感却越来越低呢？这就是幸福递减定律，即人们从所获得的事物中感受到的满足感和幸福感，会随着所得到事物的增加而递减。

生活中这样的例子很多，比如一个人没钱的时候，拼命地想变得有钱，认为钱是世界上最重要的东西。可当他变成富翁后，却发现有钱也不是一件很快乐的事，他再也没有当初想要挣钱时觉得有钱是幸福的那种感受了。

爱情的世界里，也存在幸福递减定律。刚谈恋爱的时候，怎么看对方都是最好的，在一起觉得幸福无比。可婚后几年，却感觉生活特别乏味，满眼都是对方的缺点，日子怎么过都觉得无趣。

事实上，日子真的那么糟糕吗？未必。我们感觉没有原来那么幸福，不是因为幸福少了，而是我们所处的环境变了。当所处的环境很艰苦的时候，一点儿好事都能给自己带来莫大的欣慰；可当身处优渥的环境里，本身已经很幸福了，可对于这种幸福的感受性就没那么高了，似乎非要出现一件很重要的事，才能让自己感觉到幸福。

想要不被幸福递减定律干扰，最好的办法就是，努力发现和感受生活中的小确幸。

一对年轻的夫妻，蜜月过后开始感觉到生活的压力，恋爱时的甜蜜开始逐渐被生活的琐碎之事替代。妻子因为家中不富裕而面带愁容，因为没有足够的钱就无法买新家电、出国旅行，也不能买喜欢的衣服和首饰。好在丈夫是一个乐观的人，看到妻子为了这些事愁眉不展，就开始想办法劝导她。

一次，丈夫的一位朋友生病了，他们到医院看望对方。朋友告诉他们："医生说，我的病是工作积劳成疾，总想着挣更多的钱，吃饭不规律，经常熬夜。早知道这样，我就不那么拼了。”

离开医院后，丈夫问妻子：“要是给你足够的钱，让你像她一样住进医院，你愿意吗？”妻子想了想，说：“不愿意，没有了健康，要钱有什么用呢？”

几天后，丈夫和妻子出去散步，路过一幢漂亮的别墅。一会儿，从别墅里走出一位白发苍苍的老者，丈夫问妻子：“让你住在豪宅里，但要变成和她一样苍老，你愿意吗？”妻子想都没想，就说：“我才不愿意呢！”

后来，他们所在的小城发生了一起抢劫银行的案件，几个抢劫犯在案发三日后被抓捕，都被判了重刑。丈夫和妻子都看了这则报道，丈夫问妻子：“如果给你 1000 万，但得到钱后很快就死掉，你愿意吗？”妻子瞪了丈夫一眼，说：“你在诅咒我吗？别说 1000 万了，就是一个亿，我也不愿意！”丈夫笑了笑，说：“你看，我们还是很幸福的！至少有健康的身体，年纪轻轻的，还能依靠劳动创造财富，你还发什么愁呢？只要咱们努力，日子总会越来越好的。”

听了丈夫的话，妻子豁然开朗，心里的愁云立刻就散开了。

你看，幸福其实是一件很简单的事，关键就在于你是否善于寻找和发现。当你能从生活的点滴中感受喜悦的时候，你对幸福的敏感度就上升了。带着这样的心态去生活，你会觉得每一天都是新鲜的，而不会因为彼此在一起太久而生厌。